Herausgeber:
Christian Abegglen

General Management & Strategie

Daniel L. Rüedi
Thomas Grün
Ingrid Schwaiger

Publikationsreihe
Ganzheitliches Management in der Praxis
Band 12

Ausgewählte Diplomarbeiten der St. Galler Business School

ST. GALLER
BUSINESS BOOKS & TOOLS
GENERAL MANAGEMENT SERIES

Die Deutsche Bibliothek – CIP-Einheitsaufnahme

General Management & Strategie
Publikationsreihe Ganzheitliches Management in der Praxis, Band 12
Ausgewählte Diplomarbeiten der St. Galler Business School – Herausgegeben von Christian Abegglen
Business Books & Tools St. Gallen; St. Gallen 2013

(Edition General Management Series)

ISBN 978-3-9053789-39-6

Alle Rechte vorbehalten

© Verein Business Books & Tools St. Gallen, St. Gallen
2013

Das Werk einschließlich aller seiner Teile ist urheberrechtlich geschützt. Jede Verwertung außerhalb der engen Grenzen des Urheberrechtsgesetzes ist ohne Zustimmung des Verlags unzulässig und strafbar. Das gilt insbesondere für Vervielfältigungen, Übersetzungen, Mikroverfilmungen und die Einspeicherung und Verarbeitung in elektronischen Systemen.

http://www.sgbbt.ch
E-Mail: info@sgbbt.ch

Höchste inhaltliche und technische Qualität unserer Produkte ist unser Ziel. Bei der Produktion und Verbreitung unserer Werke wollen wir die Umwelt schonen. Dieses Buch ist deshalb auf säurefreiem und chlorfrei gebleichtem Papier gedruckt. Die Einschweißfolie besteht aus Polyäthylen und damit aus organischen Grundstoffen, die weder bei der Herstellung noch bei Verbrennung Schadstoffe freisetzen.

Druck und Buchbinder: Rosch-Buch, D-Scheßlitz
Printed in Germany

ISBN 978-3-9053789-39-6

Vorwort des Herausgebers

Wird der Weg wirklich immer schwerer zu bewältigen? Nehmen Hindernisse die Überhand und ein gemütliches Dahinwandern in ebenen Gefilden wird eher zur Ausnahme, denn zur Regel? Müssen die Lenker von Unternehmungen, Staaten und sonstigen Organisationen somit alle zu Extremsportlern mutieren, um nach wie vor Chancen darauf zu haben den Gipfel zu erklimmen oder wenigstens den Steig Richtung Gipfel weiter zu bewältigen?

Dass sich konjunkturelle Zyklen immer mehr verkürzen und somit eine gewisse Permanenz der Krise in unsere Wirtschaft und Gesellschaft Einzug gehalten hat, ist mittlerweile relativ widerspruchslos als Tatsache zu akzeptieren. Diesen widrigen Umweltbedingungen entsprechend, gilt es sich für den Anstieg und die Tour auszurüsten. Auch wenn man sich aktuell eher auf flachen, idyllischen Lichtungen befinden mag – oder zumindest sich zu befinden wähnt, was in der gegenwärtigen Wirtschaftspraxis wohl eher die Ausnahme denn die Regel ist, muss immer mit Wetterkapriolen oder gar Verschüttungen der geplanten Route gerechnet werden, was Notpläne wie provisorischen Unterschlupf oder Inkaufnahme eines steilen Kletterpfades nach sich ziehen kann – und sind dann keine Seile, Ösen, Klettereisen und Gesteinshaken vorhanden, steht man vor massiven Problemen. Folglich gilt es auch auf eher ruhigeren Pfaden und Trails auf alles gefasst und für das Schlimmste gerüstet zu sein.

Kurzfristige Massnahmen sind in diesem Kontext oftmals nicht ausreichend, um erfolgreich und sicher seinem Ziel näher kommen zu können. Viel eher müssen gewisse Denk- und Handlungsweisen konsequent internalisiert sowie entsprechende gebirgstaugliche Strategien erprobt werden – um vom Gebirge wieder in unseren Managementalltag zurückzukehren – also für eine nachhaltige Unternehmensentwicklung Sorge getragen und selbige in Zukunft tragfähig sichergestellt werden. Solch ein umfassendes alpines Rüstzeug, dass für die schwierigsten Expeditionen geeignet ist, bietet das bewährte und tragfähige Konzept das Wissenschafter und Praktiker dem St. Galler Gedankengut folgend bereits vor einigen Jahrzehnten entwickelt und damit bereits den einen oder anderen Zwöftausender bezwungen haben. Als Anleitung dient dieses der Aufrechterhaltung der Lebensfähigkeit der Unternehmung – vorrausgesetzt man weiss um dessen erfolgreiche Adaptierung auf aktuelle Gegebenheiten. Es handelt sich also hierbei um ein „Leerstellengerüst für Sinnvolles" (Ulrich, Bleicher).

Der stetig weiteentwickelte St. Galler Management Ansatz liefert so eine Orientierungshilfe, um ein nachhaltiges Corporate Development der Unternehmung sicherzustellen und sowohl im als auch am System adäquat agieren zu können. Folglich liegt dieses universelle St. Galler Konzept Integriertes Management sämtlichen Seminaren, Diplomstudiengängen sowie innerbetriebliche Veranstaltungen der St. Galler Business School zu Grunde. Spezialistentum wird so mit Ganzheitlichkeit und einer integrierenden Klammer begegnet die den Blick auf das grosse Ganze richtet und modular Platz für Spezialthemen bereitstellt. So weiss man, um die richtigen Ansätze in der Bewältigung eines grossen Gipfels und ist darüber hinaus für Sondersituationen wie freischwebendes Biwakieren und Eisklettern geschult – ist sich im Klaren über das „Ist", seine eigenen Koordinaten in der alpinen Fauna und Flora, als auch über das „Soll", das Ziel der Reise – das Gipfelkreuz.

Vor diesem Hintergrund dürfen wir Ihnen auch 2013 wiederum 3 Bände mit ausgewählten Diplomarbeiten, welche im Rahmen von Studiengängen der St. Galler Business School erarbeitet worden sind, vorstellen. Im Verlauf ihres Studiums haben sich AbsolventInnen der berufsbegleitenden Studiengänge intensiv mit Fragestellungen eines zielführenden, ganzheitlichen und integrierten Managements auseinandergesetzt. Grundlage hierbei ist, wie oben bereits angerissen, das integrierte, system- und umsetzungsorientierte Konzept der St. Galler Management-Lehre, wie es von unserem ehemaligen wissenschaftlichen Leiter Prof. emer. Dr. Dres. h.c. Knut Bleicher wesentlich geprägt wurde. Diese ganzheitliche Lehre agiert auf drei unterschiedlichen Ebenen der Unternehmung (normativ, strategisch und operativ) und hilft selbiger dabei Aktivitäten, Strukturen und Verhalten in Einklang zu bringen und so Lebensfähigkeit und ein intendiertes Corporate Development sicher zu stellen – eine entsprechend bewusste integrierte Gestaltung der jeweiligen Elemente vorausgesetzt.

In aktuell zwölf Sammelbänden (3 Bände im Jahr 2010, 3 Bände im Jahr 2011, 3 Bände im Jahr 2012 und 3 Bände im Jahr 2013) werden wesentliche Herausforderungen erfolgreichen integrierten Managements diskutiert und anhand konkreter praktischer Unternehmensbeispiele nachvollziehbar illustriert. Damit soll der Leserschaft erneut eine Plattform geboten werden, sich in der Sphäre des bewährten St. Galler Management Ansatzes mit aktuellen Fragestellungen aus der Wirtschaftspraxis auseinander zu setzen.

Eine Optimierung unterschiedlicher Sphären, Strukturen und Prozessen der Unternehmung ist immer auf Akkordanz mit strategischen Basisüberlegungen der des langfristigen Corporate Developments zu überprüfen. Vor diesem Hintergrund beschäftigt sich **Band 12** mit den umfassenden Bereichen von „General Management und Strategie". Dabei thematisiert in einem ersten Beitrag Daniel L. Rüedi die Zukunft des Produktes „Index X" der in der Verlagsbranche tätigen Muster AG, eines Marktdienstleisters im baunahen Umfeld und rückt dabei die Optionen Re-Launch oder Marktaustritt in den Fokus. Es wird der Informationsservice „Index X" näher analysiert und Impulse für dessen kundenorientierte Neupositionierung erarbeitet. Als Ergebnis stellt sich heraus, dass sich die Muster AG auf ihre Kernkompetenzen konzentrieren sollte, welche Empfehlung in eine Produktpositionierung innerhalb eines SOLL Portfolios mündet die eine positive Marktreaktion erwarten lässt und auch in ein konkretes Vorgehenskonzept umgesetzt wird.

Thomas Grün beschäftigt sich im zweiten Artikel dieses Bandes mit dem St. Galler Konzept Integriertes Management und setzt diesen in den hoch aktuellen Kontext des mittlerweile häufig diskutierten und kritisierten Bank- und Sparkassenwesens. Sparkassen sind dabei aufgrund einer spezifischen Gesetzeslage als Anstalten öffentliches Rechts primär im Sinne eines Stakeholder-Ansatzes organisiert und aus normativer Perspektive eher pluralistisch und gesellschaftlich aufgestellt, was insbesondere aus dem Blickwinkel des St. Galler Gedankenguts interessante Erkenntnisse verspricht. So wird im Beitrag eine umfassende Anleitung für integriertes Management im Kontext des Finanzwesens skizziert.

Den Abschluss des Bandes bietet der englischsprachige Beitrag von Ingrid Schwaiger die sich mit Reorganisationsprozessen einer Organisation höherer Ebene – der Europäischen Kommission – beschäftigt und dabei vergangene Lessons Learned und zukünftige strategische Überlegungen thematisiert. Das St. Galler Konzept Integriertes Management wird hier mit speziellen Charakteristiker einer Institution auf Europäischer Ebene kombiniert. In Zuge dessen wird eine umfassende Perspektive eingenommen und verschiedenste Teilaspekte der Reorganisation wie bspw. Interne Kommunikation und die Rolle des Human Resources Management punktuell herausgegriffen. Im Zentrum steht im Generellen die Umsetzung von externen Veränderungen in interne Anpassungsprozesse.

Band 10 widmet sich dem breiten Themenbereich von „Produkt und Vermarktung" und greift hier gezielt wesentliche Teilbereiche heraus. Dabei beschäftigt sich der erste Beitrag von Dr. Iris Ziegler in englischer Sprache mit der Kombination von „Quality by Design" (QbD) sowie einem minimalistischen Ansatz in der Pharmaindustrie und zeigt hierbei theoretisch und empirisch hinterlegt unterschiedliche Ansätze auf. Als Conclusio stellt sich heraus, dass „Quality by Design" sowohl die Entwicklung besserer Arzneimittel als auch nachhaltiges Wachstum fördert. Hierzu ist allerdings ein klarer „Business Case" der entsprechend messbare Zahlen inkludiert notwendig, um nachhaltige, tangible Wettbewerbsvorteile zu sichern und langfristig die Profitabilität der Unternehmung zu steigern.

Im zweiten Beitrag von Eva-Maria Tomic wird das Marketinginstrument „Messe" und deren Bedeutung für eine effektive Erfolgskontrolle im Detail beleuchtet. Ziel des Textes ist die Herleitung eines proaktiven und umsichtigen Messemanagements unter Hinzuziehung verschiedenster Controllingansätze die das Marketingtool „Messe" optimieren helfen. Dabei stellt sich heraus, dass eine gute Messekontrolle mit einer klaren, quantifizierbaren Zielsetzung steht und fällt. Richtig implementiert trägt ein integriertes Messemanagement vielseitig zur umfassenden Erreichung der Unternehmensziele bei.

Der dritte Artikel von Dr. Erwin Thom beruht auf einer Analyse zur Verbesserung der Situation des Informationsschutzes in den Gesellschaften des Bayer-Konzerns in der Volksrepublik China. Das daraus entstandene ganzheitliche Programm zur Informationssicherheit „Framework for Information Security und Risk-Management" basiert auf einem stabilen Architekturmodell und berücksichtigt dabei sowohl lokale als auch globale Anforderungen. Damit werden wesentliche Vorraussetzung einer erfolgreichen Unternehmensführung für die entsprechenden Gesellschaften in der Volksrepublik China geschaffen. Ein konkretes Change-Management-Konzept zur Umsetzung des Programms rundet die Arbeit ab.

Gerade in schnelllebigen Zeiten mit erhöhten Unsicherheiten und entsprechenden externen als auch internen Dynamiken und Komplexitäten in den Wertschöpfungsstufen der Unternehmung gewinnt der Ansatz der projektbasierten Organisation als auch die Optimierung von Prozessen zunehmend an Bedeutung. Folglich steht vorliegender

Band 11 ganz im Zeichen des Themenbereiches „Projektmanagement und Prozessoptimierung". In einem ersten Beitrag steuert hierzu Frank Weinfurth einen Lösungsansatz für Herausforderungen in der Beratung von ERP-Einführungsprojekten insbesondere für KMU bei. Dieser Ansatz basiert primär auf der Idee die eigene, evolutorisch entwickelte Projektkompetenz und -effizienz auch den Kunden im Rahmen des gemeinsamen Projektes zur Verfügung zu stellen. Aufgrund der begrenzten Ressourcenausstattung von kleinen und mittelständischen Unternehmungen halten diese nur wenig Know-how in Projektmanagement vor, weshalb solch ein integrierter Ansatz verschiedenste Vorteile zu realisieren vermag.

Mit dem konkreten Ausbau der Projektmanagement-Kompetenz innerhalb einer Consulting Unternehmung beschäftigt sich der zweite Beitrag von Gabriel Alain Fechir. Dabei werden aus einer fundierten, ganzheitlichen Analyse des Projektmanagements des Unternehmens konkrete Harmonisierungs- und Optimierungsansätze evaluiert und so auf eine Institutionalisierung des Projektmanagements hingearbeitet. Insbesondere bei umfangreichen Projekten lässt das Ergebnis Einsparungen und einen konkreten monetären Nutzen erwarten, wobei als mittelfristiges Ziel die Etablierung einer eigenständigen Disziplin des Projektmanagements innerhalb des Consulting Unternehmens genannt wird, was eine Weiterentwicklung des Projektmanagements per se als auch eine Weiterbildung der Projektmitarbeiter bedingt.

Ganzheitliche oftmals auch nicht ganz perfekte Lösungen im Rahmen eines Konzepts integriertes Management sind demnach aktuell mehr denn je gefordert. Gerade heute bewegen sich durchschnittliche Manager nicht mehr leichten Schrittes über sonnendurchströmte Lichtungen und geniessen die Natur. Vielmehr gilt es trittsicher steile Pässe über neue und noch nicht erschlossene Pfade zu meistern, Schneefeldern und ungünstigen Wetterkapriolen zu trotzen und fallsweise das Klettergeschirr anzulegen. Festes Schuhwerk, Steigeisen, Seile und Karabiner bietet das Konzept Integriertes Management sowie die Reihe Meilensteine auf dem Weg zu einem integrierten Management, welche Texte und unveröffentliche Manuskripte des ehemaligen wissenschaftlichen Direktors der St. Galler Business School Prof. emer. Dr. Dres. h.c. Knut Bleicher sammelt.

Konkrete Handlungsempfehlungen, Adaptierungen und Anwendungen dieser Werkzeuge in der eigenen Praxis sind vorliegenden Bänden der Reihe „Ganzheitliches Management in der Praxis" zu entnehmen. Mögen diese Beispiele zum Nachdenken und Reflektieren anregen, aufzeigen wie es in gewissen Branchen und Umfeldern funktionieren kann und die Kreativen und Mutigen dazu inspirieren neue Wege abseits der Trampelpfade zu suchen und zu finden.

Dr. Christian Abegglen

Gründungsdirektor und Verwaltungsratspräsident der St. Galler Business School

Bereits erschienen im Jahr 2010, 2011 und 2012: Ganzheitliches Management in der Praxis - Ausgewählte Diplomarbeiten der St. Galler Business School

Band 1: Ideen- und Innovationsmanagement

Markus Heubi: Businessplan SBB Shop – Ein Businessplan für eine interne Sozialfirma der SBB.

Robert Hormes: SCHOTT Pharmaceutical Packaging fit für die Zukunft: Entwickeln und implementieren eines integrierten Ideenmanagements.

Rainer Brockmöller: Standortanalyse und Entwicklung einer Standortstrategie am Beispiel eines Matratzen Fachmarkt Konzeptes in Deutschland.

Im Mittelpunkt von **Band 1** steht erfolgreiches Ideen- und Innovationsmanagement anhand von konkreten Unternehmensbeispielen. Über die Ist-Analyse eines bestehenden Geschäftsmodells wird die Idee der Gründung einer Sozialfirma der Schweizerischen Bundesbahnen (SBB) anhand der Kriterien eines Businessplanes analysiert. Über den Businessplan werden Zukunftsaussichten und mögliche Erfolgsfaktoren für ein neues Geschäftsmodell aufgezeigt. Am Beispiel der Firma SCHOTT erfolgt die Entwicklung und Einführung eines integrierten Ideen- und Innovationsmanagements für Prozess- und Produktinnovationen. Der Schwerpunkt liegt dabei auf der Ideensammlung und -bewertung. Wie eine Standortstrategie anhand der Analyse des Standortprofils eines Verkaufsgebietes im Geschäft der Matratzen Concord GmbH entwickelt wird, zeigt der dritte Artikel dieses Sammelbandes auf. Über die quantitative und qualitative Analyse bestehender Standorte und ein daraus verändertes Standortprofil werden Erfolgsstrategien entwickelt, um das zukünftige Wachstum und Expansion zu sichern.

Band 2: Ganzheitliche Unternehmensanalyse

Karl Paukner: Der systemische Methodenkoffer. Strategieentwicklung und strategisches Consulting in der Managementpraxis.

Jannis Lindschau: Die Relevanz sozialer Verantwortung in Unternehmenskulturen im Kontext der gesellschaftlichen Werteentwicklung.

Der Band 2 beschäftigt sich intensiv mit der ganzheitlichen Unternehmensanalyse, wobei hier der Fokus auf der Zusammenführung von systemischen (Kommunikations-) Modellen und dem St. Galler Management Ansatzes liegt. Auch hier wird die kritische Auseinandersetzung wieder an konkreten Unternehmensbeispielen exemplarisch veranschaulicht. Besonderer Schwerpunkt in Band 2 liegt dabei auf der operativen Umsetzung der Modelle. Am Beispiel der Österreichischen Bundesbahnen (ÖBB) erfolgt die anwendungsbezogene Darstellung der Implementierung ganzheitlicher integrierter Personalentwicklungs- und Strategieprozesse anhand systemischer Modelle und Interventionen. Neben der strategischen Dimension beleuchtet ein weiterer Beitrag auch den normativen Aspekt des St. Galler Management Modells. Ausgehend von der gesellschaftlichen Werteentwicklung der letzten Jahre sowie zu-künftiger Trends erfolgt die Vorstellung der gelebten Werte innerhalb des Unternehmens Edel AG. Die Ableitung von Erfolgsfaktoren für die aktive Steuerung der Unternehmenskultur im Kontext von innerer und äusserer Kommunikation bildet eine praxisnahe Vertiefung der normativen Dimension.

Band 3: Erschliessung neuer Geschäftsfelder

Swen Postels: Betreibermodell für Software-as-a-Service Podukte am Beispiel von professionellem IT-Service-Management.

Sabine Kerum: Die zukünftige Rolle des Pharmaaußendienstes in einem sich verändernden gesundheitspolitischen Umfeld in Deutschland am Beispiel der Muster Pharma GmbH.

Bei **Band 3** steht die Erschliessung neuer strategischer Geschäftsfelder im Vordergrund. Gerade im Kontext von Wandel und Innovationsbereitschaft wesentlich, folgen in diesem Band Analysen bestehender und ableitend daraus die Untersuchung der Gründung neuer strategischer Geschäftsfelder. Die Entwicklung der Idee bis hin zur Prüfung auf Praktikabilität und der Überführung in einen Businessplan werden am Beispiel der Sitgate AG aus dem Bereich der Informationstechnologie dargestellt. Anknüpfend an den integrativen Managementansatz wird zur gelungenen Abrundung des Bandes - und gerade auch im Kontext von gesellschaftlichem Wandel und Veränderungen in Organisationen wesentlich - die Modifizierung von Vertriebsmodellen am Beispiel des deutschen Pharmamarktes diskutiert. Besonderer Schwerpunkt liegt dabei auf den Aspekten Mitarbeiterführung und -entwicklung als Träger von Veränderungsprozessen.

Band 4: Integriertes Key-Account-Management

Hans-Jörg Lindner: Zentrale versus dezentrale Struktur des internationalen Key-Account-Managements mittelständischer Automobil-Zulieferer.

Joachim Schmid: Lean-Management – Lean Sales Process: Konzeption zur systematischen Einführung eines idealen Verkaufsprozesses, basierend auf den Lean Management Methoden im Verkauf und Marketing, für den Groz-Beckert Konzern.

Roger Affeltranger: Evaluation of a National Key Account Management Concept within Selceted Market Organisations of Mettler Toledo Process Analytics.

Band 4 setzt sich anhand von drei Beiträgen mit Möglichkeiten der ganzheitlichen Struktur- und Prozessgestaltung im Sales- und Marketingbereich auseinander. Der erste Beitrag greift dazu die Frage auf, wie zentral oder dezentral ein globales Key Account Management sein sollte und beleuchtet diese Thematik am Beispiel eines mittelständischen Automobil-Zulieferers. Es werden Handlungsempfehlungen sowie zentrale Erfolgsfaktoren abgeleitet, die bei der Restrukturierung eines Grossabnehmer-Vertriebes zu berücksichtigen sind. Der zweite Beitrag untersucht die Auswahl und Implementierung des idealen Verkaufsprozesses für den Groz-Beckert Konzern. Ableitend aus der Analyse des Ist-Zustandes im Kundenbeziehungsmanagement wird eine Soll-Konzeption basierend auf der Lean Management Theorie vorgestellt. Im letzten Beitrag erfolg eine kritische Auseinandersetzung mit den strategischen Herausforderungen bei der Implementierung eines integrierten Key Account Managements am Beispiel der Mettler-Toledo Process Analytics AG.

Band 5: Produktmanagement im Einzelhandel und der Medienwelt

Nina Diana Tebartz: Der strategische Prozess der Produktentwicklung am Beispiel der Muster GmbH.

Wilfried Wüst: New TV Chancen und Risiken für Medienunternehmen.

Dauerhafte Markterfolge eines Unternehmens sind immer auch Ergebnis eines professionellen Produktmanagements. **Band 5** widmet sich mit zwei Beiträgen genau diesem Thema. Am Beispiel der mittelständischen Muster GmbH wird zunächst insbesondere der Prozess der Produktentwicklung, der zentraler Bestandteil des Muster-Produktmanagements ist, diskutiert. Über die Analyse und Bewertung der bestehenden Produktsegmente erfolgt die Darstellung des strategischen Prozesses für die Produktentwicklung in dieser Unternehmung. Im zweiten Beitrag wird die zukünftige Entwicklung im Medien- und Telekommunikationsmarkt durch den Einfluss der digitalen Informationstechnologien thematisiert. Anhand von Kennzahlen erfolgt die Darstellung des aktuellen Stands. Mittels Markterhebungen werden die zukünftige Entwicklung prognostiziert sowie Handlungsoptionen für die Marktteilnehmer aufgezeigt.

Band 6: Strategische Planung & Controlling

Thomas Schuler: Kritische Auseinandersetzung mit den Steuerungsgrössen EBIT und Cash Flow und deren Bedeutung in wirtschaftlich unsicheren Zeiten.

Thomas Schwarz: Grundlagen des Geschäftsrisiko-Managements in Kreditinstituten unter Berücksichtigung der Auswirkung der Finanzmarktkrise 2008/2009.

Tamara Garny: Grobkonzept für ein Planungs- und Controllingsystem im Schweizerischen Versicherungsverband.

Um die aktuellen und zukünftigen Managementaufgaben erfolgreich zu erfüllen, ist es immer entscheidender, die ganzheitlichen Zusammenhänge und Wirkungsmechanismen in Unternehmen zu verstehen und mit dem betriebswirtschaftlichen Wissen und Steuerungsinstrumenten zu vernetzen. **Band 6** greift diese hochbrisante Thematik auf und befasst sich mit den Themen strategische Planung und Controlling. Der erste Beitrag leitet mit einer theorie-orientierten Betrachtung der Steuerungsgrössen EBIT und Cash Flow ein, um ein einheitliches Verständnis dieser beiden Steuerungsgrössen im unternehmerischen Alltag zu schaffen. Der Praxistransfer erfolgt am Beispiel der R&A AG – ein Musterunternehmen tätig in der Metallindustrie. Im zweiten Beitrag geht es um die analytische und konzeptionelle Betrachtung des Geschäftsrisikomanagements unter besonderer Berücksichtigung der Identifizierung von Geschäftsrisiken. Es werden in der Praxis anwendbare Modellansätze für das ganzheitliche Management von Geschäftsrisiken in Kreditinstituten vor dem Hintergrund der Finanzmarktkrise erörtert und diskutiert. Im Mittelpunkt des dritten Beitrags steht die Entwicklung eines Planungs- und Controllingsystems zur Steuerung der Aktivitäten des Schweizerischen Versicherungsverbandes. Der Schwerpunkt des Beitrags liegt dabei auf der Planung als grundlegendes Steuerungsinstrument.

Band 7: Planen & Optimieren

Armin Huerlimann: Businessplan für Beratungsfirma im Bereich der Kommunikationstechnologie: „Optimierte Geschäftsprozesse durch den Einsatz moderner Kollaborationstechnologien"

Alexander Hust: Ausbau der Kosten- und Leistungsrechnung in einem Industriebetrieb zu einem Führungsinstrument: Erweiterung der starren Planungskostenrechnung zu Vollkosten zur Managementerfolgrechnung

Band 7 widmet sich als dem breiten Themenspektrum von „Planen und Optimieren" und greift mittels unterschiedlich gelagerter Beiträge wesentliche Faktoren der erfolgreichen Führung der Unternehmung auf. Der erste Beitrag beschäftigt sich mit der Optimierung von Geschäftsprozessen durch den Einsatz moderner Kollaborations-Technologien. Im Fokus steht hierbei die optimale Unterstützung des Kerngeschäfts einer Firma durch den Einsatz moderner Kommunikations- und Kollaborationstechnologien sowie die Umsetzung dieser nötigen Leistungen im Rahmen einer zu gründenden Beratungsfirma für welche ein fundierter Businessplan erarbeitet wird. Im zweiten Beitrag wird der Ausbau der Kosten- und Leistungsrechnung in einem Industriebetrieb zu einem Führungsinstrument behandelt. Ziel dieses Textes ist die Weiterentwicklung der aktuellen Rechnungswesenlandschaft bei der Lenser Filtration GmbH zu einer Kosten- und Leistungsrechnung, die den Anforderungen eines führungsorientierten Management Accounting gerecht wird. Hierzu wird zunächst die momentane Rechnungswesenlandschaft dargestellt und auf ihre Stärken und Schwächen hin untersucht, um darauf aufbauend den Ausbau zu einem Führungsinstrument zu erläutern.

Band 8: Transfer & Auslagerung

Hagen Höhl: Outsourcing und Offshore / Onshore / Nearshore: Warum Outsourcing? Wie werden verlagerungsfähige Leistungen identifiziert?

Thomas Gazlig: Erfolgreicher Technologietransfer durch Relationship-Management: Eine Strategie für die Gesundheitsforschung am Beispiel der Helmholtz-Gemeinschaft

Gerade in Zeiten turbulenter Umbrüche rücken immer häufiger sogenannte „Marke or Buy Entscheidungen" ins Zentrum des unternehmerischen Radars. Damit einhergehend spielen eine Konzentration auf Kernkompetenzen, der Aufbau von Know-how bzw. auch der Transfer von Wissen und Technologien eine zunehmend bedeutsame Rolle. Aus diesem Grunde steht der **Band 8** ganz im Zeichen des Themenkreises „Transfer und Auslagerung". Outsourcing beschreibt mit einem Wort eine Vielzahl von solchen Möglichkeiten, die sich im Laufe der letzten Jahre entwickelt haben. Diese werden im ersten Beitrag aufgegriffen und mit den Begrifflichkeiten Off-, On- und Nearshoring konfrontiert. Nach einer detaillierten Auseinandersetzung mit Möglichkeiten und Grenzen der Identifikation verlagerungsfähiger Leistungen werden sowohl ein Fragekatalog, der sog. Verlagerungs-Check sowie vor Off- bzw. Onshore-Entscheidungen zu überprüfende Kriterien erarbeitet. Der zweite Beitrag soll dazu beitragen, Innovationspotenziale an der Schnittstelle von Grundlagenforschung und Wirtschaft besser auszuschöpfen. Hierbei muss sich der Technologietransfer auf neue Anforderungen einstellen d.h. Transfereinrichtungen sind gefordert sich auf Kernkompetenzen fokussieren und gleichzeitig den Wandel von der Technologie- zur Nutzenorientierung vollziehen. Dabei gewinnt insbesondere die Initiierung und aktive Gestaltung von Beziehungen zwischen Wissenschaftlern und Unternehmensvertretern als Schlüsselelement erfolgreichen Technologietransfer an Bedeutung. Der Beitrag endet der Vorstellung des sog. „Relationship-Management-Konzepts" – einem Vorschlag zur praxisrelevanten Umsetzung dieser Erfordernis.

Band 9: Wettbewerb & Marktbearbeitung

Simone Bliem: Wettbewerbs- und Marktbearbeitungsstrategie für den E-Participation Markt in Deutschland

Wolfgang Blender: Selektive Argumentation von Alleinstellungsmerkmale in Abhängigkeit von Kundensegment, Mitbewerbern und Persönlichkeitstypen am Beispiel des Kaba Zeiterfassungsterminals B-web 93 00

Märkte als Orte des Zusammentreffens von Angebot und Nachfrage sowie auch Wettbewerbsschauplätze sind mit die wesentlichsten Elemente unseres Wirtschaftssystems. **Band 9** beschäftigt sich daher mit den Bereichen Wettbewerb und Marktbearbeitung. Der erste Beitrag analysiert Wettbewerbs- und Marktbearbeitungsstrategien für den E-Participation Markt in Deutschland. Mittlerweile ist E-Participation in Deutschland zunehmend Gegenstand von Ausschreibungen der öffentlichen Verwaltung, sei es als ein Teilbereich von E-Government-Projekten im Sinne eines Qualitätsmerkmals oder als ausschließliches E-Participation-Projekt. Nach umfassenden Analyse wird eine Wettbewerbs- und Marktbearbeitungsstrategie für den E-Participation Markt in Deutschland erarbeitet. Innovationen in Produkte und Prozesse sind heute unerlässlich für Unternehmen, die am Markt dauerhaft erfolgreich sein wollen. Der zweite Beitrag beschäftigt sich mit der Generierung und selektiven Argumentation von Alleinstellungsmerkmalen. Hat man die Alleinstellungsmerkmale identifiziert, gilt es jeweils ein Concept Board dazu zu erstellen, das die Problemstellung des Kunden beschreibt, die Innovation darstellt, den Kundennutzen umschreibt und ihn belegt, um am Ende einen kurzen Slogan daraus zu formen, der möglichst einprägsam ist.

Inhaltsverzeichnis der ausgewählten Diplomarbeiten

Die Zukunft des „Index X" – Re-Launch oder Marktaustritt? 1
Daniel L. Rüedi

Integriertes Management in deutschen Sparkassen 103
Thomas Grün

Reorganisations in the European Commission.
Lessons learned from the past and strategic considerations for the future 239
Ingrid Schwaiger

Beispiele von Diplomarbeiten 2012 (Auszug) 319

Die Zukunft des „Index X" – Re-Launch oder Marktaustritt?

Daniel L. Rüedi

Management Summary

Im heutigen Geschäftsleben ist Information Segen und Fluch gleichzeitig: Zum einen sind aktuelle Informationen der wichtigste Schlüssel zum Erfolg – unabhängig von Branche und Tätigkeit. Andererseits können zu viele Informationen wegen ihrer zeitraubenden Verarbeitung und Analyse die Geschäftsprozesse empfindlich stören oder gar lahmlegen. Bei der Informationsbeschaffung ist es deshalb entscheidend, die Spreu rechtzeitig vom Weizen zu trennen. Denn nur die richtige Information zum richtigen Zeitpunkt führt zum geschäftlichen Erfolg.[1]

Zudem werden die Märkte globaler und immer schneller. Neue Trends und Technologien, auch disruptive[2], lassen die Unsicherheiten für Unternehmen erheblich steigen. Entwicklungen wie z.b. von Print zu Online sind speziell für Verlagshäuser eine echte Herausforderung und lassen einem professionellen Produkt und Portfolio Management sowie Untersuchungen über den Kundennutzen eine ausserordentliche Bedeutung zukommen. Ein zusätzliches Gewicht in Theorie und Praxis erhalten diese Themen nicht zuletzt aufgrund spektakulärer Unternehmenskrisen und –Zusammenbrüche. Eine Liste mit so bekannten Namen wie Nokia, RIM, Kodak, Apple, Xerox, Sony, Sharp, Sumitomo, Procter & Gamble, Swissair, MCI Worldcom, ABB, Ascom wird regelmässig um weitere Einträge ergänzt.

In diesem Spannungsfeld bewegt sich auch Muster AG. Ein Markt-Dienstleister im baunahen Umfeld, welche nach folgendem Credo lebt: „Die richtige Information - zum richtigen Zeitpunkt!"[3] In einer Welt der Informations-überflutung, die der Einzelne nicht mehr überschauen kann, ist Eigenrecherche nicht nur zeitaufwendig, sondern blockiert auch eigene Ressourcen. Fachinformationen aktuell, selektiert, auf den eigenen Bedarf zugeschnitten bedeutet heute einen Marktvorteil, und genau diesen Vorsprung liefern die Informationsservices und Fachmedien.

---

[1] Absatz i.A. an www.firmenportrait (anonym)

[2] Eine disruptive Technologie ist eine Innovation, die eine bestehende Technologie, ein bestehendes Produkt oder eine bestehende Dienstleistung möglicherweise vollständig verdrängt.

[3] www.firmenportrait (anonym)

Der Informationsservice, die „Index X" wird in der vorliegenden Diplomarbeit näher analysiert. Es handelt sich um ein Nachschlagewerk für Innenarchitekten und Bauschaffende, wenn es um Bauprodukte und Adressen von Herstellern und Anbietern von Bau-, Ausstattungs- und Einrichtungsprodukte geht. Das Informationswerkzeug erscheint in einer Printversion in Deutsch sowie in Französisch und präsentiert die Produktinformationen nach der bauüblichen Klassifizierung. Die Online-Version umfasst mehr als 30'000 Adressen von Herstellern, Anbietern und Dienstleistern, verknüpft mit Produkten und Leistungen.

Diese Arbeit soll Impulse geben für eine Neupositionierung der „Index X" und vor allem die Interessen der primär adressierten Kundengruppe, den Innenarchitekten, klar darlegen. Des Weiteren sollen die folgenden Fragen bearbeitet werden:

- Welche Vorgehensweise ist zu empfehlen, um für die vorliegende Problemstellung einen Lösungsvorschlag zu entwickeln?

- Besteht seitens der Kundengruppe der Innenarchitekten genügend Interesse und Zweckdienlichkeit um die „Index X" auch intensiv zu nutzen?

- Können diese Produkte und Dienstleistungen allenfalls konzeptionell überarbeitet werden oder muss ein Marktaustritt in Erwägung gezogen werden?

Nach einer Einleitung zur momentanen Situation der Muster AG und einer Erläuterung zur „Index X" werden die Grundlagen für Marktuntersuchungen und Portfolio Analysen umschrieben. Ein kurzer Exkurs in die Perspektiven des Outside-in (aus Markt-/Kundensicht) und Inside-out (aus Sicht der firmeneigenen Ressourcen) ergänzen den Theorieteil. Es werden die folgenden Autoren berücksichtigt: KOTLER, KUSS, LECHNER, MÜLLER-STEWENS, PORTER und TOMCZAK. Nach einer Auswahl der Methoden und Tools erfolgt der Transfer in die Praxis.

Eine anschliessende Marktuntersuchung und den damit verbundenen Kundenbefragungen sowie Gruppendiskussionen mit Fragebogen erlauben es, einen strukturierten Antworten Katalog zu erstellen. Die Datenanalysen und

Auswertungen inklusive Visualisierungen lassen folgendes Fazit herauskristallisieren:

- Ein Goodwill seitens der Innenarchitekten für die „Index X" ist nach wie vor vorhanden.
- Die Glaubwürdigkeit gegenüber der Muster AG ist allerdings begrenzt, wenn es um die Konstruktion eines modernes „Online Portal" für die „Index X" geht.
- Eine Weiterentwicklung des Produktes Z^4 hat aber dennoch unbedingt online zu erfolgen.
- Die Konkurrenz im Online wie auch Print Bereich ist bereits gut etabliert.
- Die Struktur des Portals (inkl. Bildsuche) wird als wesentlicher Vorteil gegenüber den anderen Mitbewerbern erachtet und entsprechend gefordert.
- Objektkennzahlen[5] sind sehr wichtig, aber für Innenarchitekten nicht immer publizierbar (Bewilligungen der Bauherren, etc.).
- Die allumfassende, einzige Online Plattform für Innenarchitekten gibt es nicht.

Der allgemeine Tenor kann wie folgt zusammengefasst werden: **WENIGER IST MEHR** – Die Muster AG soll sich auf das konzentrieren, was diese ausmacht(e) und nicht versuchen ein allumfassendes Innenarchitektenportal zu konstruieren. Zunächst muss aber der Status und die Glaubwürdigkeit der „Index X" wieder gesteigert werden.

Um das zu erreichen, empfiehlt sich folgendes Vorgehen:

- Eine Weiterentwicklung der einzelnen Services und Produkte ist in dedizierten Projekten so bald als möglich anzugehen.

---

[4] Index X abgekürzt: X

[5] Kennzahlen könnten z.B. Gebäudevolumen, Grundstücksflächen, Gebäudeflächen sein. Je nach Detaillierung kann man das weit runterbrechen, z.B. bis hin zu Ausbau Gebäude > Bodenbelag > Bezugsmenge, Kosten per m2, pro Gebäudevolumen, etc.

- Die einzelnen Dienstleistungen und Produkte innerhalb des Produkte Portfolios sind neu zu positionieren.
- Ein Massnahmenkatalog muss erstellt werden.
- Eine Vorgehensweise mit Terminplan soll entwickelt werden.

Zusammenfassend kann festgestellt werden, dass die Herleitung und der Aufbau dieser Arbeit dem Verfasser erlaubte einen methodischen Vorschlag zu entwickeln, welcher die Firma Muster AG nun konkret in Einzelschritten umsetzen kann. Von Nutzen sind auch die Produktpositionierungen innerhalb des SOLL Portfolios.

Inhaltsverzeichnis

Management Summary 2

Abbildungsverzeichnis 8

Tabellenverzeichnis 9

Abkürzungsverzeichnis 9

1. Vorstellung der Firma – Muster AG 12

    1.1. Einleitung 12
    1.2. Firmenzweck und Geschäftsmodell 13
    1.3. Organisation und Management 15
    1.4. Produkte und Dienstleistungen 15
        1.4.1. Produkteübersicht 15
        1.4.2. «Index X» 17
        1.4.2.1. Produktbeschreibung 17
        1.4.2.2. Print Auflage und online Reichweite 18
        1.4.2.3. Preise für Hersteller und Innenarchitekten 19
        1.4.2.4. Online Performance Report 2009-2012 20
    1.5. Markt, Wettbewerb und Kundensegmente 21
    1.6. Finanzen (anonymisiert) 23

2. Zielsetzung, Vorgehen und Aufbau der Arbeit 25

    2.1. Problemstellung 25
    2.2. Zielsetzung 26
    2.3. Vorgehen 27
    2.4. Aufbau der Arbeit 28
    2.5. Abgrenzung 29

3. Marktuntersuchung und Portfolio Analysen – Ein Exkurs in die Theorie 29

    3.1. Einleitung 30
    3.2. Ansätze für eine Marktuntersuchung 30
        3.2.1. Festlegung der Untersuchungsziele 32
        3.2.2. Festlegung des Untersuchungsdesigns 33
    3.3. Kurzer Exkurs zum Thema strategisches Management 36
        3.3.1. Outside-in-Perspektive (Market Based View) 37
        3.3.2. Inside-out Perspektive (Resource Based View) 37
        3.3.3. Fazit zu diesem Exkurs 38
    3.4. Portfolio Analyse 38
        3.4.1. Nach Philipp KOTLER 39
        3.4.1.1. Der Ansatz von Boston Consulting Group BCG 40

3.4.1.2. Der Ansatz von General Electric GE 43
3.4.2. Nach Torsten TOMCZAK 46
3.4.3. Nach Michael E. PORTER 48
3.4.4. Nach Günter MÜLLER-STEWENS 52
3.5. Auswahl der Methoden und Praxistransfer **54**
3.5.1. Vorgehensweise und Aufbau der Arbeit 54
3.5.2. Marktuntersuchungsform und Methodenentscheid 54
3.5.3. Auswahl der Portfolio Analyse 55

4. Kundenbefragung **55**

4.1. Einleitung **56**
4.2. Aufbau und Vorbereitung von Gruppendiskussionen **56**
4.3. Durchführung der Anlässe **57**
4.3.1. Ablauf der Kundenbefragung 57
4.3.2. Präsentation mit anschliessender Gruppendiskussion 57
4.3.3. Fragebogen 59

5. Datenanalyse und Auswertung **61**

5.1. Quantität und Qualität der Gruppendiskussionen **61**
5.2. Auswertung der Fragebögen und Gesprächsinhalte **62**
5.3. Sonderthema Beirat **73**

6. Versuch einer Synthese und Empfehlungen **74**

6.1. Essenz aus den Gruppendiskussionen und Auswertung der Fragebögen ...**74**
6.2. Erstes Fazit **75**
6.3. Feedback aus der Geschäftsleitung **76**
6.4. Quintessenzen aus dem Gespräch mit dem CEO **78**
6.5. Produktpositionierung (Portfolio Matrix) **79**
6.5.1. IST-Portfolio 79
6.5.2. SOLL-Portfolio 80
6.6. Massnahmenkatalog und Weiterentwicklung **82**

7. Schluss **83**

7.1. Zusammenfassung **84**
7.2. Ansätze zur Weiterführung dieser Diplomarbeit **85**
7.2.1. Basis schaffen für Innovationskultur 85
7.2.2. Verpasste Chance? 85
7.2.3. Kundenzufriedenheits-Umfrage 85
7.2.4. Disruptive Technologien 85
7.3. Persönliche Beurteilung der Zielerreichung **86**

Literaturverzeichnis **88**

Anhang **90**

Abbildungsverzeichnis

Abbildung 1: Schematische Darstellung des Geschäftsmodells der Muster AG 14
Abbildung 2: Organigramm Muster AG, Stand Januar 2012 15
Abbildung 3: Übersicht „Index X" 17
Abbildung 4: Monatliche Statistik der online Besucherzahlen des „Index X 20
Abbildung 5: Monatliche Statistik der RFIs und NL Subscribers des „Index X" 21
Abbildung 6: Vorgehensweise 28
Abbildung 7: Typische Phasen einer Marktforschung nach KUSS 31
Abbildung 8: Untersuchungsziele und Untersuchungsdesigns 31
Abbildung 9: Von der Problemdefinition zum Untersuchungsdesign 36
Abbildung 10: Die Portfoliomatrix der Boston Consulting Group 40
Abbildung 11: Das neunzellige SGB-Raster von General Electric (GE) 45
Abbildung 12: Eine allgemeine Portfolio-Matrix (nach ASSAEL 1993, S.721) 46
Abbildung 13: Beispiel für ein Ist- und Ziel Portfolio (DAY 1977, S.34) 47
Abbildung 14: Kräfte des Branchenwettbewerbs (nach PORTER 1999, S.34) 51
Abbildung 15: Fragebogen (Ausschnitt) anlässlich der Gruppendiskussionen im Prime Tower in Zürich 60
Abbildung 16: Bekanntheitsgrad der «Index X» 62
Abbildung 17: Nutzungsverhalten der Dienstleistungen des Produktes X 63
Abbildung 18: Besuchsverhalten von anderen (Mitbewerbern) Websites 64
Abbildung 19: Nutzen der vernetzten Visualisierung 65
Abbildung 20: Bereitschaft, eigene Referenzobjekte auf einer Plattform zu veröffentlichen 65
Abbildung 21: Interesse an Objekten anderer Innenarchitekten 66
Abbildung 22: Nutzen des SIA 451 Viewer in Kombination mit Ausschreibungstexten der Hersteller 67
Abbildung 23: Interesse an einer digitalen Infothek 67
Abbildung 24: Wichtigkeit von Fördermittel und der Beschaffung der Informationen 68
Abbildung 25: Interesse an Subventionsgelder Auskunft und Quick-Check 69
Abbildung 26: Bedarf und Interesse an anderen online Dienstleistungen 70
Abbildung 27: Regelmässige Teilnahme an Wettbewerben 70
Abbildung 28: Wichtigkeit exklusiver Dienstleistungen 71

Abbildung 29: Nutzeneinschätzung der Inhalte an eine zukünftige Plattform 72

Abbildung 30: Bereitschaft für die Nutzung dieser Dienstleistung einen jährlichen Betrag zu bezahlen 73

Abbildung 31: IST Portfolio des Produkt Sortiments der Muster AG 80

Abbildung 32: SOLL Portfolio Positionierung des neuen „Index X" 81

Abbildung 33: Preise „Index X" 90

Abbildung 34: Von der Problemdefinition zum Untersuchungsdesign – Beispiel 2 92

Abbildung 35: Von der Problemdefinition zum Untersuchungsdesign – Beispiel 3 93

Abbildung 36: der Problemdefinition zum Untersuchungsdesign – Beispiel 4 93

Abbildung 37: Kernstück des Index X 94

Abbildung 38: Wissen 94

Abbildung 39: Service 95

Abbildung 40: Emotionen 95

Abbildung 41: Visualisierung aller Beteiligten an einem Bauvorhaben 100

Tabellenverzeichnis

Tabelle 1: Mediadaten des „Index X" 18

Tabelle 2: Die wichtigsten Mitbewerber 22

Tabelle 3: Finanzielle Grobübersicht 24

Tabelle 4: Massnahmenkatalog / Weiterentwicklung 83

Tabelle 5: Performance Report 2009 – 2012, monatliche Daten 91

Tabelle 6: Kompletter Fragebogen, Seite 1-3 99

Abkürzungsverzeichnis

Ad Impressions	Anzeigenhäufigkeit des Werbemittels
„C-Box"	ist ein Dienstleistungsprodukt, welches die Abgabe von Produkte Flyers durch den Innenarchitekten an seine Kundschaft anlässlich von Beratungsgesprächen vorsieht. Nachteil: Die Flyer müssen immer wieder nachbestellt werden.
Award	Wettbewerb der Muster AG
«B»-Tipp	verlinkte Bewerbung der Publireportage auf der Startseite

„kompass"	erläutert die statistische Aktivität in der Schweiz und ist Bestandteil des Abos des Index X. Transportiert wird der Flyer mit der „Fachzeitschrift"
Unterlagen B	Die „Unterlagen B" beinhalten professionelle Planungsgrundlagen. Der Aufwand diese Ordner up to date zu halten ist beträchtlich. In regelmässigen Abständen schickte die Muster AG Personal in die Architekturbüros, welche diese Ordner aktualisieren.
EBITDA	Gewinn vor Zinsen, Steuern, Abschreibungen und Amortisation
Subventions-gelder Prüfer	Ein Online Tool, welches im Dschungel von rund 1200 verschiedenen Subventionsprogrammen (Gemeinde, Kanton, Bund) eine erste Abschätzung von Relevanz und Einsparungspotential gibt.
FTE	full-time equivalent, Mitarbeiter, welcher zu 100% arbeitet
GE	General Electric
Leads	Qualifizierte Martopportunitäten (korrektes Bauvorhaben)
NL Subscribers	sind Abonnenten zu regelmässigen Produkteinformationen / Updates (Newletter)
Page Views	sind die verschiedenen Seitenaufrufe durch den gleichen Benutzer pro Zeiteinheit
Push Service	Produktinformationen werden an alle Entscheidungsträger mit aktivem Gesuch versandt
RFIs	heissen „request for information" und signalisieren konkrete Anfragen und Bedürfnisse
Unterlagen R	Die „Unterlagen R" waren früher ein Nachschlagewerk bevor es die online Version der „Index X" gab.
X	„Index X"
SGB	Strategischer Geschäftsbereich
Skyscraper 1	vertikale Werbefläche am rechten Seitenrand der Website, Position oben
Skyscraper 2	vertikale Werbefläche am rechten Seitenrand der Website, Position unten
SIA	Schweizerische Ingenieur- und Architektenverein. Ein Berufsverband für Architekten, Ingenieure und Fachleute aus den bereichen Bau, Umwelt und Technik

SIA 451 Viewer	Der SIA-451 Viewer ist ein online Integrationswerkzeug zum Öffnen, Ergänzen und Exportieren von Leistungsbeschreibungen (Ausschreibungstexte) aller Leistungsverzeichnisse im Format SIA 451
Visitors	sind Anzahl Benutzer (eindeutig mit gleicher IP Adresse) pro Zeiteinheit
„Fach Zeitschrift"	ist die Innenarchitektur Zeitschrift aus dem Haus Muster AG

1. Vorstellung der Firma – Muster AG

>"*Zeige mir, wie du baust, und ich sage dir, wer du bist.*"
>Christian Morgenstern (1871 - 1914), deutscher Schriftsteller[6]

1.1. Einleitung

Die Muster AG mit Sitz im Grossraum Zürich erbringt Informationsservices für die Schweizer Wirtschaft. Es ist der grösste Fachverlag in der Schweiz und zeichnet sich durch Druck- und Online-Angebote für die Industrie aus. Dazu zählen Handwerker und Arbeitsinstrumente für Planer und Bauherren. Die Geschäftsbereiche sind die folgenden:

- Fachmedien
- Produktinformationen
- Projektinformationen
- Subventionsprogramme

Die Muster AG gehört zur Muster Holding AG mit Sitz in München, welche 2001 aus dem Zusammenschluss der Schweizerischen Muster AG, der Muster Deutschland GmbH und der Schwedischen Muster AB gegründet wurde. Seit 2004 gehört die Gruppe[7] zu Private Equity Communications Partners[8] in London, eine führende Private Equity Investoren Gruppe, die sich u.a. auf den Mediensektor in Europa spezialisiert hat. Seitdem wächst die Gruppe kontinuierlich organisch. Die Firmengruppe ist mit über 1000 Mitarbeitern in

---

[6] http://www.gutzitiert.de/zitat_thema_architektur.html

[7] Gruppe ist der Brandname und steht für den Slogan: specialized information for success. Die Gruppe wird vertreten durch Muster Holding AG, München

[8] i.A. an http://www.private equity (anonym)

folgenden Ländern aktiv: Deutschland, Schweiz, Skandinavien, Österreich und der Tschechischen Republik.[9]

1.2. Firmenzweck und Geschäftsmodell

Als multimedialer Dienstleister liefert die Muster AG spezifische Fachinformationen, Inhalte und Lösungen für folgende Kundensegmente:

- Planer/Ingenieure
- Unternehmer
- Generalunternehmer
- Handwerker
- Hersteller
- Institutionelle Bauherren
- Öffentliche und private Bauherren

Die Muster AG versteht sich als verantwortliche Schnittstelle zwischen Märkten und Kunden. Das Ziel ist, dass genau jene Informationen zur Verfügung stehen, welche für die Unternehmen relevant sind, so dass diese mehr Zeit für Ihr Kerngeschäft haben. Des Weiteren sollen Angebot und Nachfrage auf dem Schweizer Markt gezielt zusammengebracht werden, sodass die Voraussetzungen für eine direkte und gezielte Kommunikation mit den Kunden ermöglicht wird.

Ein Beispiel: Im klassischen Objektgeschäft werden relevante Daten im Zeitpunkt der Eingabe (Gesuch, Bewilligung) als Leads recherchiert und an die interessierten Zielgruppen (z.B. Hersteller und Handwerker) weitergeben.

Da diese Branche ein hart umkämpfter Markt ist, begrüssen es die Produkthersteller, Unternehmer und Handwerker die richtigen Informationen zum richtigen Zeitpunkt zu erhalten, um sich attraktive Aufträge zu sichern.

Gerade bei der Vielzahl an beschränkten Ausschreibungen oder freihändig zu vergebenden Aufträgen in der Wirtschaft ist es jedoch nicht leicht, den Überblick zu behalten. Die Suche nach neuen Vorhaben und Aufträgen gestaltet sich meist

---

[9] Absätze i.A. an www.firmenportrait (anonym)

mühsam und kostenintensiv. Hier setzen die Produkte und Leistungen der Muster AG an.[10]

Marktplatz Muster AG

Zielgruppe IV

Zielgruppe I

Hersteller/ Industrie

Zielgruppe III

Zielgruppe II

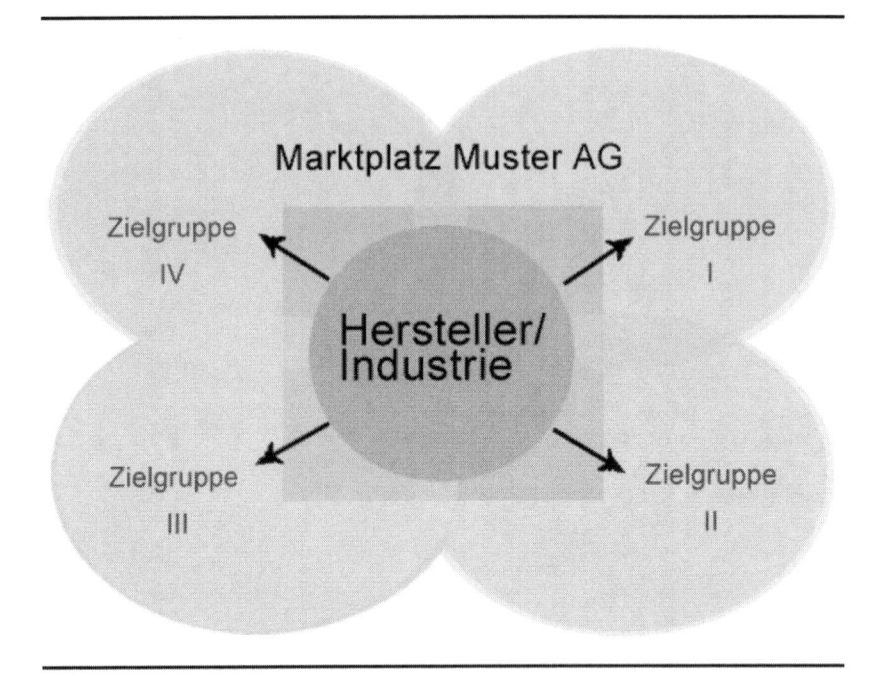

Abbildung 1: Schematische Darstellung des Geschäftsmodells der Muster AG

Das Geschäftsmodell (Vgl. Abbildung 1) basiert auf Einnahmen durch Schaltung von Werbung in den verschiedenen Publikationen sowie auch aus Einnahmen von Abonnementen, wie z.B. Innenarchitekten, welche eine jährliche Bezugsgebühr entrichten. Ein weiterer Pfeiler ist das Objektgeschäft, bei welchem potentiell interessante Marktopportunitäten (qualifizierte Leads) aufbereitet und zur Verfügung gestellt werden.

---

[10] Kap. 1.2 i.A. an www.firmenportrait (anonym)

1.3. Organisation und Management

Die nachfolgenden Informationen, inklusive den Folgekapiteln, stammen aus Gesprächen mit dem CEO T11, im Dezember 2011 und Januar 2012.

Die Geschäftsführung (Vgl. Abbildung 2) der Firmengruppe vertreten durch die Muster Holding AG in München wird durch Herrn S wahrgenommen.

Die Geschäftsleitung in der Schweiz wird durch die Herren T, CEO und Herrn R, Verkaufsleitung ausgeführt.

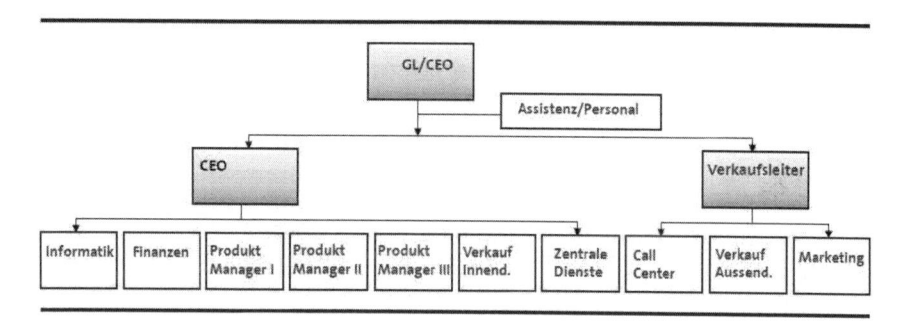

Abbildung 2: Organigramm Muster AG, Stand Januar 2012[12]

1.4. Produkte und Dienstleistungen

1.4.1. Produkteübersicht

Im Folgenden werden die Produkte kurz vorgestellt:

Die **Publikation „B"** ist die wöchentlich erscheinende Zeitschrift für die Branche und konsolidiert Informationen aus amtlichen und privaten Quellen. Deren Inhalt sind sämtliche Projekte, Gesuche, Bewilligungen, Arbeitsvergaben, Bauland und amtliche Informationen aus der ganzen Schweiz. „B" ist die täglich aktualisierte online Version.

---

[11] Hat bei internationalen Unternehmen wie Muster AG, Reader's Digest, Bertelsmann, General Motors (Europe), ABB Schweiz, Swissair gearbeitet. „Technologie-Unternehmer" Uni St. Gallen, MBA Uni Bocconi in Mailand, Master of Law, lic. Iur. Uni Zürich.

[12] i.A. an Organigramm, Muster AG, Stand: Januar 2012

„**Produkt F**" ist die französische Variante der Publikation „B" für die Westschweiz.

„**Subventionsgelder.ch**" gewährleistet einen Überblick über mehr als 1200 Fördergeldprogramme von Bund, Kantonen, Gemeinden und Energieversorgern. Mit dem integrierten Energiesparrechner lassen sich Sparpotenziale ermitteln, grafisch darstellen und miteinander vergleichen.

Das „**Magazin B**" enthält Wissenswertes für den angehenden Eigentümer. Von nachhaltiger Haustechnik, neusten Energiespartechniken - alles, was mit Architektur, Design, Küche, Bad oder Wellness zu tun hat.

Das „**Branchen Magazin**" erteilt dem zukünftigen, privaten Bauherrn wertvolle Hinweise wie ein Bau zu planen ist. Die Verteilung erfolgt durch führende Schweizer Bankinstitute, in der Regel über die Hypothekarabteilung.

Das „**Magazin K**" versteht sich als Informationsdrehscheibe zwischen Gemeinden, ihren Geschäftspartnern sowie Bund und Kantonen. Dieses Magazin ist ein Werbemedium für Unternehmen, die sich den 13-Milliarden-Markt der kommunalen Beschaffung erschliessen wollen.

Das „**Produkt GSP**" erscheint als französischsprachige Beilage zum „Magazin K" für die Gemeinden in der Westschweiz.

Der „**I-Manager**" informiert laufend online über neue Projekte und enthält detaillierte Angaben über Vorhaben in jeder Phase.

„**Mein Projekt**" adressiert das Kundensegment der Eigentümer mit bewilligungspflichtigen Vorhaben. Es enthält kostenlose Planungsunterlagen und bietet somit den Anbietern von Produkten und den Handwerkern die Chance, jährlich bis zu 24'000 Entscheider von Objekten zu erreichen.

Der web-basierte „**Schweizer Atlas**" stellt die Informationen aus der Subventionsgelder Datenbank von «Subventionsgelder.ch» auf einer Karte grafisch dar.

„Zeitschrift V" ist eine -Fachzeitschrift mit Anspruch auf Ästhetik, kontroversem Meinungsaustausch zu branchenübergreifenden Themen und Trend-Diskussionen.[13]

1.4.2. «Index X[14]»

1.4.2.1. Produktbeschreibung

Nachfolgend wird dieses Produkt (Vgl. Abbildung 3) detaillierter erläutert, da dies für den weiteren Verlauf der Arbeit von Bedeutung ist.

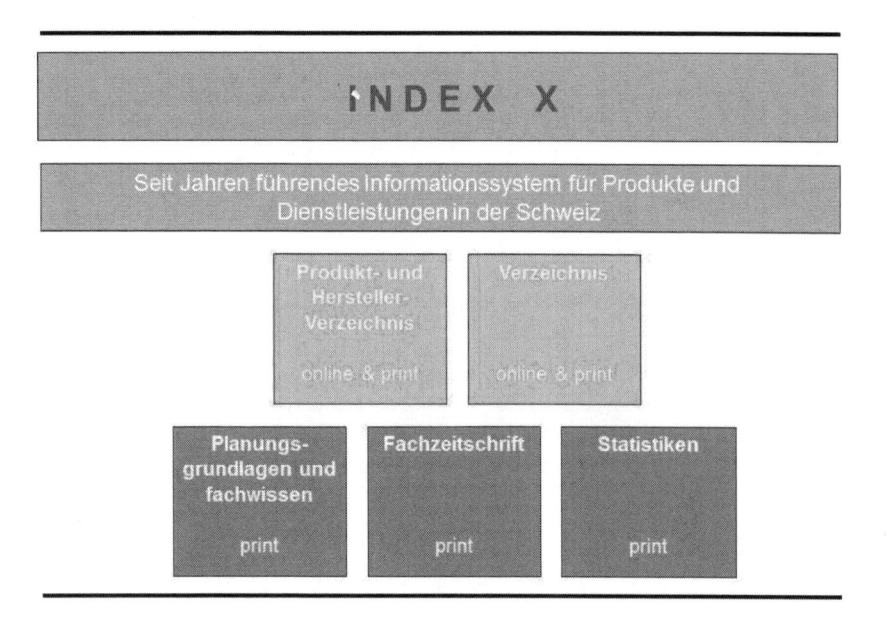

INDEX X

Seit Jahren führendes Informationssystem für Produkte und Dienstleistungen in der Schweiz

Produkt- und Hersteller-Verzeichnis	Verzeichnis
online & print	online & print

Planungs-grundlagen und fachwissen	Fachzeitschrift	Statistiken
print	print	print

Abbildung 3: Übersicht „Index X"[15]

Die „Index X" ist ein Nachschlagewerk für Innenarchitekten und Planer, wenn es um Produkte und Adressen von Herstellern und Anbieter für Ausstattungs- und Einrichtungsprodukte geht. Das Informationswerkzeug erscheint als Buch in

---

[13] Kap. 1.4 i.A. an www.firmenportrait (anonym)

[14] In der Folge wird auch die Abkürzung X verwendet.

[15] Kundenpräsentation anlässlich Gruppendiskussion im Prime Tower in Zürich

Deutsch sowie in Französisch und präsentiert die Produkteinformationen nach üblichen Klassifizierungen.

Dieses Handbuch ist auch online verfügbar und umfasst mehr als 30'000 Adressen von Herstellern, Anbietern und Dienstleistern, verknüpft mit Produkten und Leistungen. Gemäss Produkte Prospekt[16] erfolgen 2.1 Mio. Visits pro Jahr[17]. Dies bedeutet, dass die Webseite intensiv genutzt wird, was wiederum für die Kunden sehr interessant ist, um mit ihren Annoncen eine möglichst hohe Werbewirkung zu erzielen.[18]

1.4.2.2. Print Auflage und online Reichweite

Die folgende Tabelle (Vgl. Tabelle 1) gibt Auskunft über Auflagenstärke, Reichweite und Erscheinungshäufigkeit:

Auflage Print	Deutsche Schweiz	7'500
	Französische Schweiz	2'500
	Total Auflage	10'000
Reichweite online	Visits pro Jahr	2'100'000
	PageViews pro Jahr	4'000'000
	Newsletter-Abonnenten pro Versand	Deutsch ø 21'000
		Französisch ø 7'000 Total
		ø 28'000
Erscheinung/ Redaktions- schluss	Print	jährlich im 4. Quartal
	Online	laufend
	Newsletter	wöchentlich am Donnerstag

Tabelle 1: Mediadaten des „Index X"[19]

---

[16] i.A. an http://www.musterag (anonym) dokumentation_d.pdf

[17] Einzelbesuche/Seitenaufrufe

[18] Kap. 1.4.1.1 i.A. an http://www.musterag (anonym) dokumentation_d.pdf

[19] http://www.musterag (anonym) dokumentation_d.xyz.pdf

1.4.2.3. Preise für Hersteller und Innenarchitekten

Die folgende Aufstellung soll einen Einblick in das Preisgefüge eines Markt Dienstleister geben. Eine detaillierte Preisaufstellung ist im Anhang (Vgl. Anhang 1: Preise „Index X") zu finden. Die Preise (CHF ohne MWST) setzen sich aus einem Grundpreis sowie Print- und Online Optionen zusammen:

Grundpreis bei einer Auflage von 10'000   7'800.-

Print Optionen:

- Zusätzliche Seite   +6'600.-
- Inserate Deutsch und Französisch   +6'600.-

Online Option

- News Package 2x7 Tage Newsletter Versand   +1'500.-
- Produkt der Woche 7 Tage (Ad Impressions[20])   +1'800.-
- Fokus-Newsletter 1x an 28'000 Abonnenten   +1'200.-
- Fullbanner und Banner[21]   +1'400.-/1'200.-
- Skyscraper 1+2[22]   +3'000.-/2'500.-
- Push Service 365 Tage[23]   +5'500.-

Für Innenarchitekten und Planer kostet das Abonnement 990.- im Jahr. Zusätzlich erhalten Abonnenten des Produktes X die „Publikation B" für 297.- statt 495.-. In der französischen Variante ist der Abo Preis gleich, die „Publikation F"-Abonnement kostet dann aber 57.- anstelle von 95.-.

---

[20] Anzeigehäufigkeit des Werbemittels

[21] Horizontale Werbefläche innerhalb der Webseite (Fullbanner-Fläche 480x60mm plus Newsletter, Banner-Fläche: 468x60mm)

[22] Vertikale Werbefläche am rechten Seitenrand der Webseite

[23] Produkteinformationen werden an alle Entscheidungsträger mit aktivem Gesuch versandt.

1.4.2.4. Online Performance Report 2009-2012

Die nachfolgenden Grafiken (Vgl. Abbildung 4 und Abbildung 5) sowie die Tabelle im Anhang (Vgl. Anhang 2: Performance Report 2009-2012, monatliche Daten) geben Auskunft zu Produktentwicklung und Kundenakzeptanz und lassen erste Signale erkennen, dass Handlungsbedarf besteht.

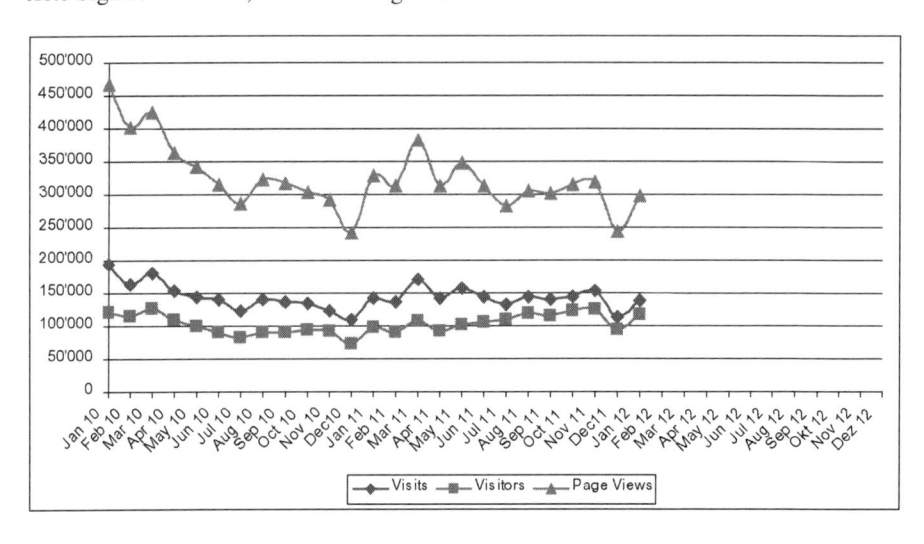

Abbildung 4: Monatliche Statistik der online Besucherzahlen des „Index X"[24]

Die Visits[25] und Page Views[26] sind stark rückläufig. Die Visitors[27] verhalten sich stagnierend mit leicht steigender Tendenz im letzten Halbjahr. Dieser Trend kann mittelfristig allerdings nicht als gesichert bezeichnet werden.

---

[24] Muster AG, Online Performance Report Index X, Jan 2010 – Jan 2012

[25] Visits sind Anzahl (mehrere) Besuche des gleichen Benutzers pro Zeiteinheit

[26] Page Views sind die verschiedenen Seitenaufrufe durch den gleichen Benutzer pro Zeiteinheit.

[27] Visitors sind Anzahl Benutzer (eineindeutig mit gleicher IP Adresse) pro Zeiteinheit.

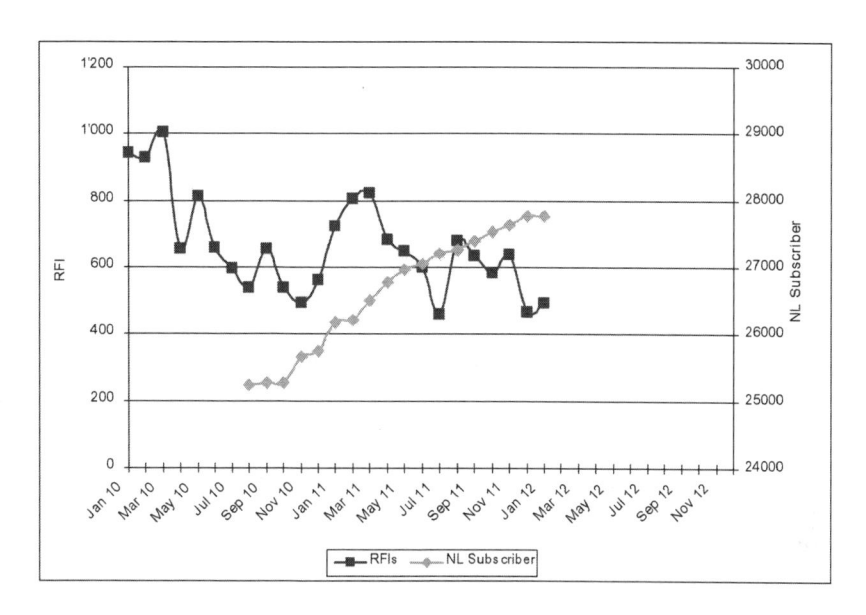

Abbildung 5: Monatliche Statistik der RFIs und NL Subscribers des „Index X"[28]

Der negative Trend der RFIs[29] muss als besorgniserregend bezeichnet werden. Im Kontrast dazu die positive Entwicklung der NL Subscribers.[30] Allerdings wäre ein umgekehrtes Verhältnis eher zu begrüssen, da RFIs ein konkretes Interesse und somit spezifische Anfragen bedeuten.

1.5. Markt, Wettbewerb und Kundensegmente

Muster AG ist ein grosser Schweizer Anbieter von Informationen für die Branche und positioniert sich als unabhängiger Intermediär zwischen Anbietern und Nutzern, mit dem Ziel der Nutzenstiftung zwischen diesen Marktteilnehmern. Weiter versteht sich diese Firma als Informationsdrehscheibe in dieser Branche. Auf den Informationsplattformen werden Angebot und Nachfrage zusammen geführt, um den Partnern beider Seiten zum Erfolg zu verhelfen.

---

[28] Muster AG, Online Performance Report des Produktes "Index X", Jan 2010 – Jan 2012

[29] RFIs heissen „request for information" und signalisieren konkrete Anfragen und Bedürfnisse oder auch qualifizierte Leads.

[30] Newsletter Subscribers sind Abonnenten zu regelmässigen Produkteinformationen/Updates.

Der klassische Dienstleister Markt hat allerdings vermehrt mit disruptiven Technologien[31] zu kämpfen so z.B. mit simplen Internet Suchmaschinen. Was früher das Primat der Printmedien war, kann immer häufiger mit Online-Lösungen substituiert werden.

Speziell im Teilmarkt des „Indexes X" ist Google eine echte Alternative, um direkt auf die Angebote der Hersteller zu zugreifen.

Der Wettbewerb ist somit auf der einen Seite mit dem Paradigma Wechsel zum vermehrten Gebrauch des Internet lanciert, und auf der anderen Seite gibt es Mitbewerber (Vgl. Tabelle 2) in den einzelnen Teilmärkten.

Marktsegment	Mitbewerber	Anmerkung
Innenausbau	www.a.ch	Zielgruppe:100% Innenarchitekten (international)
Objekt Geschäft	www.bi.ch	
Branchen Infos	www.ba.ch	B2B[32]
Transaktionsplattform	www.r.ch	B2C
Transaktionsplattform	www.o.ch	B2B[33] (z.B. Grossprojekte von Firmen/GUs)
Fach Zeitschriften	www.h.ch, www.e.ch, www.s.com, www.d.de, www.w.ch	Die ersten zwei sind als Marktführer zu bezeichnen.

Tabelle 2: Die wichtigsten Mitbewerber

Die nachfolgende Auflistung[34] beschreibt die Kundensegmente, wobei für den weiteren Verlauf der Diplomarbeit die Kategorie der Innenarchitekten und Planer besonders relevant ist.

---

[31] http://de.wikipedia.org/wiki/Disruptive_Technologie. Eine disruptive Technologie ist eine Innovation, die eine bestehende Technologie, ein bestehendes Produkt oder eine bestehende Dienstleistung möglicherweise vollständig verdrängt.

[32] Business to consumer

[33] Business to business

[34] i.A. an www.musterag.(anonym)/de/Innenarchitekten-planer

Innenarchitekten / Planer: Die Schweiz zählt 8'500 Büros und diese zählen zu den wichtigsten Entscheidungsträgern bei Projekten.

2300 **Generalunternehmer** sind im Entscheidungsprozess eines Projektes genau so wichtig wie die Innenarchitekten.

Es gibt rund 40'000 selbständige und angestellte **Handwerker** in der Schweiz, welche eine wichtige Rolle bei Neuerstellungen oder Renovationen einnehmen.

Viele **Unternehmen** stellen in der Schweiz Produkte her, die bei Neubauten, Umbauten oder Renovationen zum Einsatz kommen.

5'000 **Ingenieure** haben in der Schweiz bei der Realisierung von Neu- und Umbauten einen wesentlichen Einfluss auf die Beschaffung von Materialien und auf den Einkauf von Dienstleistungen.

Der Markt mit jährlichen Investitionen von 1,1 Milliarden Franken ist für **institutionellen Bauherren** höchst interessant.

3'100 **Öffentliche Bauherren** investieren in der Schweiz im Durchschnitt 16,1 Milliarden Franken pro Jahr in Bauvorhaben.

Über 23'000 **private Bauherren** planen jedes Jahr einen Neubau, einen Umbau oder nehmen eine Renovation in Angriff.

Speziell zu beachten ist die Interdependenz zwischen Herstellern und Innenarchitekten. Je intensiver die Kundengruppe der Innenarchitekten die Produkte der Muster AG verwenden, im Speziellen den „Index X", desto eher sind die Hersteller gewillt, Inserate zu schalten. Eine funktionierende „Community" ist somit die Basis für ein lukratives Geschäftsmodell.

1.6. Finanzen (anonymisiert)

Die anschliessende Darstellung (Vgl. Tabelle 3) gibt eine Übersicht der finanziellen Situation der Muster AG mit einem detaillierten Einblick zu den beiden Produkten „Index X" und „Fachzeitschrift".

Muster AG	2010 (in Mio. Fr.)	2011	Delta
Gesamt Umsatz	19.95	20.001	+0.3%
EBITDA[35]	4.854	4.309	-11.2%
Gesamtkosten, davon	15.587		
- Personal	10.293		
- Druck und Satz	1.97		
- div. betrieblicher Aufwand	1.51		
- übriger Aufwand	1.814		
Human Ressources			
Anzahl Mitarbeiter, davon	123 (105 FTEs[36])		
- Redaktion / Fachpublikationen	4 FTEs		
- Verkauf plus verkaufsnah Aktivitäten	32 FTEs		
- Redaktoren der Fachzeitschriften	16 FTEs		
- Recherche (mehrheitlich Frauen, Telefon / Datatypistinnen)	32 FTEs		
Index X			
Umsatz bestehend aus	3.95	3.78	-4.3%
- Anzeigengeschäft Hersteller	2.825	2.796	-1%
- Innenarchitekten Subskriptionen	1.126	0.983	-12.7%
EBITDA auf Produktgruppe, davon			
- Anzeigegeschäft Hersteller	0.686	0.767	+11,8%[37]
- Innenarchitekten Subskriptionen	0.891	0.578	-35.1%
Fachzeitschrift (Innenarchitektur)			
Umsatz	0.45	0.444	-1.3%
EBITDA	0.027	-0.009	-133%

Tabelle 3: Finanzielle Grobübersicht[38]

---

[35] Gewinn vor Zinsen, Steuern, Abschreibung und Amortisation

[36] full-time equivalent entspricht einer 100%igen Arbeitskraft

[37] Im Jahr 2010 wurde ein neues Verkaufsteam aufgebaut. Somit erklärt sich das deutliche Wachstum.

Die Zahlen sind mit Vorsicht zu bewerten, da die Kostenschlüsselung und die Zuweisung zu den Kostenstellen/arten wie so häufig ein firmeninternes Politikum darstellen. Der Negativ Trend ist allerdings klar zu erkennen.

2. Zielsetzung, Vorgehen und Aufbau der Arbeit

„Die große Gefahr der modernen Architektur ist der Bazillus der Monotonie"
Alvar Aalto, finnischer Architekt (1898 - 1976), deutscher Schriftsteller[39]

2.1. Problemstellung

Die Muster AG mit Sitz im Grossraum

Welche Firma kennt sie nicht, die kontinuierlich sich wiederholenden betriebswirtschaftlichen Fragestellungen und somit Herausforderungen?

- Veränderungen im Markt
- Zunahme der Wettbewerbsintensität
- Wandel des Benutzer- oder Kundenverhaltens
- Umsatz- und Margenverluste bei einzelnen Produkten
- usw.

Im Fall der Muster AG stellt sich diese Bedrohung konkret im Umfeld des Produktes der „Index X" und des damit zusammenhängenden Kundensegmentes der Innenarchitekten und der Hersteller dar.

Wie im vorhergehenden Kapitel ausgeführt, besteht Handlungsbedarf, denn:

- die Umsätze und EBITDA bei den Innenarchitekten und Herstellern sind im Jahresvergleich (2010/2011) fast ausschliesslich negativ (Vgl. Kap. 1.6)
- die Online-Performance Zahlen lassen einen negativen oder stagnierenden Trend erkennen (Vgl. Kap. 1.4.2.4)

---

[38] Ist das Resultat aus Gesprächen mit dem CEO T im Januar 2012

[39] http://www.gutzitiert.de/zitat_thema_architektur.html

- seit 20 Jahren fand keine Produktauffrischung im Print Katalog mehr statt.[40] Vor einigen Jahren wurde aber eine online Plattform aufgebaut.
- auch die im Innenarchitektenmarkt etablierte Fachzeitschrift ein Nebenprodukt zum „Index X", fährt im 2011 einen Verlust ein (Vgl. Kap. 1.6)

Somit ist mit einem jährlichen Minuswachstum zu rechnen, und ohne geeignete Gegenmassnahmen entwickeln sich Umsatz und Deckungsbeitrag weiter Richtung Null. Mit einem negativen Deckungsbeitrag ist wie folgt zu rechnen:

- Innenarchitekten in 2-3 Jahren
- Hersteller in 4-6 Jahren

Diese Tendenz könnte sich durch einen Effekt verzögern. Häufig vergessen die Kunden, speziell die Innenarchitekten, ihre Abonnements fristgerecht zu künden, somit verlängert sich die Laufzeit um ein weiteres Jahr. Dieses Ergebnis ist nur bedingt wünschenswert, da es mit grosser Wahrscheinlichkeit zu einem negativen Kundenerlebnis führt.

Der „Index X", ein seit vielen Jahren auf dem Schweizer Markt etabliertes Produkt, würde somit früher oder später verschwinden. Dies soll mit geeigneten Gegenmassnahmen verhindert werden.

2.2. Zielsetzung

Die vorliegende Arbeit soll Impulse geben wie ein solches Scheitern zu vermeiden wäre.

Auf folgende Fragen soll eine Antwort gegeben werden:

- Welche Vorgehensweise ist zu empfehlen, um für diese Problemstellung einen Lösungsvorschlag zu erarbeiten?

---

[40] Gespräche mit M, seit 2008 Product Manager bei Muster AG, verantwortlich für die Bereiche Online und Fachpublikationen; zuvor Director Web & eCommerce Kempinski Hotels SA, verantwortlich für alle online Strategien und Aktivitäten, davor Marketing Leiter Hotel Vier Jahreszeiten Kempinski München und Kempinski Hotel Airport München.

- Besteht seitens der Innenarchitekten genügend Interesse und Nutzen um mit des Produktes Z zu arbeiten?
- Müssen diese Produkte und Dienstleistungen allenfalls konzeptionell überarbeitet werden?
- Oder muss ein Marktaustritt in Erwägung gezogen werden?

Für Muster AG stellt sich die Frage, ob sich schlussendlich ein funktionierendes und betriebswirtschaftlich sinnvolles Geschäftsmodell realisieren lässt.

Des Weiteren soll diese Arbeit eine Empfehlung abgeben, ob sich die zukünftige Bearbeitung der Kundengruppe der Innenarchitekten lohnt.

Ebenfalls wünschenswert wäre ein Massnahmenkatalog, welcher die weiteren Schritte für eine Produktumgestaltung, eine neue Marktpositionierung, oder allenfalls einen Marktausstieg empfiehlt.

2.3. Vorgehen

Um eine möglichst praxisorientierte Arbeit zu erstellen, wurde der Ansatz des Studiums von Fachliteratur und konkreter Feldarbeit in der Praxis gewählt. Es werden gezielte Interviews mit Planungsbüros durchgeführt. Durch eine einheitliche Auswertung der Inhalte, werden zusätzliche Informationen gewonnen, welche einen Einblick in die derzeitige Marktakzeptanz des Produktes „Index X" und die Zufriedenheit des Kundensegments der Innenarchitekten geben soll.

Durch ein vorgängiges Studium der Fachliteratur sollen die geeigneten Tools und Methoden evaluiert werden.

Die Auswertung und die Formulierung eines Massnahmenkataloges soll der Firma Muster AG eine Entscheidungsgrundlage geben werden, welche ihnen hilft über das weitere Vorgehen zu entscheiden. (Vgl. Kap. 6.5 Massnahmenkatalog und Weiterentwicklung).

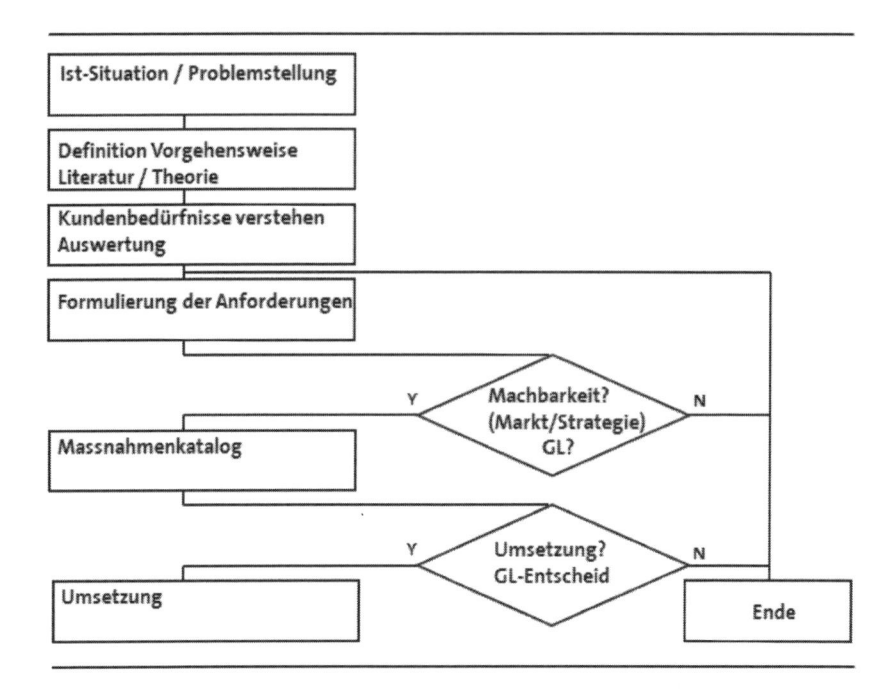

```
┌─────────────────────────────┐
│ Ist-Situation / Problemstellung │
└─────────────────────────────┘
┌─────────────────────────────┐
│ Definition Vorgehensweise   │
│ Literatur / Theorie         │
├─────────────────────────────┤
│ Kundenbedürfnisse verstehen │
│ Auswertung                  │
└─────────────────────────────┘
┌─────────────────────────────┐
│ Formulierung der Anforderungen │
└─────────────────────────────┘
                  Y  ◇ Machbarkeit?  N
┌──────────────────┐ (Markt/Strategie)
│ Massnahmenkatalog│      GL?
└──────────────────┘
                  Y  ◇ Umsetzung?    N
┌──────────────────┐ GL-Entscheid
│ Umsetzung        │                    ┌──────┐
└──────────────────┘                    │ Ende │
                                        └──────┘
```

Abbildung 6: Vorgehensweise

2.4. Aufbau der Arbeit

Die Ausführungen gliedern sich in sieben Kapiteln:

Kapitel 1: Die Einleitung beinhaltet eine Vorstellung der Firma Muster AG sowie eine kurze Einführung in die Branche der Markt Dienstleistung und den Produkten der Unternehmung. Die finanziellen Kennzahlen und eine kurze Beleuchtung der Wettbewerbssituation lassen die Problemstellung der vorliegenden Arbeit erkennen.

Im **Kapitel 2** werden die Zielsetzung, das Vorgehen, der Aufbau der Arbeit sowie die notwendigen Abgrenzungen umrissen.

Im **Kapitel 3** werden die Modelle und Tools einer Marktuntersuchung sowie der Portfolio Analysen umschrieben. Die folgenden Autoren werden zu dieser Thematik zitiert: KUSS, KLEINALTENKAMP, KOTLER, TOMCZAK, REINECKE, PORTER UND MÜLLER/STEWENS, sowie deren Beschreibung ergänzen den Einblick in die Fachliteratur. Eine Auswahl der anzuwenden Methoden sowie ein Praxis Transfer beenden dieses Kapitel.

Im **Kapitel 4** wird die Marktuntersuchung in Form einer Kundenbefragung mittels Gruppendiskussionen und Fragebogen beschrieben.

Im **Kapitel 5** findet die eigentliche Analyse und Auswertung der Datenerhebung statt. Die Erkenntnisse aus den Gruppendiskussionen und die Fragen aus dem Fragebogen werden mittels Kommentaren und Grafiken erläutert und visuell dargestellt.

Im **Kapitel 6** werden die Einsichten als Empfehlungskatalog zu Handen der Geschäftsleitung zusammengefasst. Eine Präsentation und ein vertiefendes Gespräch mit dem neuen CEO sollen die Erkenntnisse noch weiter schärfen und in einem Unterkapitel „Nächste Schritte für die nähere Zukunft" enden.

Im **Kapitel 7** werden die Ergebnisse zusammengefasst. In einem Exkurs des Autors, welche weiteren Gebiete, allenfalls Bestandteil einer zukünftigen Weiterführung dieser Arbeit sein könnten, wird hier kurz umschrieben.

2.5. Abgrenzung

Der Fokus der Arbeit liegt auf der Feldarbeit und der Ausarbeitung einer Empfehlung für das Produkt „Index X".

Obwohl der Handlungsbedarf und die Umsetzung als dringlich beurteilt werden, muss hier die Abgrenzung erfolgen. Die Arbeit kann keine Preisempfehlung oder eine Business Case Rechnung beinhalten.

Ebenfalls ist es zurzeit schwierig abzuschätzen, in wie weit allfällige Management Entscheide bereits vorliegen um gemäss Vorgehensplan (Vgl. Kap. 2.3) die nächsten Schritte anzugehen.

Die definitiven Umsetzungsplänen und konkreten Massnahmenkataloge könnten allenfalls die Arbeit einer weiteren Diplomarbeit darstellen.

3. Marktuntersuchung und Portfolio Analysen – Ein Exkurs in die Theorie

„Der Unterschied zwischen einem guten und einem schlechten Innenarchitekten besteht heute darin, dass dieser jeder Versuchung erliegt, während der rechte ihr standhält"

Ludwig Wittgenstein, österreichischer Philosoph (1889-1951) [41]

---

[41] http://www.arwela.info/zitate.htm

3.1. Einleitung

In diesem Theorieteil sollen die folgenden Fragen geklärt werden:

- Welche Methoden und Modelle gibt es um die im Kapitel 2 beschrieben Problemstellungen zu bearbeiten?
- Ist eine Marktuntersuchung respektive eine Kundenbefragung der richtige Ansatz um eine abnehmende Produktakzeptanz und die damit verbundenen Deckungsbeitragsverluste zu untersuchen?
- Wie können Kundenbedürfnisse in der vorliegenden Situation effizient erfasst werden?

Des Weiteren soll ein Transfer aus der Theorie in die Praxis erfolgen, sodass die für „gut" befundenen Instrumente im nachfolgenden Kapitel angewendet werden können.

3.2. Ansätze für eine Marktuntersuchung

Dieses Unterkapitel widmet sich der Frage nach der Methodik im Bereich der Marktforschung und Marktuntersuchung.

Ein typischer Ablauf einer Marktforschungsuntersuchung beinhaltet zwei wichtige methodische Bereiche:

- Das Untersuchungsdesign und
- die Entwicklung von Messinstrumenten

Das nachfolgend abgebildete Phasenschema (Vgl. Abbildung 7) macht deutlich, dass die einzelne Teile des Prozesses aufeinander aufbauen.[42]

---

[42] Absatz i.A. an Kuss, A./Kleinaltenkamp, M. (2011), Seite 97

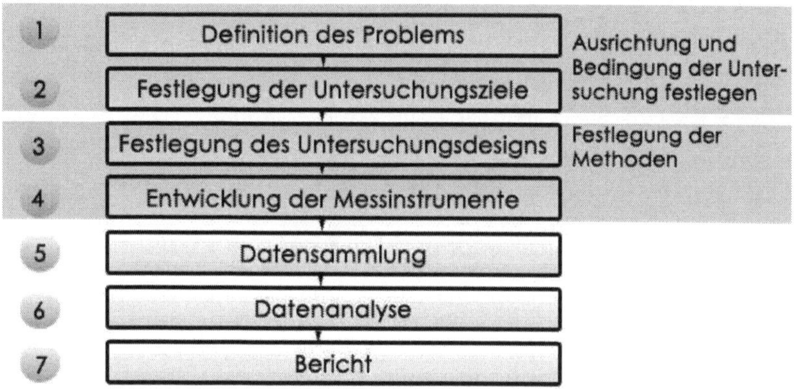

1	Definition des Problems	Ausrichtung und Bedingung der Untersuchung festlegen
2	Festlegung der Untersuchungsziele	
3	Festlegung des Untersuchungsdesigns	Festlegung der Methoden
4	Entwicklung der Messinstrumente	
5	Datensammlung	
6	Datenanalyse	
7	Bericht	

Abbildung 7: Typische Phasen einer Marktforschung nach KUSS[43]

Im Gegensatz zur vorgeschlagenen Vorgehensweise des Autors (Vgl. Abbildung 8) hat KUSS auf Feedback- oder Rückkopplungs-Schlaufen verzichtet. Der Autor verzichtet aber auf die Beschreibung der einzelnen Phasen und konzentriert sich in einem kurzen Exkurs auf die Festlegung der Untersuchungsziele und des Untersuchungsdesigns. Zur Übersichtlichkeit verhilft folgende Darstellung (Vgl. Abbildung 8):

Untersuchungsziel	Typische Art des Untersuchungsdesigns
Explorativ ("entdecken")	Qualitative Untersuchung
Deskriptiv ("beschreiben")	Querschnitts- oder Längsschnitt-Untersuchung
Kausal ("begründen")	Experiment

Abbildung 8: Untersuchungsziele und Untersuchungsdesigns[44]

---

[43] Kuss, A./Kleinaltenkamp, M. (2011), Seite 97

[44] Kuss, A. (2004), Seite 46

3.2.1. Festlegung der Untersuchungsziele

Die Aufgabenstellung wird konkretisiert. Für eine allgemeine Problemstellung, wie z.b. das Produkt hat qualitative Nachteile gegenüber einem konkurrierenden Produkt, könnte man das folgende Untersuchungsziel formulieren: Es sollen die wichtigsten Produkteigenschaften dieser beiden Produkte ermittelt werden. Ergänzend wäre je eine Einschätzung wünschenswert, was für eine Wirkung die jeweiligen Eigenschaften auf die Kernzielgruppe hat. Es empfiehlt sich eine enge Formulierung des Ziels da die zeitlichen und finanziellen Mittel normalerweise begrenzt sind. Und da die oft schwierig anzuwendenden Untersuchungsmethoden entsprechend fehleranfällig sind, sollten nur wenige wichtige Faktoren, diese dafür umso sorgfältiger untersucht werden. Die Definition des Untersuchungsziels bestimmt auch die Art der Untersuchung. Es gibt drei Arten zu unterscheiden:

- Bei der **explorativen Untersuchung** geht es um das Entdecken der Ursachen von Problemen und deren Zusammenhänge. Diese Methode wird meist am Anfang eines Projektes eingesetzt um allenfalls spätere, quantifizierende Analysen vorzubereiten. Gruppendiskussionen und Tiefeninterviews werden in dieser Phase häufig eingesetzt. Die Resultate ergeben einen ersten Eindruck und sind weit entfernt von einem definitiven Charakter.

- Die **deskriptive Untersuchung**, wie der Name schon sagt, beschreibt Märkte, Marktteilnehmer, Zielgruppen und Verhaltensweisen. Mögliche Fragestellungen wären z.B. Wie gross ist der Markt? Welche Zeitungen lesen die Angehörigen der Kernzielgruppe für dieses Produkt? Von den Untersuchungsergebnissen will man dann auf eine Gesamtheit schliessen. Mögliche Mittel sind Fragebögen, die Inferenzstatistik[45] und die etablierten Verfahren der Stichprobenziehung.

---

[45] „Während die beschreibende (deskriptive) Statistik sich mit der Untersuchung und Beschreibung von Gesamtheiten oder Teilmengen von Gesamtheiten begnügt (z.B. durch Mittelwerte, Prozentsätze, Streuungsmaße, Korrelationskoeffizienten etc.), untersucht demgegenüber die Schließende Statistik (analytische Statistik, Inferenzstatistik) z.B. nur eine repräsentative Teilmasse der Grundgesamtheit (Population) und schließt von dieser Teilmasse auf die Charakteristika der Grundgesamtheit. Es wird also nur eine meist relativ kleine Anzahl der Einheiten der Grundgesamtheit untersucht und aus den

- Die **Kausal-Untersuchung** beschäftigt sich mit experimentellen Designs und ist somit als die schwierigste der drei Verfahren zu bezeichnen. Es soll nicht nur festgestellt werden, wer oder wie der „klassische Käufer" eines Produktes zu beschreiben wäre, sondern welches die Ursachen (Kausalitäten) für ein bestimmtes Verhalten oder dessen Präferenzen sind.[46]

3.2.2. Festlegung des Untersuchungsdesigns

In erster Linie geht es hier um die grundlegende Entscheidung über die Anlage der durchzuführenden Untersuchung wie z.b. Befragung oder Beobachtung, Grösse der Stichprobe, etc. Eine erste Entscheidung ist die Wahl, ob es sich um eine Primär- oder Sekundärforschung handeln soll.

Primärforschung, auch bekannt unter dem Begriff „Feldforschung", bedeutet, dass Daten neu erhoben werden. Wohin gegen bei der **Sekundärforschung** bereits bestehende Daten neu aufbereitet und ausgewertet werden. Es versteht sich von selbst, dass die Primärforschung aufwendiger und somit kostenintensiver ist, weshalb die Sekundärmethode, auch als „Desk-Research" bezeichnet, wenn immer möglich bevorzugt wird. Gerade in Zeiten von Internet und Online-datenbanken hat diese Methodik enorm an Bedeutung gewonnen.[47]

Es gibt vier bekannte Grundtypen von Untersuchungsdesigns:

- **Qualitative Untersuchungen** sind explorative Untersuchungen. Man spricht auch von „psychologischer Marktforschung". Gängige Beispiele sind Tiefeninterviews und **Gruppendiskussionen**. Unter letzterer Technik versteht man die gleichzeitige Befragung von mehreren Personen (ca. 6-10). Die Interaktion begleitet durch einen Moderator soll eine natürliche Gesprächssituation fördern und zusätzlich die Auskunftsfreudigkeit der Teilnehmer stimulieren. Dieses Instrument wird häufig eingesetzt, wenn es darum geht Entscheidungskriterien der Kaufentscheidungen,

---

Ergebnissen auf Merkmale der Grundgesamtheit geschlossen" (Sahner, 1971, S. 9). Absatz aus http://lexikon.stangl.eu/1937/inferenzstatistik/

[46] Absätze i.A. an Kuss, A./Kleinaltenkamp, M. (2011), Seite 99 und 100

[47] Absätze i.A. an Kuss, A./Kleinaltenkamp, M. (2011), Seite 100

Bewertungen von Produkteigenschaften, Verwendungssituationen von Produkten und ähnliches zu untersuchen.

- **Querschnitts-Untersuchungen** sind vor allem bekannt unter dem Begriff der Repräsentativ-Befragung. "Ihr liegt die Annahme zu Grunde, dass die Antworten einer Auskunftsperson auf entsprechende Fragen tatsächlich Aufschluss über die zu untersuchenden Meinungen, Absichten, Verhaltensweisen etc. geben."[48] Die standardisierte Befragung hat den Zwecke, dass alle Auskunftspersonen mit den gleichen Frageformulierungen in einheitlicher Reihenfolge konfrontiert werden. Häufig werden Antwortmöglichkeiten (mittels Skalen oder „multiple choice" Auswahlmöglichkeiten) vorgegeben.

- **Längsschnitt-Untersuchungen** erheben gleichartige Daten an mehreren Zeitpunkten. Es ist die Idee dynamische Prozesse über einen Zeitraum zu erkennen und zu messen (z.B. den Markenwechsel von Konsumenten oder die Veränderungen von Marktanteilen). Diese Methode wird auch als Tracking-Forschung bezeichnet.

- **Experimente** dienen dazu, dass im Rahmen einer Untersuchung eine oder mehrere "unabhängige" Variablen verändert werden. Diese Manipulation und die Folgen daraus können nun bei anderen "abhängigen" Variablen gemessen werden. Beispiel: Beobachtete Unterschiede von Marktanteilsveränderungen (abhängige Variable) in verschiedenen Testgebieten könnten dann als Wirkung der unabhängigen Variablen „Werbung" interpretiert werden.[49]

Eine wichtige Frage in der Festlegung des Untersuchungsdesigns ist die Form der Kommunikation. Nachfolgend wird auf die Vor- und Nachteile eingegangen:

Mündliche Befragung

+ Anspruchsvolle und längere Interviews sind möglich

- Hohe Kosten, längere Untersuchungsdauer, möglicher verzerrender Interviewer-Einfluss

---

[48] Kuss, A./Kleinaltenkamp, M. (2011), Seite 104

[49] Absatz i.A. an Kuss, A./Kleinaltenkamp, M. (2011), Seite 103-107

Schriftliche Befragung

+ Geringe Kosten, kein Interviewer-Einfluss
- Begrenzter Umfang und geringe Komplexität der Befragung möglich, hohe Stichprobenausschöpfung schwierig zu erreichen, lange Untersuchungsdauer

Telefonische Befragung

+ Sehr kurze Untersuchungsdauer, relativ einfache Stichprobenauswahl (zufällige Telefonnummern)
- Zeitliche Befragung ist begrenzt, nur geringe Komplexität, keine optischen Hilfsmittel

Online-Befragung

+ Sehr kurze Untersuchungsdauer, geringe Kosten, grosser Gestaltungsfreiraum (Bilder, Ton, etc.)
- Internetzugriff kann unter Umständen nicht vorausgesetzt werden, Repräsentativität ist schwierig zu gewährleisten, keine echte Stichprobenziehung möglich (Teilnehmer entscheiden selber ob sie mitmachen (Selbst-Selektion), nicht zu unterschätzendes technischen Know How erforderlich.[50]

Nachdem die verschiedenen Methoden erklärt wurden, gilt es den Entscheid vorzubereiten, damit die richtige Kombination von Instrumenten ausgewählt werden können. Zum besseren Verständnis hilft folgende Grafik (Vgl. Abbildung 9), weitere Beispiele sind im Anhang zu finden:

---

[50] Absatz i.A. an Kuss, A./Kleinaltenkamp, M. (2011), Seite 108

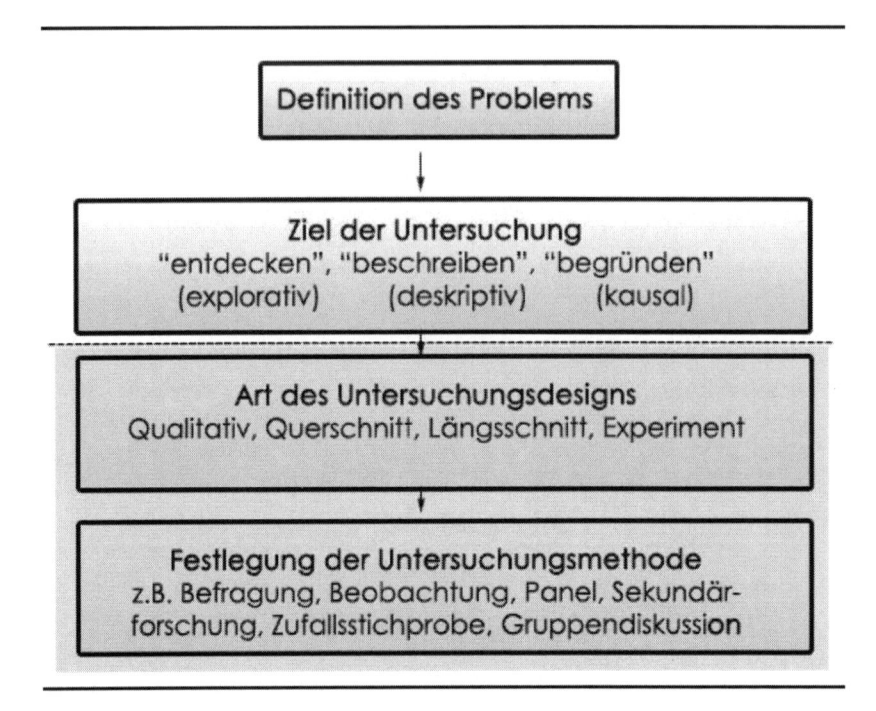

```
┌─────────────────────────────────┐
│     Definition des Problems     │
└─────────────────────────────────┘
                 ↓
┌───────────────────────────────────────────────┐
│            Ziel der Untersuchung              │
│   "entdecken", "beschreiben", "begründen"     │
│   (explorativ)   (deskriptiv)    (kausal)     │
└───────────────────────────────────────────────┘
                 ↓
┌───────────────────────────────────────────────┐
│           Art des Untersuchungsdesigns        │
│   Qualitativ, Querschnitt, Längsschnitt, Experiment │
└───────────────────────────────────────────────┘
                 ↓
┌───────────────────────────────────────────────┐
│         Festlegung der Untersuchungsmethode   │
│   z.B. Befragung, Beobachtung, Panel, Sekundär- │
│   forschung, Zufallsstichprobe, Gruppendiskussion │
└───────────────────────────────────────────────┘
```

Abbildung 9: Von der Problemdefinition zum Untersuchungsdesign[51]

3.3. Kurzer Exkurs zum Thema strategisches Management

Der Autor erachtet diesen Exkurs als sinnvoll, da er aus den Diskussionen mit dem Management von Muster AG die eine oder andere Beeinflussung erwartet. Die reine Lehre würde mit grosser Wahrscheinlichkeit den Weg „X" aufzeigen, die pragmatischen aber auch von Sachzwängen beeinflussten Entscheide eines Managements einen anderen Weg. Dem Autor ist es an dieser Stelle wichtig, anzumerken, dass dies in keiner Weise eine Kritik darstellen sollte, sondern vielmehr die Realität im Tagesgeschäft wiederspiegelt. Im Gegenteil, es erscheint als eminent wichtig, dass das Top Management auf seine langjährige Erfahrung und auch auf sein „Bauch"-Gefühl zurückgreifen kann.

---

[51] Kuss, A. (2004), Seite 47

Allerdings sind auch die Diskussionen im strategischen Management teilweise sehr kontrovers. Auf der einen Seite PORTER mit seinem Ansatz der „Competitive Forces Approach" und dem klassischen Marketingansatz einer „Outside-in-Perspektive von RASCHE/WOLFRUM; TEECE/PISANO/SHUEN und HUNT/LAMPE. Auf der anderen Seite die „Inside-out-Perspektive mit der so genannten „Ressource Based View" von RUMELT; WERNERFELT; PRAHALAD/HAMEL. Beide Ansätze widmen sich der Frage, wie Wettbewerbsvorteile erlangt und behauptet werden können.[52]

3.3.1. Outside-in-Perspektive (Market Based View)

Dieser klassische Marketingansatz konzentriert sich in erster Linie auf die Chancen und Risiken in den Märkten und stellt somit die Bedürfnisse, Wünsche, Erwartungen und Forderungen der Kunden in den Vordergrund. Gemäss diesem Ansatz haben nur Firmen eine Chance effizient Wettbewerbsvorteile aufzubauen, wenn sie sich dem obersten Ziel der Steigerung des Kundennutzen verschreiben.[53]

3.3.2. Inside-out Perspektive (Resource Based View)

Eine solche einseitige Sicht wird von den Vertretern der Ressource-Based-View kritisiert. Ihre oberste Priorität sehen sie in der effizienten Nutzung und Auslastung firmenspezifischer Ressourcen („firm specific assets"). Die Fachbegriffe und Annahmen die diese Theorie unterstützen heissen:

- **Prämisse der Ressourcenheterogenität**: Hiermit sind Ressourcen gemeint, die äusserst schwer nachahmbar oder nur unter Inkaufnahme prohibitiver hoher Transaktions- und Transferkosten erreicht werden können. Klassischerweise sind dies vor allem „soft assets" wie Werte, Kulturen, verborgenes Wissen, etc.

- **Existenz von Kernkompetenzen**: Das heisst das Unternehmen hat die Fähigkeit strategische Ressourcen so zu bündeln, dass einzigartige Kernkompetenzen entstehen, welche erfolgsträchtig eingesetzt werden

---

[52] Absatz i.A. an Tomczak, T./Kuss, A./Reinecke, S. (2009), Seite 57

[53] Absatz i.A. an Tomczak, T./Kuss, A./Reinecke, S. (2009), Seite 57 und 58

können. Vor allem durch die Kompetenz über möglichst viele Arbeitsgebiete (z.B. Entwicklung, Forschung, Personal, Prozessmanagement, etc.) eine funktionale Integration zu erreichen, unterstützt die Erreichung eines langfristigen Unternehmenserfolg enorm.

- **Fähigkeit zur Neu- und Weiterentwicklung von Kernkompetenzen**: Es reicht also nicht, strategische Kernkompetenzen zu verwalten, sondern vielmehr müssen solche neu- und weiterentwickelt werden, um nachhaltig in einem immer dynamischeren und komplexeren Umfeld erfolgreich zu bleiben.[54]

3.3.3. Fazit zu diesem Exkurs

Genau dies ist auch die Diskussion bei Muster AG: Soll man nun in erster Priorität auf die Kunden hören, oder soll man auf die firmeneigen Stärken und die Überzeugung, genügend Marktkenntnisse und Markterfahrungen zu haben, zurückgreifen?

Teile des Managements von Muster AG und der Autor befürworten Ersteres.

3.4. Portfolio Analyse

Ein mögliches Hilfsmittel um ein kränkelndes Produkt (Vgl. Kapitel 2.1) im gesamten Produkt Sortiment einer Firma oder einer strategischen Geschäftseinheit darzustellen ist die Portfolio Abbildung. Je nach Autor gibt es verschiedene Ausprägungen und Illustrationsvarianten. Im Folgenden wird versucht eine möglichst übersichtliche Darstellung wiederzugeben.

Der Autor dieser Diplomarbeit hat sich entschieden die Literatur der folgenden Herren genauer zu prüfen: KOTLER, TOMCZAK, PORTER und Müller-Stewens. Wobei nach einer kurzen Vorstellung der Methode speziell auf die Grenzen der jeweiligen Modelle respektive deren Vor- und Nachteile eingegangen werden soll.

---

[54] Absatz i.A. Tomczak, T./Kuss, A./Reinecke, S. (2009), Seite 59

3.4.1. Nach Philipp KOTLER

Der „Altmeister" des Marketings erwähnt den Portfolio-Plan[55] als eine wesentliche Hauptaufgabe des Managements, nach welcher jedes Unternehmen aus einer Anzahl von „Portfolios" oder Geschäftsbereichen (Sparten, Produkten, Marken) besteht. Diese galt es früher gleichmässig zu fördern, sodass jeder für sich eine Steigerung des Umsatzes und Gewinnes vorzuweisen hatte. Nur unprofitable Produkte bildeten eine Ausnahme. In Zeiten knapper Ressourcen (Geld, geschulte Arbeitskräfte, etc.) und einer Zunahme von Marktchancen galt es differenzierter zu entscheiden. Ein Trend zur sorgfältigen Selektion prägte sich aus. Somit ist das Management in der Pflicht zu entscheiden, welche Geschäftsbereiche oder Produktlinien aufgebaut, erhalten oder abgebaut werden sollen.

Damit dies erreicht werden kann, müssen zuerst die strategischen Geschäftsbereiche[56] (SGB[57]) festgelegt werden. Ein SGB definiert sich im besten Fall wie folgt:

1. Er ist ein selbständiger Geschäftsbereich oder eine Ansammlung ähnlicher Bereiche.
2. Er differenziert sich deutlich von anderen Bereichen.
3. Er hat seine eigenen Mitbewerber.
4. Er hat einen eigenen, verantwortlich Manager.
5. Er besteht aus einer eigenen oder mehreren funktionalen Einheiten.
6. Er profitiert von einer eigenen strategischen Planung.
7. Er kann unabhängig von anderen SGBs geplant werden.

Alle SGBs werden so klassifiziert, dass klar wird, welche jeweilige Ressourcenzuteilung notwendig wird. Zu diesem Zwecke haben **Boston**

---

[55] Absatz i.A. an Kotler, Ph. (1982), Seite 79

[56] Absatz i.A. an Kolter, Ph. (1982), Seite 80

[57] SGB – strategischer Geschäftsbereich. Diese Abkürzung wird nachfolgend verwendet und gilt auch für Sparten, Produktlinien, Produkte und Marken.

Consulting Group und General Electric die bekannten Vier- und Neun Felder Darstellungen erarbeitet.

3.4.1.1. Der Ansatz von Boston Consulting Group BCG [58, 59]

Alle SGBs werden in einer Portfolio Matrix (auch Wachstumsanteilmatrix genannt) wiedergegeben (Vgl. Abbildung 10)

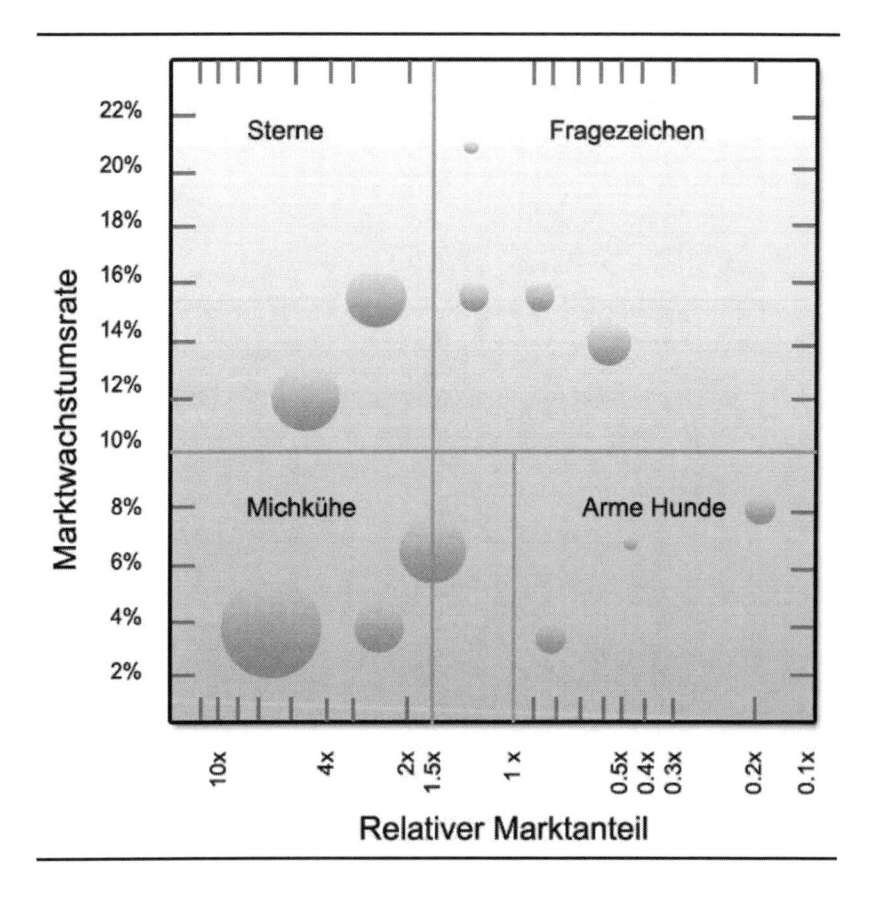

Abbildung 10: Die Portfoliomatrix der Boston Consulting Group[60]

---

[58] Absatz i.A. an Kotler, Ph. (1982), Seite 80

[59] Auch abgekürzt BCG genannt.

[60] Kotler, Ph. (1982), Seite 81

Wobei die **vertikale Achse**, die **Marktwachstumsrate**, auf jährlicher Basis aufzeigt, wie schnell die SGB wachsen. Die in der Abbildung 10 gezogene Linie bei 10%, ist eine willkürliche gezogene Linie, und unterteilt die Quadranten in hohes und niedriges Wachstum.

Die **horizontale Achse**, der **relative Marktanteil**, zeigt den Marktanteil eines jeden SGB in Relation zu dem Anteil des stärksten Mitbewerbers. Ein relativer Marktanteil von 2.0 bedeutet also, dass der SGB führend ist und einen doppelt so hohen Anteil am Markt hat wieder der nächst starke Konkurrenten, während 0.2 einem 20% Marktanteils gegenüber dem Marktführer entspricht.

Die **Kreise** zeigen die Wachstumsanteile der SGB der Unternehmung. Die Grösse der Kreise widerspiegeln proportional die Umsätze der einzelnen SGB.

Die **Quadranten** bedeuten die folgende Klassifikation:

- **Sterne**: hohes Wachstum- und Marktanteile. Diese SGB benötigen oft viel flüssige Mittel um ihr schnelles Wachstum zu finanzieren. Mit verlangsamtem Wachstum werden Sterne mit der Zeit zu Milchkühen.

- **Milchkühe**: hoher Marktanteil und niedrige Wachstumsraten. Milchkühe werfen viele flüssige Mittel fürs eigene Unternehmen und auch für die Finanzierung für andere SGB verwendet werden.

- **Fragezeichen** – auch Sorgenkinder genannt sind SGB mit niedrigem Marktanteil in schnell wachsenden Märkten. Sie erfordern viel flüssige Mittel zur Erhaltung des Marktanteils und noch mehr zu Erhöhung desselben. Das Management sollte sorgfältig abwägen, ob diese tatsächlich ausgebaut, abgebaut oder auch ganz aufgegeben werden sollen.

- **Arme Hunde** sind vor allem Geldschlucker mit niedrigem Wachstum und niedrigem Marktanteil.

Ein **höherer Marktanteil** drückt eine umso grössere Produktivität in der Erzeugung von flüssigen Mitteln aus. Hohe Wachstumsraten bedeuten aber auch hohe Ausgaben zur Erhaltung oder Verbesserung des Marktanteils

Der **Gesundheitszustand** einer Unternehmung wird auch in der Verteilung seiner SGB in der Portfoliomatrix dargestellt. Wünschenswert ist eine Verteilung der Kreise (Vgl. Abbildung 10) in allen vier Quadranten, wobei natürlich grosse „Milchkühe" und „Sterne" zu bevorzugen wären. Bei den „Fragezeichen" und „Armen Hunden" sind dedizierte Überlegungen anzustellen, wie mit diesen weiter verfahren werden soll.

Klassischerweise verändern sich die Positionen der SGB im Sinne einer **Lebenszykluskurve**, d.h. sie beginnen als „Fragezeichen", entwickeln sich zu „Sternen", werden zu „Milchkühen" und werden als „Arme Hunde" entsorgt.

Eine wesentliche Frage, die es zu beantworten gilt, ist die folgende: Wo stehen die SGB in der Zukunft? Ein Vergleich der gegenwärtigen und der projizierten zukünftigen Situation zeigt die hauptsächlichen strategischen Aufgaben des Unternehmens. Daraus folgt nun die effiziente Allokation der Ressourcen für die jeweiligen SGB. Vier Grundstrategien sind möglich:

- **Aufbauen.** Diese Strategie soll eine verbesserte Marktposition erreichen und nimmt kurzfristig eine schlechtere Ertragslage in Kauf. Vor allem Fragezeichen welche zu Sterne entwickelt werden sollen, kommen in den Genuss dieser Strategie.

- **Erhalten.** Diese Strategie zielt auf die Erhaltung eines Marktanteiles ab und eignet sich bestens für starke Milchkühe.

- **Ausmelken.** Beim Befolgen dieser Strategie kann kurzfristig eine Erhöhung des Cash Flow bewirkt werden. Auf eine langfristige Auswirkung wird allerdings keine Rücksicht genommen. Vor allem schwache Milchkühe mit ungewisser Zukunft werden dieser Strategie unterzogen.

- **Ablegen.** Diese Strategie bezweckt den Verkauf oder die Auflösung eines SGB, damit gebundene Ressourcen anderweitig verwendet werden können. Arme Hunde und Fragezeichen, welche das Unternehmen nicht mehr als strategisch beurteilt, werden dieser Strategie unterzogen.

3.4.1.2. Der Ansatz von General Electric GE[61, 62]

Da viele Unternehmungen mit dem Ansatz der Boston Consulting Group beginnen und nachher eine ergänzende Analyse mit dem Modell von General Electric durchführen, wird diese Methode ebenfalls erläutert. Dies geschieht vor allem darum, weil sich eine fundierte SGB Strategie nicht nur auf der Basis einer Wachstumsanteilsmatrix festlegen lässt. Aus diesem Grund hat General Electric ein erweitertes, neun Zellen Raster (Vgl. Abbildung 11) zur Kennzeichnung der strategischen Geschäftsbereiche eingeführt. Folgendes gilt es zu beachten:

Die **vertikale Achse** bedeutet die **Attraktivität der Branche** und wird aus Faktoren wie *Marktwachstumsrate*, *Marktgrösse*, *Gewinnspanne*, *Wettbewerbsintensität*, *zyklischen* und *saisonalen Schwankungen* und den Chancen, durch *Massenproduktion* Kosten einzusparen, errechnet. Die einzelnen Faktoren werden gewichtet und ergeben pro SGB einen Gesamtattraktivitätswert.

Die **horizontale Achse** wiederspiegelt die **Wettbewerbsstärke des SGB**, d.h. seine Eignung, in seiner Branche zu konkurrieren. Die folgenden, gewichteten Faktoren bestimmen den gesamten Wert der Wettbewerbsstärke: *relativer Marktanteil*, *Preisvorteile*, *Produktqualität*, *Kunden/Marktkenntnissen*, *Verkaufswirksamkeit* und *geographische Faktoren*.

Die drei Farbzonen bedeuten:

- Grün: **Hoher Attraktivitätswert** mit hoher Wettbewerbsstärke. Hier kann das Unternehmen investieren und wachsen.

- Gelb: **Mittlere Gesamtattraktivitätswert**, was gleich bedeutend ist wie das Unternehmen wird diese Positionen halten, aber kaum ausbauen wollen.

- Rot: **Niedriger Gesamtattraktivitätswert**: Das Unternehmen überlegt sich ernsthafte Szenarien wie Ausmelken oder Aussteigen.

Die **Kreise** symbolisieren die einzelnen SGB mit ihrer proportionalen Grösse innerhalb der jeweiligen Branche. Die Grösse des **Kreissektors** entspricht dem

---

[61] Absatz i.A. an Kotler, Ph. (1982), Seite 82

[62] Auch abgekürzt GE genannt.

jeweiligen Marktanteil der SGB. Das Beispiel G symbolisiert einen SGB mit einem sehr kleinem Marktanteil in einer grossen Branche, aber mit niedrigem Gesamtattraktivitätswert.

Mittels Vergleich der heutigen IST Situation zur zukünftigen SOLL Position der SGBs kann das Management die hauptsächlichen Probleme und Chancen erkennen. General Electric hat mit dieser Analyse ihre Erkenntnisse jeweils in **fünf Investitionsgruppen** unterteilt:

1. Produkte mit hoher Wachstumsrate, die höchstmögliche Investitionen rechtfertigen.
2. Produkte mit mässig hohen und gerechtfertigten regelmässigen Investitionen.
3. Produkte, die eine gleichbleibende, mässigere Unterstützung benötigen.
4. Produkte, die allmählich ausgeschaltet oder verjüngt werden sollen mit bereits reduziertem Investitionsvolumen.
5. Neuprodukte, die einen hohen Forschungs- und Entwicklungseinsatz und somit grosse Investitionen einfordern.

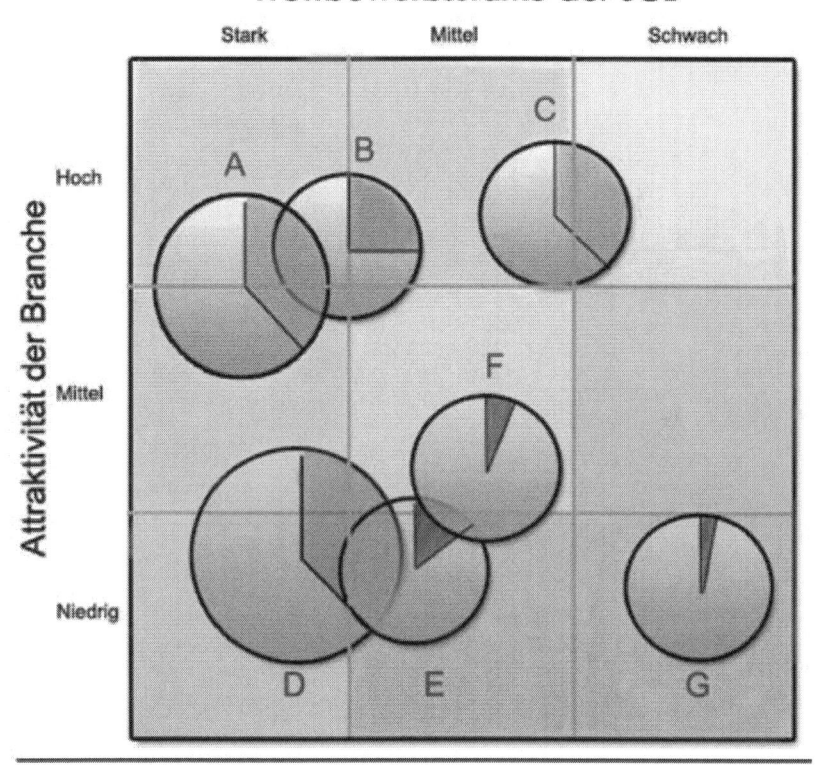

Abbildung 11: Das neunzellige SGB-Raster von General Electric (GE)[63]

Sollte sich ein verantwortlicher SGB Leiter mit seinem Bereich in der roten Zone befinden, hat er nun gemäss GE Modell die Gelegenheit die Sichtweise des Top Managements mit Fakten zu widerlegen. Ist der Entscheid endgültig gefallen, so hat die Leitung des SGB diesen auszuführen. Für das Marketing bedeutet dies nun, den optimalen Marketing-Plan auszuarbeiten.

---

[63] Kotler, Ph. (1982), Seite 83

3.4.2. Nach Torsten TOMCZAK

Auch TOMCZAK orientiert sich mehrheitlich an dem bereits vorher erklärten Modell (Vgl. Kap. 3.4.1.1) von Boston Consulting Group (BCG) und der sogenannten Normstrategie. TOMCZAK[64] sieht die Anwendung der Portfolio-Methode auf drei Bereiche konzentriert:

1. Als diagnostisches Hilfsmittel, welches den Unternehmen zur Zusammenfassung strategischer Beurteilungen und Kernprobleme sowie zur Einschätzung der aktuellen und zukünftigen Situation dient.
2. Als Grundlage für ein Management System, welches die Zuordnung von Strategien zu Geschäftsfeldern, die Aufteilung von Ressourcen und die Beurteilung von Ergebnissen beinhaltet.
3. Als Rahmen zur Vereinfachung der Entwicklung strategischer Möglichkeiten, wobei die finanziellen Relationen zwischen Geschäftsfeldern und Produkten erkennbar werden, die Auswahl von Möglichkeiten aber nicht im Voraus definiert.

Eine klassische Darstellung (Vgl. Abbildung 12) und somit ein gutes Beispiel für eine Normstrategie stellt uns ASSAEL zur Verfügung:

		Position des Unternehmens	
		stark	schwach
Marktchancen	gross	Wahrnehmung der Chance	Aufbauen oder aufgeben
	gering	Erhaltung einer profitablen Position	Abernten oder aufgeben

Abbildung 12: Eine allgemeine Portfolio-Matrix (nach ASSAEL 1993, S.721)[65]

---

[64] i.A. an Tomczak, T./Kuss, A./Reinecke, S. (2009), Seite 73

[65] Tomczak, T./Kuss, A./Reinecke, S. (2009), Seite 74

Eine Normstrategie[66] befürwortet je nach Position eines Geschäftsfeldes in dem Portfolio eine generalisierte beziehungsweise standardisierte Strategieempfehlung. Dies im Gegensatz zur Grundidee von Portfolio-Modellen (z.b. BCG) welche akzentuiert auf die Auswahl von Märkten, welche zukünftig bearbeitet werden sollen, hinweist und den damit verbundenen, zielgerichteten Einsatz von Ressourcen empfiehlt.

Die besondere Popularität von BCG Portfolio-Matrizen[67] ist auf das einfache Operationalisieren und gute Visualisieren zurückzuführen. Bezüglich der Strategieempfehlung stützt man sich auf die bekannten Konzepte des Lebenszyklus- und der Erfahrungskurve sowie auf die Erkenntnisse des PIMS-Projektes.[68]

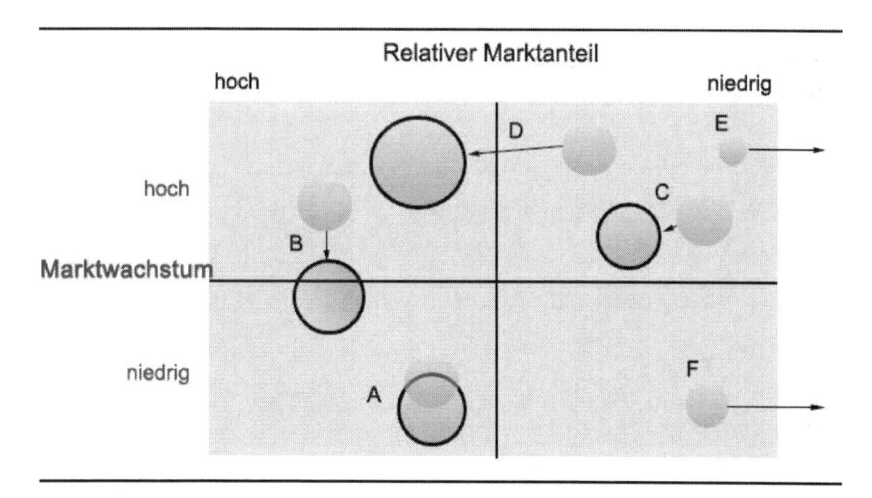

Abbildung 13: Beispiel für ein Ist- und Ziel Portfolio (DAY 1977, S.34)[69]

„Hier ist die bekannte Marktanteils-Marktwachstums-Matrix der Boston Consulting Group verwendet worden, bei der die Marktchance durch das

---

[66] i.A an Tomczak, T./Kuss, A./Reinecke, S. (2009), Seite 79

[67] Absatz i.A an Tomczak, T./Kuss, A./Reinecke, S. (2009), Seite 80

[68] Für interessierte Leser empfiehlt sich die Literatur: Tomczak, T./Kuss, A./Reinecke, S. (2009), Unterkapitel 2.1, Seite 19

[69] Tomczak, T./Kuss, A./Reinecke, S. (2009), Seite 74

Marktwachstum und die eigene Fähigkeit zur Wahrnehmung der Chancen durch den relativen Marktanteil (eigener Marktanteil im Vergleich zu dem des grössten Konkurrenten) operationalisiert sind."[70]

Die Darstellung (Vgl. Abbildung 13) erläutert, wie idealerweise die marktorientierte Unternehmensplanung Ausgangspunkt und Grundlage der Planung für Geschäftsfelder und Marketing-Mix sein kann. Die hellgrauen Kreise stellen die aktuelle und die dunklen Kreise die gewünschte Position der einzelne Produkte oder Geschäftsfelder dar. Auch hier stellen sich am Schluss die zentralen Fragen: In welchen Geschäftsfeldern sollen die Anstrengungen verstärkt oder vermindert werden? Welche Gebiete sollen aufgegeben oder neu erschlossen werden? [71]

Auch TOMCZAK verweist auf eine ähnliche Kritik[72] wie KOTLER:

- Mit der Beschränkung auf nur zwei Aspekte (Marktwachstum und relativer Marktanteil) wird der Problemkomplexität in der Strategieentwicklung zu wenig Rechnung getragen.
- Die Übergänge sind relativ, und somit ist die Abgrenzung schwierig. Wo beginn starkes und wo endet geringes Wachstum?
- Die Normstrategien sind zu stark verallgemeinernd und per se in der Praxis nicht generell einsetzbar.

Dennoch wird aber die Grundidee und die Nützlichkeit von Portfolio-Ansätzen nicht angezweifelt. Im Speziellen helfen zweckmässig aufgebaute Portfolios zur Entscheidungsfindung, ob und in welchem Rahmen Ressourcen in Märkte und Produkte allokiert werden sollen.

3.4.3. Nach Michael E. PORTER

PORTER verweist in seinem Buch „Wettbewerbsstrategie – Methode zur Analyse von Branchen und Konkurrenten" ebenfalls auf das Marktwachstum-Marktanteil-Portfolio von BCG und auf das Unternehmensposition-Branchen-

---

[70] Tomczak, T./Kuss, A./Reinecke, S. (2009), Seite 73

[71] Absatz i.A. an Tomczak, T./Kuss, A./Reinecke, S. (2009), Seite 73

[72] Absatz i.A. an Tomczak, T./Kuss, A./Reinecke, S. (2009), Seite 82

Attraktivität-Portfolio, das mit dem Namen McKinsey und General Electric verbunden ist.[73]

Nachfolgend werden die Modelle nicht nochmals erklärt, sondern es soll auf die ergänzenden Punkte von PORTER gegenüber den anderen Autoren kurz eingegangen werden.

PORTER verweist auf eine Reihe von wichtigen Voraussetzungen um das **BCG Portfoliomodells** richtig anzuwenden:

- Der relevante Markt muss richtig abgegrenzt werden, sodass Wechselabhängigkeiten zu anderen Märkten (z.B. wichtige gemeinsam genutzte Erfahrungen) berücksichtigt werden. Oft eine sehr anspruchsvolle Aufgabe, welche eine detaillierte Analyse erfordert.

- Der relative Marktanteil sollte einen guten Grobindikator der Wettbewerbsposition und der relativen Kosten abgeben können. Dies mit Sicht auf die Struktur der Branche als Ganzes und die brancheninternen Strukturen. Dieser Punkt wird häufig vernachlässigt.

- Das Marktwachstum ist auch hier nur ein Grobindikator für die notwendigen finanziellen Mittel. Die relevanten Kennzahlen wie Gewinn und Cash Flow hängen von vielen weiteren Einflussfaktoren ab.[74]

Entsprechend diesen Anforderungen beurteilt PORTER die Marktwachstum-Marktanteils-Matrix eher kritisch und als wenig hilfreich um eine Geschäftsstrategie formulieren zu können. Konsequenterweise fordert er vertiefte Analysen, damit die Wettbewerbspositionen einer Geschäftseinheit bestimmt und in eine Strategie übersetzt werden können. Weiter kritisiert PORTER, dass die blosse Empfehlung „abzuschöpfen" oder „einen Star fördern", dem Management wenig Entscheidungsgrundlagen bietet. Sind dann die oben erwähnten, grundlegenden Analysen durchgeführt worden, wird der Nutzen einer Portfoliodarstellung als relativ gering betrachtet.[75]

---

[73] i.A. an Porter, M. (2008), Seite 443

[74] Absatz i.A. an Porter, M. (2008), Seite 446

[75] Absatz i.A. an Porter, M. (2008), Seite 446

Einen wesentlich grösseren Nutzen sieht PORTER beim Einsatz erwähnter Matrix bei Konkurrenzanalysen. Hier wird empfohlen, das Konzernportfolio seiner wichtigsten Mitbewerber darzustellen. Die gewonnene Information der Portfoliopositionierung kann Aufschluss über die Ziele, die der Konzern mit seiner Geschäftseinheit verfolgt, geben. Auch die Verwundbarkeit verschiedenster strategischer Schritte kann besser abgewogen werden. Wenn also zum Beispiel die Strategie eines Konkurrenten für eine seiner Geschäftseinheiten als „Abschöpfen" erkannt wird, können sich die Chancen für einen Angriff auf seinen Marktanteil wesentlich verbessern. Auch die Bestätigung, dass der Konkurrent mit dem Ansatz des Marktwachstum-Marktanteil-Portfolio arbeitet, ist äusserst hilfreich zu wissen, denn dadurch verbessert sich die Prognosekraft der Analyse um ein Wesentliches.[76]

Die 3x3-Matrix oder Unternehmensposition-Branchen-Attraktivitätsportfolio oder besser bekannt unter dem Namen General Electric – Matrix ist vom Grundsatz her weniger genau quantifizierbar als die Marktwachstum-Marktanteil-Matrix von BCG. Gemäss PORTER erfordert diese Matrix eine grosse Anzahl subjektiver Einschätzungen um die betreffende Geschäftseinheit einzuordnen. Dadurch wird der Kritikpunkt der möglichen Manipulation erhärtet. Um dieser Kritik entgegenzuwirken werden oft quantitative Bewertungsschemen eingesetzt, welche durch feste Kriterien die Branchenattraktivität und Unternehmensposition „objektiver" erfassen sollen. Nach PORTER bieten beide, BCG und GE, Portfolio nur eine rudimentäre Überprüfung der Konsistenz bei der Formulierung einer Wettbewerbsstrategie. Somit ist anzunehmen, dass die tatsächliche „Objektivität" der beiden Ansätze weniger auseinander liegt, als allgemein angenommen.[77]

„Welche der beiden Portfoliomethoden man verwendet, ist im Wesentlichen ein Geschmacksfrage (im Grunde ist die Analyse, sofern sie korrekt ausgeführt wird, die gleiche) – es sei denn, von einem Konkurrenten ist bekannt, dass er die eine oder andere benutzt. In diesem Fall liefert die Verwendung eben dieser Methode die besten Vorhersagen. Man beachte, dass die Marktwachstum-Marktanteil-

---

[76] Absatz i.A. an Porter, M. (2008), Seite 446

[77] Absatz i.A. an Porter, M. (2008), Seite 447 und 448

Methode unauflöslich mit dem Erfahrungskurven-Konzept verbunden ist. Wenn ein Konkurrent dafür bekannt ist, dass er vom Konzept der Erfahrungskurve stark beeinflusst ist, wird der Marktwachstum-Marktanteil-Ansatz deshalb in der Regel die besseren Vorhersagen seiner Ziele und Massnahmen ergeben."[78]

Ein weiteres Konzept, welches sich nach Meinung des Autors ebenfalls für die Analyse der erwähnten Problemstellung (Vgl. Kapitel 2.1) bestens eignen würde, ist das Instrument der **„Five Forces" von PORTER**. Obwohl der primäre Einsatz als Instrument für die Branchenanalyse vorgehsehen ist, kann die Darstellung (Vgl. Abbildung 14) auch exzellent für ein Produkt verwendet werden, welches sich dem Wettbewerb und den nachfolgend noch genauer beschriebenen fünf Wettbewerbskräften, zu stellen hat.

Auch TOMCZAK verweist in seinem Überblick über wichtige Informationsgrundlagen der Marketingplanung auf PORTER und sein Instrument der fünf Wettbewerbskräfte.[79]

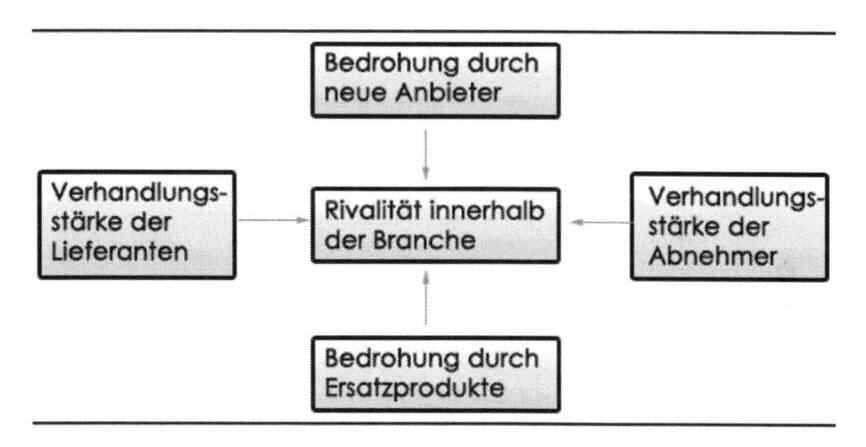

Abbildung 14: Kräfte des Branchenwettbewerbs (nach PORTER 1999, S.34)[80]

„Danach sind fünf Wettbewerbskräfte massgeblich:

---

[78] Porter, M. (2008), Seite 449

[79] i.A. an Tomczak, T./Kuss, A./Reinecke, S. (2009), Seite 35

[80] Tomczak, T./Kuss, A./Reinecke, S. (2009), Seite 36

- Stärke/Machtposition der Kunden (Endkunden und Absatz Mittler);
- Die Stärke/Machtposition von Zulieferern;
- Die Rivalität zwischen den bisher in der Branche tätigen Unternehmen;
- Die Bedrohung, die vom Markteintritt potenzieller neuer Konkurrenten ausgeht;
- Die Bedrohung, die davon ausgeht, dass neuartige Produkte das bisherige Leistungsangebot der Branche überflüssige oder unattraktiv machen."[81]

3.4.4. Nach Günter MÜLLER-STEWENS

Gemäss MÜLLER-STEWENS werden mit dem Portfolioansatz primär zwei Ziele verfolgt: Die integrierte Steuerung des Unternehmens und das Ableiten von Normstrategien.[82] Auch die bereits bekannten Modelle von BCG und GE werden erläutert, deshalb soll im Folgenden nur auf die Diskussion von Vor- und Nachteilen dieser Konzepte eingegangen werden:

Vorteile:

1. Der Portfolioansatz stellt einen einheitlichen Massstab (wie z.B. Cash Flow) dar, um unterschiedlichste Geschäfte innerhalb von diversifizierten Unternehmen darzustellen.
2. Aus dem Analyseprozess ergeben sich zu empfehlende Normstrategien und dient somit der Entscheidungsfindung.
3. Der Portfolioansatz unterstützt die differenzierte Allokation von Ressourcen im Unternehmen, und auch der Gesamtzusammenhang wird dabei nicht aus den Augen verloren.
4. Die Portfoliodarstellungen helfen zur Visualisierung und Kommunikation der Potenziale im Unternehmen im Sinne von Moderations- und Rhetorikinstrumenten.

---

[81] Tomczak, T./Kuss, A./Reinecke, S. (2009), Seite 35

[82] i.A. an Müller-Stewens, G./Lechner, Ch. (2011), Seite 284

Nachteile:

1. Die hohe Komplexitätsreduktion birgt das Risiko, dass wesentliche Faktoren vernachlässigt werden (Vgl. auch KOTLER und TOMCZAK)
2. Normstrategien sind keine Patentrezepte. Sie dienen bestenfalls als Handlungsanregungen, denen keinesfalls unreflektiert gefolgt werden sollte.
3. Die Interdependenz zwischen einzelnen Geschäftsbereichen wird nicht berücksichtigt. So kann beispielsweise eine Desinvestition eines Bereiches negative Auswirkungen auf einen anderen Bereich haben. Auch der umgekehrte Fall im Sinnen eines positiven Einfluss wird nicht zwangsläufig erkannt. Zusätzliche Analysen sind erforderlich.
4. Speziell dem BCG Portfolio wird das Produktelebenszyklus Modell zu Grunde gelegt. Die Annahme, dass die einzelnen Geschäfte einem Zyklus folgen (von Fragezeichen über Star zu Milchkuh und Armen Hund), ist nicht immer zutreffend. Geschäfte können auch revitalisiert werden und müssen somit nicht zwingend als Arme Hunde enden.[83]

Als wesentliche Empfehlung sieht MÜLLER-STEWENS das Topmanagement in der Pflicht, das Portfoliomanagement aktiv zu betreiben. Dies ist umso verständlicher, da sich der Fokus von Analysten und Investoren bei der Beurteilung von Wachstums- und Renditechancen des Geschäftsportfolios eines Unternehmens in erster Line auf das besagte Portfolio konzentriert.[84]

Auf einen ausgedehnteren Exkurs mit weiteren Portfolioansätzen wie z.B. die Marktstadien-Wettbewerbspositions-Matrix von A.D. Little oder die Bereichspositionierungsmatrix, sowie Länder- und Technologieportfolio wird verzichtet.

---

[83] Absätze (Vor- und Nachteile) i.A. an Müller-Stewens, G./Lechner, Ch. (2011), Seite 289

[84] i.A. an Müller-Stewens, G./Lechner, Ch. (2011), Seite 290 und 291

3.5. Auswahl der Methoden und Praxistransfer

3.5.1. Vorgehensweise und Aufbau der Arbeit

Die allgemeine Vorgehensweise (Vgl. Kapitel 2.3) für diese Arbeit kann bestätigt werden. In einer Weiterführung des Modells von KUSS/KLEINALTENKAMP (Vgl. Abbildung 7) empfiehlt sich dieser Ansatz, auch im Sinne einer pragmatischen, praxisnahen Methode.

3.5.2. Marktuntersuchungsform und Methodenentscheid

Das Untersuchungsziel soll **deskriptiv** umschrieben werden (z.b. Welche Produkteigenschaften sollen berücksichtigt respektive entwickelt werden?). Da wenig erhärtete Informationen seitens des Marktes, des Wettbewerbs und der Kunden vorhanden sind, wird der Ansatz der **Primärforschung** bevorzugt.

Bezüglich des Untersuchungsdesigns wird eine **qualitative** Methode mit Elementen aus der **Querschnitts**-Untersuchung gewählt. Die Methoden sind nicht ganz überschneidungsfrei, deshalb kann die eine oder andere Erkenntnis bezüglich Kausalität oder der Einsatz eines zusätzlichen Instrumentes das Gesamtresultat nur bereichern.

Konkret wird folgender Ansatz gewählt:

- Mehrere **moderierte Gruppendiskussionen** mit Kunden
- **Strukturierter Fragebogen** mit Skalen und auswertbaren Kommentarfeldern

Da für diesen Ansatz nur die **mündliche Kommunikation** in Frage kommt, sollen die Vorteile wie gegenseitig stimulierende Diskussionen und die Möglichkeit auch komplexere Fragestellungen zu erörtern, unbedingt genutzt werden.

Die Risiken wie hohe Kosten und ein längerer Untersuchungszeitraum werden in Kauf genommen. Eine nicht zu unterschätzende Schwierigkeit ist allerdings die Auswahl der Teilnehmer für die Gruppendiskussionen. Schlussendlich soll ein möglichst repräsentatives Resultat erreicht werden. Auf diesen Punkt wird im Folgekapitel noch eingegangen.

Eine externe Marktuntersuchung wurde ebenfalls in Erwägung gezogen, aber in Folge der hohen Kosten und des langen Vorbereitungszeitraumes abgelehnt.

3.5.3. Auswahl der Portfolio Analyse

Aus Sicht des Autors stehen drei Hauptmodelle zur Verfügung:

- Boston Consulting Group (BCG) Portfolio Matrix (Vgl. Abbildung 13)
- General Electric (GE) Neun-Felder-Matrix (Vgl. Abbildung 11)
- Porter „Five Forces" Modell (Vgl. Abbildung 14)

Der Entscheid fällt zu Gunsten der **BCG Matrix**, weil es für die zu bearbeitende Problemstellung ein praxisnaher und gut umsetzbarerer Ansatz ist. Hinzu kommen die guten Visualisierung- und Kommunikationsmöglichkeiten. Für andere komplexere Techniken, wie z.b. die GE Matrix, fehlen teilweise notwendige Informationen. Die weiteren Vorteile wurden im Vorfeld schon ausführlich beschrieben.

Mögliche Risiken wie

- das Nicht-Beachten von Interdependenz zwischen anderen Produkten oder Geschäftsbereichen ist vernachlässigbar, da es sich im vorliegenden Fall um ein relativ kleines, überschaubares Produkteportfolio handelt.
- Die übertriebene Reduktion der Komplexität wird nicht als ein grosses Problem erachtet, da der zu planende Fragebogen und die Umfrage eher umfassend geplant sind. Hinzu kommt das relativ gut überschaubare Marktumfeld der Muster AG.

Hiermit wird der Exkurs in die Fachliteratur beendet.

4. Kundenbefragung

> *„Ärzte können ihre Fehler begraben, aber ein Architekt kann seinen Kunden nur raten, Efeu zu pflanzen."*
> George Sand (1804-1876), französische Schriftstellerin[85]

---

[85] http://www.arwela.info/zitate.htm

4.1. Einleitung

Im folgenden Kapitel wird die Vorbereitung und die Durchführung der Kundenbefragung erläutert. Die wesentlichen Themen sind:

- Auswahl einer möglichst repräsentativen Teilnehmergruppe um ein gutes Gesamtbild zu erhalten
- Selektion eines attraktiven Durchführungsortes
- Akquisition und Motivation der Teilnehmer für diesen Anlass
- Erstellen von Präsentationen und Fragebogen
- Checkliste

4.2. Aufbau und Vorbereitung von Gruppendiskussionen

Da die Gesamtzahl aller Schweizer Planungsbüro rund 8500 (Vgl. 1.5) beträgt, und auch aus Kostengründen eine grosse Befragung mit mehreren Hundert Innenarchitekten nicht möglich ist, ist es umso wichtiger, eine qualitativ geschickte Auswahl zu treffen. Folgendes Ziel wird definiert:

- Rund 40 Innenarchitekten
- Management Stufe (Geschäftsführer, leitende Angestellte)
- Repräsentativer Querschnitte aus grossen, mittleren und kleineren Büros
- Sowohl Abonnenten wie auch Nicht-Abonnenten des „Index X"

Die Auswahl und Definition ist das Eine, die Teilnahme dieser gewünschten Personen eine andere. Entsprechend kommt der Akquisition und Motivation eine grosse Bedeutung zu:

- Eine Liste mit 100 qualifizierten Namen (jederzeit erweiterbar) wird für eine Kalt-Akquisition zur Verfügung gestellt.[86]

---

[86] Die telefonische Akquisition wurde durch Hrn. M, Leiter Produkt Management und den Autor vorgenommen.

- An der Messe „Swissbau" in Basel wurde am Ausstellung Stand der Muster AG erste Kontakte geknüpft und über den bevorstehenden Kundenanlass informiert.

Ebenfalls entscheidend ist die Bestimmung eines attraktiven Durchführungsortes. Die Wahl fällt auf das Conference Center im Prime Tower[87], welches sich für die anzusprechende Kundengruppe bezüglich Architektur und Novität besonders empfiehlt. Es werden sechs Anlässe an 3 Tagen festgelegt, welche jeweils über Mittag und am Abend stattfinden werden.

4.3. Durchführung der Anlässe

4.3.1. Ablauf der Kundenbefragung

Im Frühling 2012 werden die Anlässe durchgeführt, wobei folgender Ablauf berücksichtigt wird:

- Begrüssung durch den CEO
- Kurze Präsentation als Einstimmung ins Thema
- Gruppendiskussion
- Beantwortung des Fragebogens

4.3.2. Präsentation mit anschliessender Gruppendiskussion

Nach der Begrüssung wird kurz die Situation des „Index X" erläutert und die Schwerpunkt Themen für den Anlass kommuniziert, die im Wesentlich die vier Bereiche sind:

1. Verzeichnisse (Vgl. Anhang 6)
2. Wissen (Vgl. Anhang 7)
3. Service (Vgl. Anhang 8)
4. Emotionen (Vgl. Anhang 9)

---

[87] CLOUDS Gastro AG, www.clouds.ch

Zu erstem Punkt „**Verzeichnisse**" stellen sich die zwei folgenden Hauptfragen:

- In wie weit ist eine Vernetzung von Informationen, also von Innenarchitekten Namen, Objekten zu Herstellern und schlussendlich zu Bauprodukten relevant und hilfreich für den Abonnenten?
- Wäre es wünschenswert, die Referenzprojekte der Innenarchitekten mit Planungsdetails in der Online Version zu finden? Dies ist eine Frage des Aufwands, des Persönlichkeitsschutzes seitens des Bauherrn und des Nutzens.
- Ist ein SIA[88] 451 Viewer[89] ein wichtiges Werkzeug?

Zu Punkt zwei „**Wissen**" sollen die folgenden Themen erörtert werden:

- Welche Art von Fachwissen muss in einer professionellen Datenbank rund um die Themen Innenarchitektur und Bauen zur Verfügung gestellt werden?
- Welche zusätzlichen Hilfsmittel wie Berechnungs- und Suchfunktionen Tools wären hilfreich?
- Welche Statistiken zu welchen Aktivitäten in der Schweiz werden benötigt?

Beim dritten Thema „**Service**" handelt es sich um Fragen wie:

- Welche Dienstleistungen seitens der Zielgruppe werden geschätzt und genutzt?
- Wie hilfreich wäre ein online „Subventionsgelder Prüfer[90]"?
- Wäre eine Online Ausgabe der Innenarchitektur Zeitschrift „Fachzeitschrift" (Vgl. Kap. 1.4.1 und Kap. 1.4.2.1) erwünscht?
- Wie wertvoll sind Informationen zu Weiterbildungen, Messen, etc. und zu möglichen Vergünstigungen?

---

[88] Schweizerischer Ingenieur- und Innenarchitektenverein. Ein Berufsverband für Innenarchitekten, Ingenieure und Fachleuten aus den Bereichen Bau, Umwelt und Technik. http://www.sia.ch/

[89] Der SIA-451 Viewer ist ein online Integrationswerkzeug zum Öffnen, ergänzen und exportieren von Leistungsbeschreibungen (Ausschreibungstexte) aller Leistungsverzeichnisse im Format SIA 451.

[90] In der Schweiz gibt es auf Gemeinde-, Kanton- und Bundesebene rund 1200 verschiedene Subventionsprogramme, um sich als Innenarchitekt zu Recht zu finden, könnte hier seitens des „Index X geholfen werden": http://www.subventionsgelder.ch/

- Bringt ein Stellemarkt für die Branche einen zusätzlichen Nutzen?

Und zu Letzt der Punkt **Emotionen**:

- Wie geschätzt sind Informationen und Einladungen zu exklusiven Anlässen wie Architektur-Reisen, -Events, -Messerundgängen und Life-Style Angeboten?
- Sind Innenarchitektur-Wettbewerbe wie z.b. der „Award"[91] erwünscht?

Über allem steht aber der Wunsch und die Aufforderung zu einer konstruktiv kritischen Gruppendiskussion mit dem Zweck:

- Kundenfeedback sowie
- Anforderungen und Wünsche an die Neugestaltung des „Index X" zu erhalten. Oder noch deutlicher:
- Was muss getan werden, damit das Produkt gelesen, genutzt und weiterempfohlen wird?
- Und wie viel wäre man bereit für diesen Service zu bezahlen?

4.3.3. Fragebogen

Während der Gruppendiskussion werden durch die 3 Teilnehmer seitens Muster AG Notizen angefertigt um möglichst viele Einzelaussagen aufzunehmen, damit diese dann später zu einem Gesamtbild zusammengefügt werden können.

Der Fragenbogen wird in Kleinstgruppen, meistens im 1 zu 1 oder 1 zu 2 Verhältnis besprochen. Auf diese Weise können Unklarheiten beseitigt und Interpretationsspielräume massgeblich eingeschränkt werden. Zudem erhält man auf diese Weise auch noch sehr wertvolle Zusatzinformationen.

Das Formular wird nachfolgend ausschnittsweise dargestellt. Der komplette Fragebogen befindet sich im Anhang (Vgl. Anhang 10). Auf die einzelnen Fragestellungen und Erkenntnisse wird detaillierter im Folgekapitel (Vgl. Kap. 5) eingegangen.

---

[91] Award ist ein Wettbewerb der Firma Muster AG

Allgemeine Angaben (freiwillig)

Firma _____   Telefon _____

Name, Vorname _____   Mail _____

Funktion _____   _____

Strasse Nr. _____   _____

PLZ/Ort _____   Abonnent Index X   ja   nein

Inhaltliche Angaben

1. Kennen Sie die Dienstleistungen des Index X?

   ja   nein

2. Nutzen Sie regelmässig die Dienstleistungen des Index X?

   ja, regelmässig   selten   nie

3. Welche Websites besuchen / nutzen Sie (ausserdem) regelmässig?

   A   D   F

   B   E   G

   C   _____   _____

4. Wie bewerten Sie den Nutzen der vernetzen Visualisierung von Innenarchitekten/Planern-Objekten-Produkten-Herstellern?

   (1 = nutzlos   5=nützlich)

   1   2   3   4   5

5. Würden Sie Ihre Referenzobjekte inkl. entsprechender Kennzahlen auf einer Plattform veröffentlichen? Natürlich vernetzt inkl. Erfassung im Innenarchitektenverzeichnis.

   ja   eher ja   weiss nicht   eher nein   nein

Abbildung 15: Fragebogen (Ausschnitt) anlässlich der Gruppendiskussionen im Prime Tower in Zürich[92]

---

[92] Der komplette Fragebogen befindet sich im Anhang

5. Datenanalyse und Auswertung

> *„Architektur ist Harmonie und Einklang aller Teile, die so erreicht wird, dass nichts weggenommen, zugefügt oder verändert werden könnte, ohne das Ganze zu zerstören."*
>
> Leon Battista Alberti 1452 in: De re aedificatoria[93]

5.1. Quantität und Qualität der Gruppendiskussionen

Alle sechs geplanten Kundenanlässe konnten mit einer guten und gleichmässigen Verteilung von Teilnehmenden durchgeführt werden. Diese Verteilung wurde vor allem durch das gezielte, persönliche Einladen und Synchronisieren der Telefonakquisiteure untereinander erreicht.

Einzelne Planungsbüros, welche die Termine nicht befolgen konnten oder kurzfristig umdisponieren mussten, wurden mit persönlichen Gespräch an deren Firmensitz befragt.

Mit folgender quantitativer und qualitativer Verteilung der Kundengruppe kann das anvisierte Ziel (Vgl. Kap. 4.2) als voll und ganz erfüllt beurteilt werden:

- 33 Innenarchitekten (Geschäftsführer, Geschäftsinhaber, Partner, leitende Anstellte und Projektleiter) aus 26 Büros, vertreten durch ein bis zwei Personen, aufgeteilt nach folgender Grössenordnung:
    - 8 teilnehmende Firmen mit einer Firmengrösse bis 7 Mitarbeiter
    - 10 teilnehmende Firmen mit 8 bis 24 Mitarbeiter
    - 8 teilnehmende Architekturbüros mit 25 und mehr Mitarbeitern
- Sowohl Abonnenten, wie auch Nicht-Abonnenten des Produktes „X"[94]

Die bereits unter (Vgl. Kap. 3.2.2) vermutete lebendige Diskussion, mit sich gegenseitig stimulierender Wirkung, hat sich bestätigt und bewährt.

---

[93] http://www.quotez.net/german/architektur.htm

[94] X wird als Abkürzung für „Index X" verwendet

Die Gruppen zeigten sich als überraschend homogen in der Gesprächskultur und dennoch wurden kritische und konstruktive, bis hin zu provozierenden Aussagen/Fragen wie „braucht es euch überhaupt in der Zukunft", platziert.

5.2. Auswertung der Fragebögen und Gesprächsinhalte

Aus den Notizen der Gruppendiskussionen und den 16 Fragen, welche mittels individuellem Fragebogen eruiert wurden, können die folgenden 16 Einzelauswertungen inhaltlich wie auch grafisch wiedergegeben werden.

1. Frage: Kennen Sie die Dienstleistungen des Produktes X?

Erkenntnis: 100% der Befragten kennen den „Index X" (Vgl. Abbildung 16).

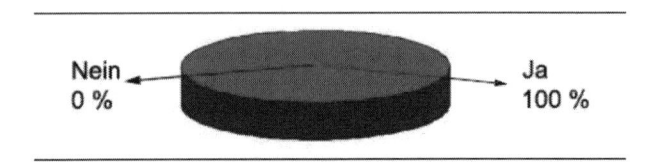

Nein 0 %   Ja 100 %

Abbildung 16: Bekanntheitsgrad der «Index X»

2. Frage: Nutzten Sie regelmässig die Dienstleistungen[95,96] des Produktes X?

Erkenntnis: Die regelmässige Nutzung der einzelnen Produktbereiche des Produktes X verhält sich unterschiedlich (Vgl. Abbildung 17).

---

[95] Z.B. die „Unterlagen B" beinhalten professionelle Planungsgrundlagen. Der Aufwand diese Ordner up to date zu halten ist beträchtlich. In regelmässigen Abständen schickte die Muster AG Angestellte zu den Kunden, welche diese Ordner aktualisierten. Dieser Service wurde 2010 eingestellt, was wiederum zu einigen Kündigungen geführt hat.

[96] Z.B. der „Kompass" erläutert die statistische Aktivität in der Schweiz und ist Bestandteil des Abos des Index X. Transportiert wird der Flyer mit der „Fachzeitschrift".

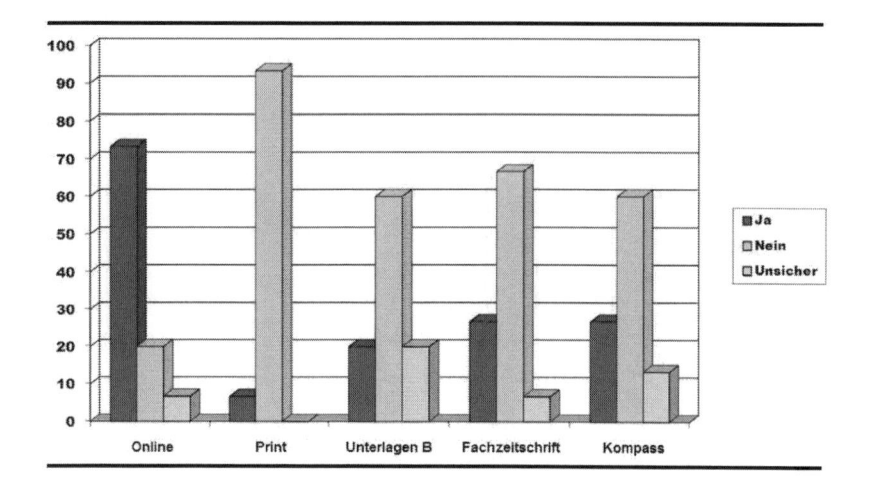

Abbildung 17: Nutzungsverhalten der Dienstleistungen des Produktes X

3. Frage: Welche Websites besuchen / nutzen Sie (ausserdem) regelmässig?

Erkenntnis: Die Suche nach Informationen und News findet in allererster Linie über Google statt (Vgl. Abbildung 18).

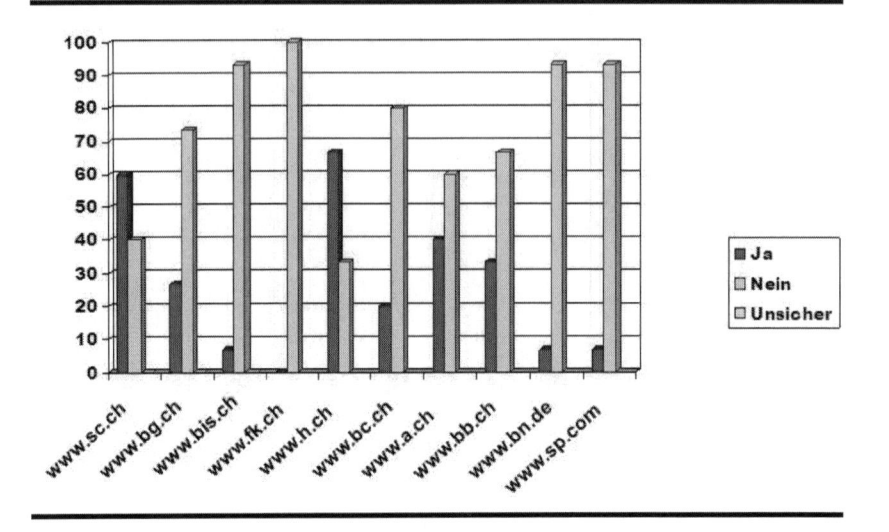

Abbildung 18: Besuchsverhalten von anderen (Mitbewerbern) Websites

4. Frage: Wie bewerten Sie den Nutzen der vernetzten Visualisierung[97] von Innenarchitekten/Planern-Objekten-Produkten-Herstellern?

Erkenntnis: Besonders gefragt sind: Struktur, Qualität inklusive Kennzahlen und Beschreibungen, und Usability (je einfacher desto besser). (Vgl. Abbildung 19).

---

[97] Hier geht es um die visuelle Darstellung der verschiedenen Beteiligten an einem Bauvorhaben

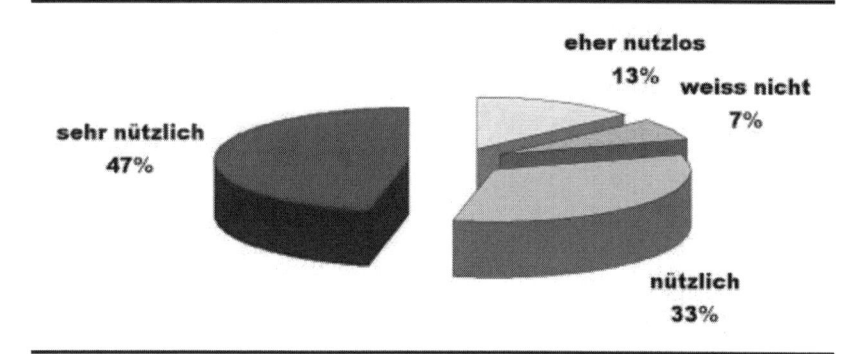

Abbildung 19: Nutzen der vernetzten Visualisierung

5. Frage: Würden Sie Ihre Referenzobjekte inkl. entsprechender Kennzahlen[98] auf einer Plattform veröffentlichen? Natürlich vernetzt inkl. Erfassung im Innenarchitektenverzeichnis?

Erkenntnis: Ja, unter der Voraussetzung, dass der Prozess denkbar einfach ist. Die Problematik ist, das der Bauherr die Zustimmung geben muss, und eine weitere Schwierigkeit ist das allgemeine Misstrauen gegenüber Kennzahlen (Vgl. Abbildung 20).

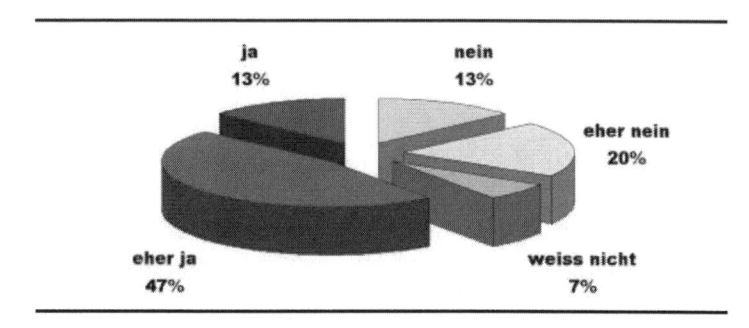

Abbildung 20: Bereitschaft, eigene Referenzobjekte auf einer Plattform zu veröffentlichen

---

[98] Kennzahlen könnten z.B. Gebäudevolumen, Grundstücksflächen, Gebäudeflächen. Je nach Detaillierung kann man das weit runterbrechen, z.B. bis hin zu Ausbau Gebäude > Bodenbelag > Bezugsmenge, Kosten per m2, pro Gebäudevolumen, etc.

6. Frage: Haben Sie Interesse an Referenzobjekten anderer Innenarchitekten/Planer?

Erkenntnis: Ja, falls keine" 0815" Objekte platziert werden. Hohe Qualität und Beschreibung der Lösungsmöglichkeiten sind von Interesse. Vergleichbarkeit muss durch Standards gewährleistet sein (Vgl. Abbildung 21).

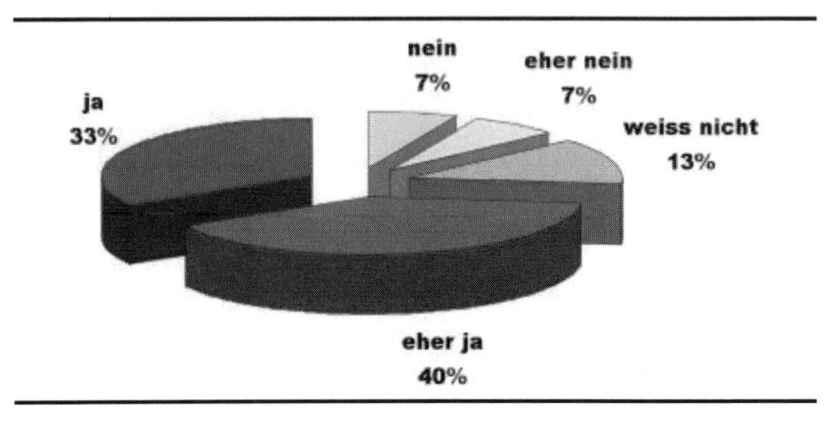

Pie chart: ja 33%, nein 7%, eher nein 7%, weiss nicht 13%, eher ja 40%

Abbildung 21: Interesse an Objekten anderer Innenarchitekten

7. Frage: Wie wichtig sind für Sie eine Integrallösung des SIA 451-Viewer und zur Verfügung stehende Ausschreibungstexte?

Erkenntnis: Kaum Bedarf, da diese Texte und Funktionen Bestandteile jeder Branchen Software sind. Bei Ausschreibungen und Submissionen verwendet man sowieso besser die Originaltexte der Hersteller. Die Glaubwürdigkeit wird deutlich gesteigert (Vgl. Abbildung 22).

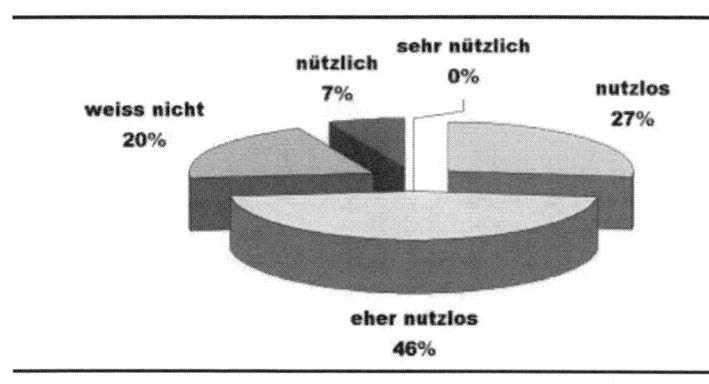

Pie chart: nützlich 7%, sehr nützlich 0%, nutzlos 27%, eher nutzlos 46%, weiss nicht 20%

Abbildung 22: Nutzen des SIA 451 Viewer in Kombination mit Ausschreibungstexten der Hersteller

8. Frage: Professionelle Planungshilfen und -unterlagen aus einer Hand, unabhängig recherchiert und von Fachleuten redaktionell erstellt, dazu Quartalsstatistiken zum Schweizer Baumarkt. Haben Sie Interesse an einer solchen digitalen Infothek?

Erkenntnis: Ja, unter der Voraussetzung einer professionellen und einfachen Gliederung/Suchfunktion. Gefragt ist Aktualität. Vor Allem ein Update via Fachschulen stösst auf grosse Akzeptanz. Die „kompass" Inhalte interessieren nicht (Vgl. Abbildung 23).

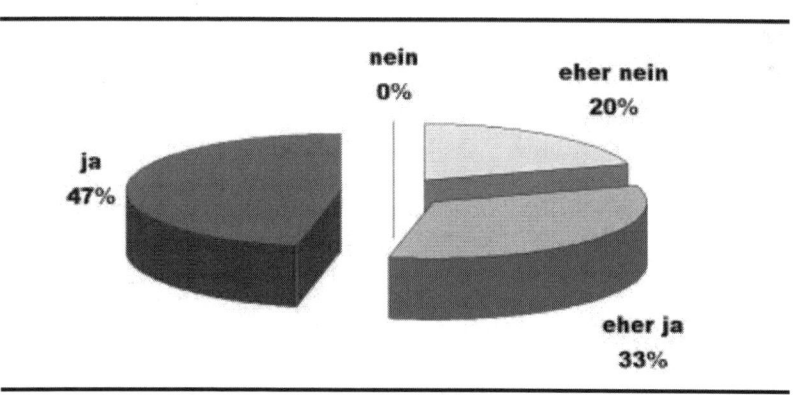

Pie chart: ja 47%, eher ja 33%, eher nein 20%, nein 0%

Abbildung 23: Interesse an einer digitalen Infothek

9. Frage: Welche Rolle spielen Fördermittel und die Beschaffung der Informationen dazu in Ihrem täglichen Arbeitsumfeld?

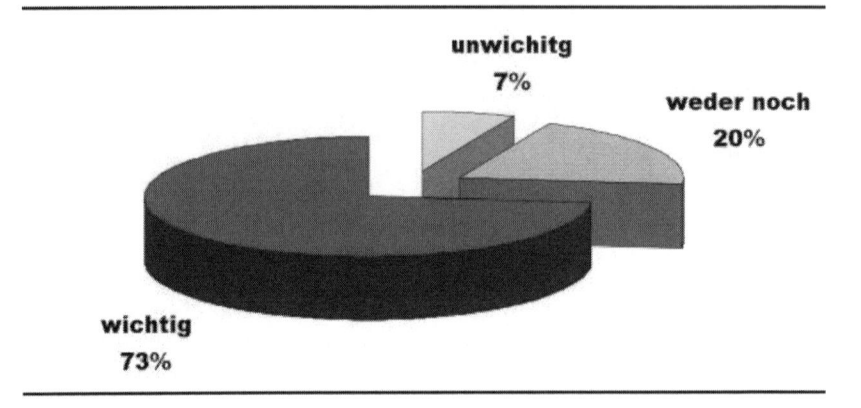

Erkenntnis: Diese Information sind wichtig (Vgl. Abbildung 24).

unwichitg 7%
weder noch 20%
wichtig 73%

Abbildung 24: Wichtigkeit von Fördermittel und der Beschaffung der Informationen

10. Frage: Bewerten Sie die einzelnen Optionen zum Thema Fördermittel[99] auf einer Skala von 1 bis 5, wobei 5 die Höchstnote darstellt.

Erkenntnis: Die Befragten misstrauen der Kompetenz von Muster AG (Glaubwürdigkeit). Des Weiteren wird festgestellt, dass eine Planung nie um Förderprogramme herum stattfindet. Diese Dienstleistung können seitens Innenarchitektenbüro nicht verrechnet werden, da sie nicht zum Leistungsumfang eines Innenarchitekten gehören. Folglich werden diese Leistungen durch externe Spezialisten ausgeführt und verrechnet. (Vgl. Abbildung 25)

---

[99] Vgl. dazu www.subventionsgelder.ch

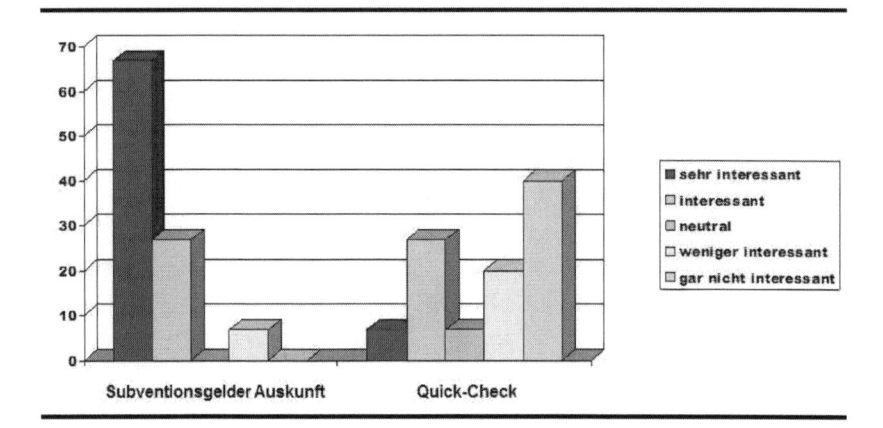

Abbildung 25: Interesse an Subventionsgelder Auskunft und Quick-Check

11. Frage: Wie wichtig sind Ihnen die weiteren Services[100] als Bestandteil eines umfassenden online Portals?

Erkenntnis: Auch hier besteht ein Glaubwürdigkeitsproblem. Man erwartet nicht, dass dies machbar und auch zwingend notwendig ist. Zum Beispiel macht eine Agenda nur dann Sinn, wenn diese komplett ist. Ist Muster AG dazu im Stande? Erschwerend kommt hinzu, dass bei vielen dieser „verschiedenen" Dienstleistungen einzelne Mitbewerber sich bereits gut etabliert haben (z.B. Event Agenda und Stellenmarkt. (Vgl. Abbildung 26).

---

[100] „Fachzeitschrift" ist die die Architektur Zeitschrift aus dem Hause Muster AG. Die „C-Box" ist ein Produkt Abgabe Flyer durch den Innenarchitekten. Nachteil hier: Die Flyer müssen immer wieder nachbestellt werden. Vergünstigungen: Muster AG könnte Vergünstigungen im Bereich Messe Eintritt, Schulungen oder anderen Fachveranstaltungen organisieren. Agenda: übersichtliche Agenda über alle Aktivitäten in der Architekturszene. Stellenmarkt = Job Portal.

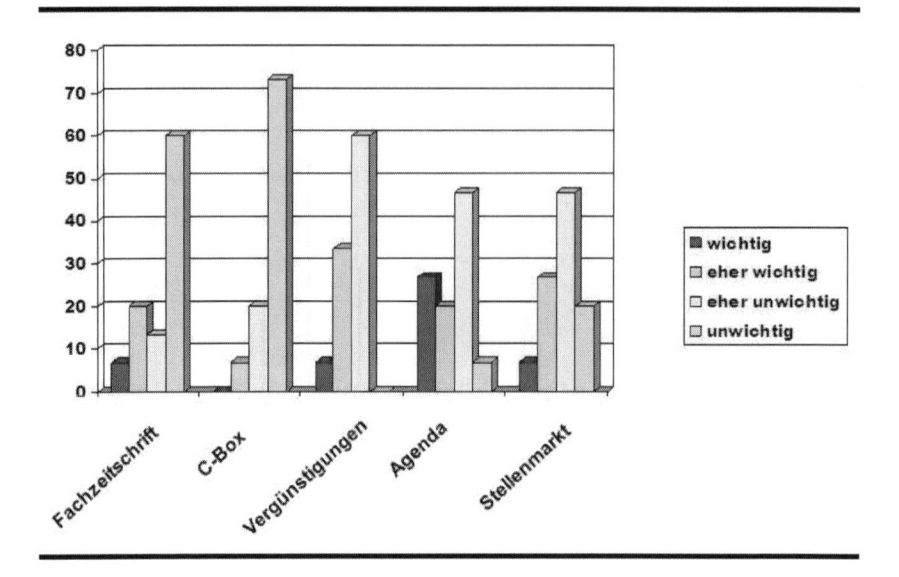

Abbildung 26: Bedarf und Interesse an anderen online Dienstleistungen

12. Frage: Nehmen Sie regelmässig an Wettbewerben, wie z.B. dem AWARD teil?

Erkenntnis: JA/Nein im 40/60 Verhältnis (Vgl. Abbildung 27).

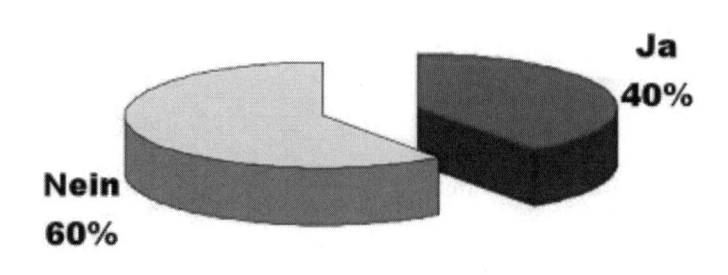

Abbildung 27: Regelmässige Teilnahme an Wettbewerben

13. Frage: Wie wichtig sind Ihnen die exklusiven Dienstleistungen?

Erkenntnis: Events Ja, aber diese sollen speziell respektive exklusiv sein. Ebenfalls auf Interesse stossen Rundgänge bei grossen Messen nach Fachbereichen, wie z.B. Badezimmer, Küchen, Heizungen, etc. (Vgl. Abbildung 28).

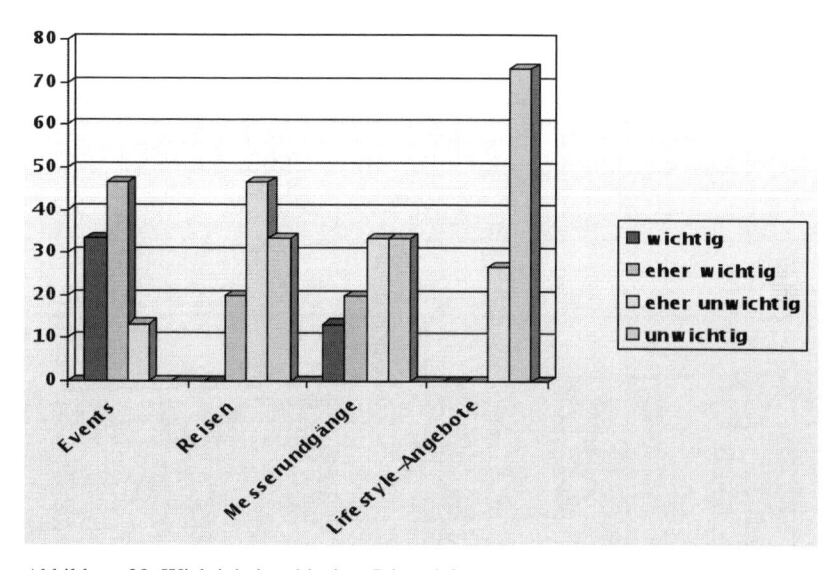

Abbildung 28: Wichtigkeit exklusiver Dienstleistungen

14. Frage: Wie bewerten Sie die möglichen Inhalte einer künftigen Innenarchitektenplattform in Bezug auf Ihren Arbeitsalltag?

Erkenntnis: Ein eindeutiger Grundtenor konnte nicht identifiziert werden, zu unterschiedlich sind die Wünsche und Anforderungen der einzelnen Planungsbüros (Vgl. Abbildung 29). Äusserst wertvoll sind hingegen die vielen Einzelkommentare.

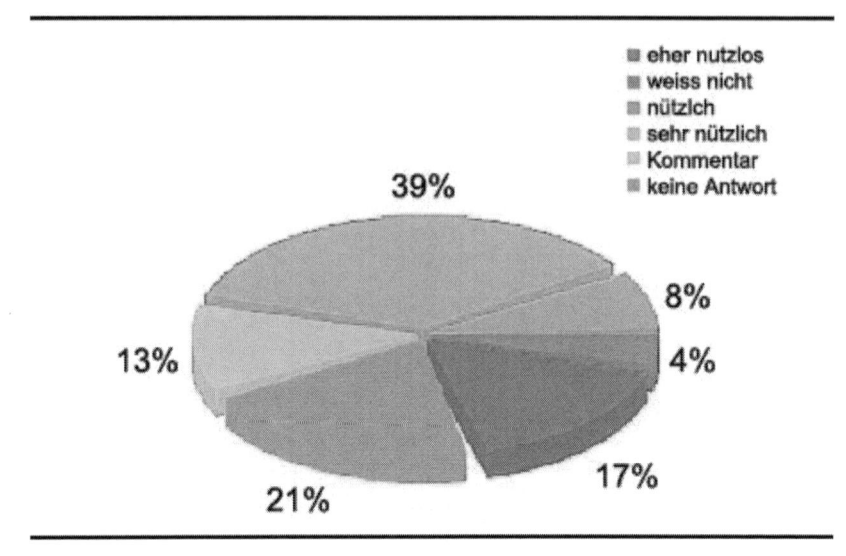

```
                    ■ eher nutzlos
                    ■ weiss nicht
                    ■ nützlch
                    ■ sehr nützlich
         39%        ■ Kommentar
                    ■ keine Antwort

                           8%
  13%                      4%

         21%        17%
```

Abbildung 29: Nutzeneinschätzung der Inhalte an eine zukünftige Plattform

15. Frage: Wären Sie bereit, für die Nutzung dieser Inhalte eine jährliche Gebühr zu bezahlen und wenn ja, in welcher Höhe?

Erkenntnis: Preis/Leistung (Vgl. Kap. 1.4.2.3) muss stimmen oder anders formuliert, es liegt nicht am Preis wenn die Leistung stimmt. Zu quantifizierenden Aussagen konnten wir die Teilnehmer nicht bewegen (Vgl. Abbildung 30).

keine Antwort 13%

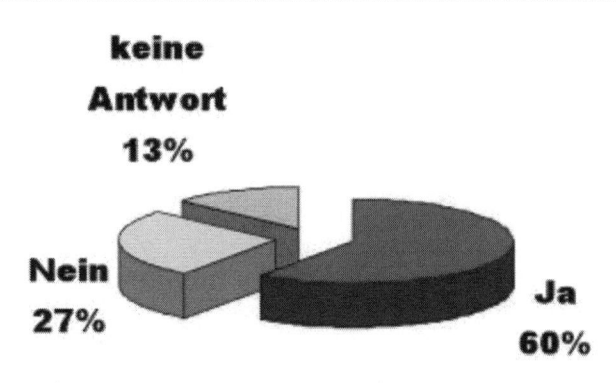

Nein 27%

Ja 60%

Abbildung 30: Bereitschaft für die Nutzung dieser Dienstleistung einen jährlichen Betrag zu bezahlen

5.3. Sonderthema Beirat

Eine der sechs Gruppen war besonders aktiv sowie auch kreativ und schlug am Schluss einer längeren Diskussion ihrerseits die Gründung eines Beirates vor. Spontan stellen sich diese sechs Vertreter ihrer Architekturbüros zur Verfügung, um Muster AG bei der Neu- und Umgestaltung des „Index X" mit ihrer Erfahrung und ihrem Rat zur Seite zu stehen. Diese Gruppe kann als sehr heterogen bezeichnet werden, da alle gewünschten Büro Grössenordnungen vertreten sind. Auch deren guten Kontakte zu Branchenverbänden und (Fach-) Hochschulen wären äusserst interessant und hilfreich. Dieses Thema soll im Folgekapitel noch detaillierter erörtert werden.

Die Analyse der Erkenntnisse aus den Gruppendiskussionen und Auswertungen der Fragebögen wird hiermit beendet.

6. Versuch einer Synthese und Empfehlungen

„Ich glaube, dass jede Architektur, die sich an den Geist wendet, noch immer das Werk eines einzelnen ist."

Le Corbusier, schweizerischer Architekt, Maler und Bildhauer (1887-1965) [101]

Nach einer Auswertung der Diskussionen und Fragebögen (Kap. 5) werden im folgenden Kapitel die Erkenntnisse als Empfehlungskatalog zu Handen der Geschäftsleitung zusammengefasst. Eine Präsentation und ein vertiefendes Gespräch mit dem neuen CEO[102] sollen die Erkenntnisse noch weiter schärfen und in einem Unterkapitel „Nächste Schritte" enden.

6.1. Essenz aus den Gruppendiskussionen und Auswertung der Fragebögen

Die nachfolgend fett gedruckten Punkte stellen die Essenz und die Forderungspunkte dar, um das Produkt „Index X" weiter zu entwickeln. Es soll wieder möglichst attraktiv auf dem Markt positioniert werden. Eine Vielzahl der Informationen konnte aus den zusätzlichen Kommentaren und Anmerkungen aus den Fragebögen entnommen werden.

- Ein **Goodwill** der Innenarchitekten für den Index X ist noch vorhanden, aber die **Glaubwürdigkeit** ist tief. Man traut der Muster AG wenig zu.

- Der Hauptfokus soll sich auf die **Kernkompetenzen** (Vgl. Kap. 6.2 und Kap. 6.5) und hohe **Qualität** konzentrieren. Wichtig sind ein klares Profil und eine klare Positionierung.

- Die **Weiterentwicklung** des Produktes X hat unbedingt im online Bereich zu erfolgen. Ausser den Architekturzeitschriften geht die ganze Branche in diese Richtung.

- Eine ernstzunehmende **Online Konkurrenz** sind die www.s und www.a (je nach Produktkonzept).

- Im Bereich **Print Konkurrenz** sind speziell www.h und www.e zu erwähnen.

- Eine gute **Struktur** des Portals (inkl. Bildsuche) wird als wesentlicher Vorteil gegenüber anderen Mitbewerbern gesehen und entsprechend gefordert. Hier wäre ein Alleinstellungsmerkmal realisierbar.

---

[101] http://www.gutzitiert.de/zitat_thema_architektur.html
[102] T wurde durch H, CEO Muster AG und CIO der Gruppe, ersetzt.

- **Objektkennzahlen** sind eminent wichtig, aber für Innenarchitekten nicht immer publizierbar (Bewilligung des Generalunternehmers und des Bauherrn erforderlich).
- **Fördermittelthematik**: Ein grundsätzliches Interesse ist vorhanden, aber es gibt auch kritische Fragen zu Aufwand und Ertrag. Innenarchitekten werden im Normalfall für solche Leistungen nicht bezahlt, denn Energieberatung gehört prinzipiell nicht zu deren Leistungsspektrum. Meistens werden hierfür spezialisierte Unternehmen berücksichtigt. Energieberater arbeiten heute gut mit den Innenarchitekten zusammen. Ein solches Berechnungstool würde schnell eine Konkurrenzsituation hervorrufen. Zudem wird auch hier die Kompetenz von Muster AG angezweifelt.
- Das Konzept der „**Unterlagen B**" soll bestehen bleiben, aber nur online. Update und Entwicklung soll zusammen mit Know-How-Trägern aus Praxis[103] und Wissenschaft (Fachschulen, Universitäten, etc.) erfolgen.
- Die Integration **SIA 451-Viewer** wird nicht benötigt.
- **Lifestyle-, Reisen-, und Wettbewerbsangebote** sind nur marginal gefragt.
- Es wird über **Google** gesucht. Der Nachwuchs kennt den „Index X" bereits nicht mehr.

6.2. Erstes Fazit

<u>Die</u> **Online-Plattform** für Innenarchitekten gibt es nicht. Über eine relevante Objektplattform mit einer kritischen Masse an Objekten (thematisiert und qualitativ selektiert) in Kombination mit der Produktdatenbank des Produktes X (angereichert um Fotos, CAD's, Details, Pläne, etc.) und der Vernetzung aller Player sollte es möglich sein, ein bedeutsames Plus für Innenarchitekten zu schaffen.

---

[103] Beirat

Damit wird ein signifikanter Mehrwert für Hersteller und Innenarchitekten erreicht und auch wichtige Argumente für den Vertrieb geschaffen. Zur Erreichung der kritischen Masse müssen vor dem Launch viele Objekte durch Muster AG eingestellt werden. Ein Go-Live ohne Objekte interessiert nicht.

Thema **Beirat**: Zur Entwicklung einer Plattform haben sich engagierte und namhafte Innenarchitekten für eine Beratungsfunktion zur Verfügung gestellt. Es besteht aber eine gewisse Zwiespältigkeit; für die Entwicklung ist das sehr hilfreich, um möglichst nah an den Interessen der Benutzer zu sein. Auch die Reputation könnte gesteigert und Objekte noch besser gepusht werden. Dienlich wäre dieser Beirat sicherlich auch zur Qualitätssicherung. ABER: Ein Entscheid gegen bestimmte Objekte oder Produkte wäre äusserst heikel, denn so könnten Interessenskonflikte entstehen. Die aktuelle Strategie der Muster AG sowie das Geschäftsmodell des Produktes X widersprechen diesem Ansatz.

Der allgemeine Tenor kann wie folgt zusammengefasst werden: **WENIGER IST MEHR** – Die Muster AG soll sich auf das konzentrieren, was diese ausmacht(e) und nicht versuchen ein allumfassendes Portal zu konstruieren. Zunächst muss aber der Status und die Glaubwürdigkeit des „Index X" wieder gesteigert werden.

Dies ist ein erstes Fazit aus den Umfragen, welches aber nicht automatisch bedeutet, dass dies auch zwingend so umgesetzt werden soll.

6.3. Feedback aus der Geschäftsleitung

Die Präsentation[104] obiger Fakten und Einschätzungen der Geschäftsleitungsmitglieder brachte folgende Diskussionspunkte sowie Entscheide auf den Tisch und lässt die folgende Entwicklungstendenz erkennen:

- Da die Muster AG nicht nur das Produkt X im Portfolio hat, sondern ein gutes Dutzend weiterer Produkte (Vgl. Kap. 1.4.1), haben sich einige Prioritäten verändert. Die „Index X" bleibt aber unverändert im Fokus.

- Eine komplette Neupositionierung inklusive Redesign der Plattform wird von der GL zum jetzigen Zeitpunkt allerdings als nicht opportun beurteilt.

---

[104] GL Präsentation am 15.3.12 am Hauptsitz der Muster AG

- Aus wirtschaftlichen und technischen Gründen werden deshalb zwei Stossrichtungen weiterverfolgt:
  - Die Aufbereitung der Daten (Recherche) aller Objekten und somit Basis für den Push Service läuft bereits. Die anspruchsvolle Aufgabe ist die Verbindung mehrerer Dienstleistungen, nämlich die Objektrecherche, die Produkt- und Fördermitteldatenbank mit welcher man in der Lage ist, Planern während der Entscheidungsphase objektbezogene Produktinformationen und über Fördermittel zu liefern. Dieser Push Service, welcher in Form eines Info Mails an die Innenarchitekten geht, wird als gratis Dienstleistung seitens der Innenarchitekten und der Planer sehr geschätzt. Die Umsetzung erfolgt bis Ende 3. Quartal dieses Jahres.
  - Die Vernetzung (Objekt – Architekt - Hersteller – Produkt) wird als prioritär beurteilt. Der definitive Re-Launch soll bis Ende 2012 erfolgen. Denkbar ist auch der Einbezug weiterer Dienstleister, wie z.B. die ausführenden Handwerker oder Fachplaner.
- Der Wettbewerb „Award "[105], auf welchem seitens Innenarchitekten rund 400 Objekte hochgeladen wurden, soll als offizielle Plattform geöffnet werden, sodass zukünftig weitere, repräsentative Objekte inklusive Kennzahlen veröffentlicht werden können.
- Die weiteren Themen:
  - Fördermittelthematik (subventionsgelder.ch) wird als 2. Priorität ohne Terminfestlegung hinten angestellt.
  - Die „Unterlagen B" stellen ein Problem dar. Das Konzept[106] (Zusammenarbeit mit Hochschulen und der Tochterfirma[107]) soll dieses Jahr erarbeitet werden. Die Umsetzung wird allerdings erst im 2013 erfolgen.

---

[105] Wettbewerb der Muster AG

[106] Bau Wissen – ähnliches Wissen, industriegestützter Aufbau

[107] Tochterfirma der Gruppe in Deutschland: www.bn.de (Bau Wissen – ähnliches Wissen, industriegestützter Aufbau)

6.4. Quintessenzen aus dem Gespräch[108] mit dem CEO

Eine offene Diskussion hilft dem Autor die Gesamtzusammenhänge noch besser zu verstehen und erlaubt aber auch die eine oder andere kritische Anmerkung zu positionieren.

Aus Sicht des CEOs ist der Kundenfeedback eine wesentliche Komponente im gesamten Marketing Mix. Die unternehmerische Überzeugung und die Übernahme der Verantwortung für das betriebswirtschaftliche Gesamtergebnis eine andere. Somit wird klargestellt, dass nicht jedem Wunsch des Kundensegmentes der Innenarchitekten automatisch die entsprechende Dienstleistungsentwicklung zu folgen hat. Dieser Punkt wird noch verstärkt durch die Tatsache, dass die Finanzierung des „Index X" im Wesentlichen durch die Werbeeinnahmen und „Product Placements" der Hersteller erfolgt. Die anvisierte Kundschaft ist allerdings die der Innenarchitekten, deren Abonnemente tendenziell wegfallen. Man darf die Wechselwirkung, zwischen einer für Innenarchitekten attraktiven Plattform und die Bereitschaft der Hersteller ihr Produkte zu bewerben, nicht ausser Acht lassen.

Einig ist sich das Management und der Autor, dass unbedingt Handlungsbedarf besteht, da in den letzten 10 Jahren nicht viel am Produktkonzept verändert wurde. Der „Index X" soll nicht neu erfunden werden, und die strategisch gute Positionierung auf keinen Fall aufgeweicht werden. Der „neue" Index X soll Referenzprojekte in höchster Qualität beinhalten, somit soll auch sichergestellt werden, dass das ursprünglich gute Image wieder erlangt werden kann. Im Gegensatz zur allgemeinen Kundenmeinung wird eine mittelfristige Fokussierung auf Themen wie Kongresse, Fördergelder, Kontaktvermittlung, etc. befürwortet. Der „Index X" soll die ursprüngliche Reputation eines hervorragenden Intermediär wiederlangen.

Auch innerhalb der Firmengruppe (Vgl. Kap. 1.1) sind Synergien zu nutzen, so sollte der Austausch in andere Länder unbedingt gefördert werden. Die Plattform „Index X" wird heute bereits in anderen Ländern, wie z.B. Abu Dhabi, USA und in weiteren Ländern in Lizenz angeboten. Hier ist es das erklärte Ziel, nicht nur Nutzen zu stiften, sondern auch zusätzliches Business zu realisieren.

---

[108] Sitzung im Grossraum Zürich am 12.4.12. Teilnehmer: H, M, Daniel Rüedi

Transaktionsplattformen wie z.B. www.r[109] (Vgl. Kap. 1.5) gehören nicht zum strategischen Konzept von Muster AG. Der Autor äusserte an dieser Stelle die Frage, ob nicht eine Chance verpasst worden sei. Der damalige Entscheid gegen einen Eintritt ins e-Commerce Business begründet das Management wie folgt:

- Muster AG tritt als Intermediär auf.
- Muster AG ist nicht Partei.
- Eine allfällig geforderte qualitative Beurteilung von Handwerkern würde zwangsläufig zu schwierigen Situationen führen.

Die Positionierung von Muster AG und den damit verbundenen Kernkompetenzen, welche auch die wesentlichen, und in naher Zukunft wieder zu stärkenden Erfolgspositionen der „Index X" darstellen, sind die folgenden:

- Starke Präsenz bei den Zielgruppen
- Hohe Qualität der Dienstleistung, welche weiter ausgebaut werden soll
- Steigende Branchen (Kundensegmente) Kompetenz
- Überzeugende Medien Kompetenz

Im Gegensatz zur Kundenmeinung und jener des Autors ist der CEO überzeugt, dass die Print Produkte der Firma Muster AG auch in 10 Jahren noch ihren Platz haben werden.

6.5. Produktpositionierung (Portfolio Matrix)

Zusammenfassend kann die vorherige Debatte und die Feststellungen aus früheren Kapiteln äusserst praktisch in Form einer Portfolio Matrix visualisiert werden. Die entsprechende Diskussion, welche Form der Darstellung, etc., wurde in einem früheren Kapitel (Vgl. Kap. 3.4) bereits ausführlich besprochen.

6.5.1. IST-Portfolio

Die bereits vorgängig im Detail erklären Produkte werden heute gemäss BCG Portfolio (Vgl. Abbildung 31) folgendermassen positioniert:

---

[109] www.r.ch ist eine Internetplattform, auf der sich Handwerker und Auftraggeber finden.

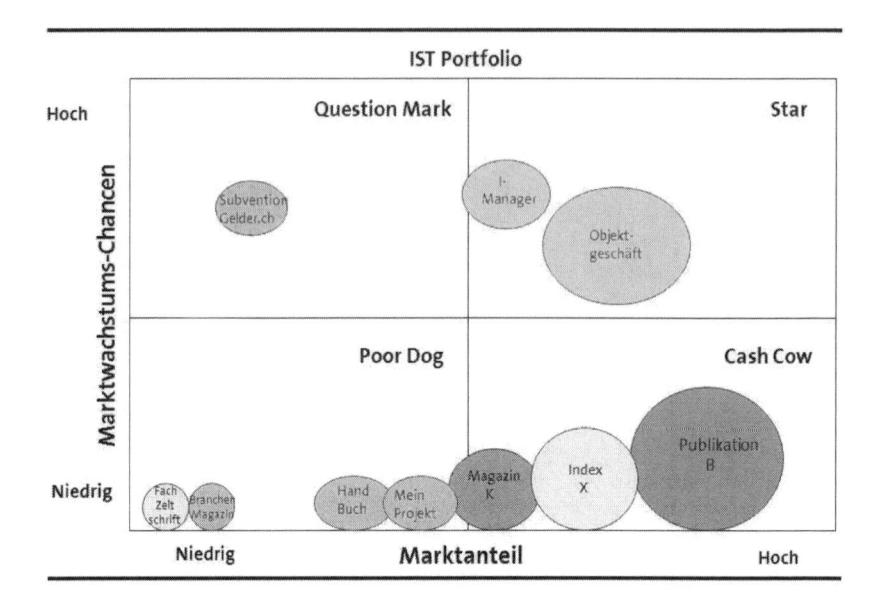

Abbildung 31: IST Portfolio des Produkt Sortiments der Muster AG[110]

Auffallend sind die vielen Produkte in den Quadranten Cash Cow und Poor Dog und entsprechend wenige Stars und Question Marks. Auch „unser" zu untersuchendes Produkt, der „Index X", generiert zwar immer noch ansehnlichen Umsatz und eine Marge, aber mit abnehmender Tendenz (Vgl. Kap. 1.6) Entsprechend gross ist der Handlungsbedarf.

6.5.2. SOLL-Portfolio

Um den „Index X2 wieder in die Erfolgszone zurückzuführen ist ein „revival" notwendig. Die Neupositionierung der einzelnen Produkte/Produktefamilien ist in der nachfolgenden Grafik abgebildet (Vgl. Abbildung 32):

---

[110] Die Positionierung erfolgte in diversen Gespräch mit M.

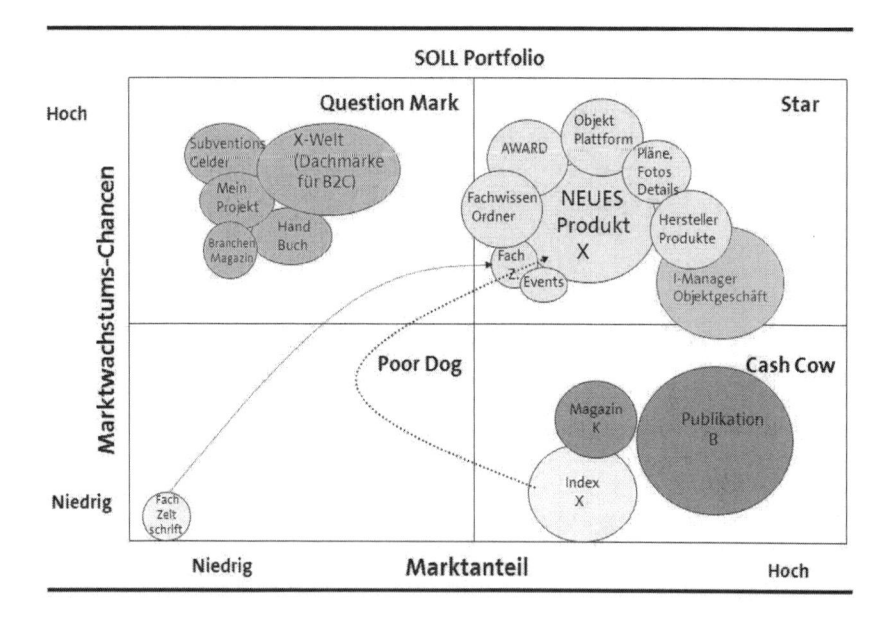

Abbildung 32: SOLL Portfolio Positionierung des neuen „Index X"[111]

Die verschiedenen, früher besprochenen Initiativen, wie Objekt-Plattform, Award, Wissens Ordner und weitere Produkte und Dienstleistungen sollen sich in der neuen Familie des „Index X" wieder finden und als gemeinsam aggregiertes und neues Produkt dem Gesamtportfolio zum Erfolg verhelfen. Die „Fachzeitschrift" soll ebenfalls zum neuen „Index X" gehören. Damit verbunden ist auch die Strategie diese Fachzeitschrift allenfalls gratis abzugeben, da sie sich auf diese Weise quersubventionieren lässt.

Die Produktentwicklung dürfte anspruchsvoll und kostenintensiv sein und vermutlich 10 – 18 Monate dauern. Der vermutliche Entwicklungsweg ist durch die Linie dargestellt und führt über weiter abnehmende Erträge und Marktanteilsverluste, bis wieder mit einem Marktanteils-Wachstum gerechnet werden kann.

---

[111] Gemeinsame Erarbeitung mit M.

Auch wenn nicht im Fokus dieser Arbeit wird nachfolgend die neue Positionierung einzelner Services im nahen Produktumfeld des Produktes X kurz erläutert:

- Die Position des „Magazin K" wird mit der Umsetzung einer Website und mit weiteren Services und Inhalten sowie der Übernahme der SKR (Schweizerische Kommunal-Revue) im 2012 weiter gestärkt.
- Bei der „Publikation B" werden die Online-Services ausgebaut, inkl. einer geplanten konzeptionellen Neuausrichtung.
- Die „BW" ist die Dachmarke der Produkte „Mein Projekt", „Handbuch", „Subventionsgelder.ch" und „Magazin B". Vgl.. „Neues Produkt X" sowie weiteren zur Produktfamilie gehörenden Produkten.
- „Mein Projekt" und „Handbuch" sind derzeit in einer konzeptionellen Überarbeitung, bzw. wurden bereits neu ausgerichtet. Zudem wird erwartet, dass die Verschiebung vom Poor Dog zum Question Mark durch ein neues Produktkonzept im Bereich Online (BW) und deren Integration erfolgen wird.

6.6. Massnahmenkatalog und Weiterentwicklung

Wie am Anfang dieses Kapitels erwähnt wird hier der Stand der aktuellen Arbeiten kurz kommentiert und die zu erwartenden nächsten Schritte für die nähere Zukunft skizziert (Vgl. Tabelle 4).

Produkt/Service	Was	Wann
Push Service	Integration von Produkteinformationen und Fördermittel Informationen	3.Q.12
Objekt Recherche	Abgleich Strukturen der Recherche und Produktgruppen (Datenbank Abgleiche/Mapping)	2.Q.12
Award	Preisverleihung und Produktion einer Fachzeitschrift (Sonder-Ausgabe)	31.8.12
Index X	Integration der Objekte für den Award ins Innenarchitekten Verzeichnis	3.Q.12
Index X	Bereitstellung von Upload Möglichkeiten (hochladen von Objekten).Die Folge daraus	4.Q.12

	ist die Vernetzung.	
Unterlagen B	Aktualisierung, elektronische Bereitstellung und strategische Einbindung ins Produktkonzept	4.Q.13
Subventionsgelder.ch	Zurzeit B2C, geplant ist eine konzeptionelle Erweiterung für die Zielgruppe Innenarchitekten und Planer und somit ein B2B Modell.	1.Q.13
Index X	Überprüfung des Geschäftsmodells und des Produktkonzeptes des gesamten Bereiches „Print"	1.Q.13

Tabelle 4: Massnahmenkatalog / Weiterentwicklung

Diese geplanten Tätigkeiten gepaart mit einer Konzentration auf die Kernkompetenzen (Vgl. Kap 6.3) und einer Fokussierung auf weitere strategische Erfolgspositionen von Muster AG, wie:

- Unabhängige intermediäre Funktion zwischen Anbieter und Nutzer
- Vernetzen dieser Player
- Vernetzen von Objekten, Produkten und Herstellern
- Generierung von Aktivitäten für Hersteller, welche sehr nützlich sind
- Generieren von Leads und Opportunitäten für Hersteller

sollen sowohl der Firma Muster AG wie auch dem Produkt „Index X" den nötigen Aufwind geben, um die Zukunft erfolgreich meistern zu können. Ein Marktaustritt für das Produkt „Index X" steht folglich nicht zur Diskussion.

7. Schluss

> *„Architektur ist erfrorene Musik."*
> Arthur Schopenhauer (1788-1860) deutscher Philosoph [112]

7.1. Zusammenfassung

Nach einer Einleitung zur aktuellen Situation der Firma Muster AG und einer Einführung in die Thematik eines Markt-Dienstleister im baunahen Umfeld, wurde die Situation des Produktes „Index X" vertieft beschrieben. Anschliessend wurden die Grundlagen für eine Marktuntersuchung und die verschiedenen Methoden der Portfolio Analyse erörtert. Ebenso erfolgte ein Diskurs über Sinn und Zweck einer Kundenbefragung, (Outside-in) respektive im Gegensatz dazu die Sicht und Konzentration auf die Firmen eigenen Stärken und Kompetenzen (Inside-out).

Anschliessend resultierte eine gut abgestützte Befragung des Kunden Segmentes der Innenarchitekten mittels Gruppendiskussionen und strukturiertem Fragebogen. Die darauffolgenden Auswertungen der Antworten und Kommentare ergab eine fundierte Sicht sowie einen Wunschkatalog dieser Kundengruppe. Die Resultate können als erstaunlich homogen beurteilt werden, obwohl die eingeladenen Innenarchitekten sehr unterschiedliche Bürogrössen vertreten haben.

Die darauf folgenden Diskussion mit Mitgliedern der Geschäftsleitung und dem CEO schärften die Erkenntnisse noch weiter. Auch wurde klargestellt, welche Prioritäten aus dem Ansatz (inside-out[113]) weiter zu verfolgen sind. Ein SOLL Portfolio Matrix positioniert die „Index X" neu und erläutert den Handlungsbedarf für die nahe und die mittelfristige Zukunft.

Zusammenfassend kann folgende Aussage gemacht werden: Dem Umbau zur neuen „Index X" und dem anschliessenden Re-launch steht somit nichts mehr im Wege, und es kann mit grosser Wahrscheinlichkeit mit einer positiven Marktreaktion gerechnet werden. Ebenso ist ein möglichst intensiver und regelmässiger Kundenkontakt unbedingt zu empfehlen und auch eine regelmässige Befragung derselben in vertretbaren Abständen.

---

[112] http://www.gutzitiert.de/zitat_thema_architektur.html

[113] Marketingansatz, welcher die oberste Priorität in der effizienten Nutzung und Auslastung firmenspezifischer Ressourcen („firm specific assets") sieht.

7.2. Ansätze zur Weiterführung dieser Diplomarbeit

In den nachfolgenden Unterkapiteln wird kurz erläutert wie aus Sicht des Verfassers die Arbeit fortgesetzt und weiter vertieft werden könnte.

7.2.1. Basis schaffen für Innovationskultur

Was für eine Innovationskultur sollte in der Firma Muster AG geschaffen werden? In wie weit ist dies überhaupt erwünscht? Auch hier sollten die Ansätze Inside-out oder Outside-in weiter beleuchtet werden. Zu empfehlen wäre hier sicherlich das Studium von Christoph LECHNER „Wachstumsinitiativen erfolgreich managen".[114]

7.2.2. Verpasste Chance?

Aus Sicht des Autors wäre eine nochmalige Überprüfung des Strategieentscheides „kein Eintritt ins e-Commerce Business" zu überdenken. Dies umso mehr, da auf dem Markt eine heute bereits aktive Dreieckskooperation (Vgl. Kap. 1.5): www.b AG (Objekt), www.f GmbH (Info) und www.r (Transaktionsplattform) eine nicht zu unterschätzende und vermehrt zunehmende Konkurrenz besteht. Diese Diskussion betrifft das Produkt „Index X" nicht oder nur am Rande.

7.2.3. Kundenzufriedenheits-Umfrage

In sehr vielen Branchen ist die regelmässige Kundenzufriedenheitsumfrage eine Selbstverständlichkeit. Auf einer Skala von 1-10 können Kunden ihre Meinung quantifizieren und mit zusätzlichen Kommentaren unterstreichen. Dieser kundenorientierte Ansatz, welcher schlussendlich dazu dient, das Unternehmen weiter zu bringen und noch besser am Markt zu positionieren erachtet der Autor als äusserst prüfenswert.

7.2.4. Disruptive Technologien

„Eine **disruptive Technologie** ist eine Innovation, die eine bestehende Technologie, ein bestehendes Produkt oder eine bestehende Dienstleistung möglicherweise vollständig verdrängt. Disruptive Innovationen sind meist am

---

[114] i.An. an Lechner, Ch./Kreutzer, M./Schädler, J. (2008)

unteren Ende des Marktes und in neuen Märkten zu finden."[115] Es handelt sich hier also um eine Bedrohung, die davon ausgeht, dass neuartige Produkte das bisherige Leistungsangebot der Branche überflüssig oder unattraktiv machen.[116] Auf der anderen Seite sind solche Situationen durchaus auch als Wachstumschancen zu sehen.

Die zunehmende Nutzung des Internets und die Abnahme der Bedeutung von Print Produkten empfehlen die Auswirkungen dieser Entwicklung unbedingt im Auge zu behalten und entsprechende Plan B Szenarien auszuarbeiten.

7.3. Persönliche Beurteilung der Zielerreichung

Die vorliegende Arbeit erlaubte es dem Verfasser, eine umfassende Kundenumfrage durchzuführen und den entsprechenden Empfehlungskatalog auszuarbeiten. Dieser wurde mit dem Management kontrovers diskutiert und wird in dieser Form jetzt umgesetzt. Sicherlich bereichernd war die externe Sicht des Autors, da er als Head of Sales aus dem Umfeld der IT und Kommunikation sicherlich eine andere Sicht der „Dinge" und keine Branchen-Betriebs-Blindheit mitbrachte.

Auch seine Erfahrungen aus Strategie und Betriebswirtschaft gepaart mit langjährigen Kenntnissen des Sales Management konnten die Arbeit sicherlich bereichern und den involvierten Personen der Muster AG die eine oder andere Sicht oder Denkweise aufzeigen.

Der Autor hofft nun, dass möglichst viele Erkenntnisse seiner Arbeit umgesetzt werden können. Insbesondere ist ihm wichtig, dass der Kundennähe noch vermehrt Bedeutung zugemessen wird, und die die eigentliche Produkteinnovation in einem möglichst offenen und kreativen Geiste gedeihen kann. Dazu ist es notwendig Erkenntnisse aus der Vergangenheit und gefestigte Meinungen vorübergehend beiseite zu legen um dem Neue eine echte Chance zu geben.

---

[115] http://de.wikipedia.org/wiki/Disruptive_Technologie

[116] i.A. an Tomczak, T./Kuss, A./Reinecke, S. (2009), Seite 35

Literaturverzeichnis

Muster AG (2012): Internetseiten: Muster AG, im Grossraum Zürich / Schweiz:

www.firmenportrait (anonym), Datum: 6.4.12

www.index x (anonym), Datum 7.4.12

www.musterag (anonym) dokumentation_d.pdf, Datum 8.4.12

www.musterag (anonym) dokumentation_d.xyz.pdf, Datum 8.4.12

www.musterag.(anonym)/de/Innenarchitekten-planer, Datum 9.4.12

www.subventionsgelder.ch (anonym), Datum: 24.5.12

www.Award (anonym), Datum: 24.5.12

Private Equity Communications Partners (2012): Internetseite: Private Equity Communications Partners, London, UK, http://www.equity partners (anonym), Datum: 6.4.12

Kotler, P. (1982): Marketing-Management, Analyse, Planung und Kontrolle, 4. Auflage, Carl Ernst Poeschel Verlag GmbH, Stuttgart, Deutschland, ISBN 3-7910-0337-2

KUSS, A./Kleinaltenkamp M. (2011): Marketing – Einführung, Grundlagen – Überblick – Beispiele, 5. Auflage, Gabler Verlag, Springer Fachmedien Wiesbaden GmbH, Deutschland, ISBN 978-3-8349-3044-6

KUSS, A. (2004): Marktforschung, Grundlagen der Datenerhebung und datenanalyse,1. Auflage, Gabler Verlag, Wiesbaden, Deutschland, ISBN 3-409-12647-3

LECHNER C./Kreutzer, M./Schädler, J. (2008): Wachstumsinitiativen erfolgreich managen, HBM Online, Harvard Businessmanager, Produktenummer 200810074, siehe Seite 134, zu beziehen über: www.harvardbusinessmanager.de, Datum 31.5.12

Lexikon für Psychologie und Pädagogik: Internetseite; http://lexikon.stangl.eu/1937/inferenzstatistik/, Datum 30.5.12

Müller-STEWENS, G./Lechner, Ch. (2011): Strategisches Management, Wie strategische Initiativen zum Wandel führen, 4. Auflage, Schäffer-Poeschel Verlag, Stuttgart, Deutschland, ISBN-978-3-7910-2879-0

Porter, M. E. (2008): Wettbewerbsstrategie, Methoden zur Analyse von Branchen und Konkurrenten, 11. Auflage, Campus Verlag GmbH, Frankfurt/Main, Deutschland, ISBN 978-3-593-38710-9

SIA, Schweizerischer Ingenieur- und Architektenverein: Internetseite: Schweizerischer Ingenieur- und Architektenverein, Postfach, 8027 CH-Zürich, http://www.sia.ch/, Datum: 31.5.12

TOMCZAK, T/Kuss, A./Reinecke, S. (2009): Marketingplanung, Einführung in die marktorientierte Unternehmens- und Geschäftsfeldplanung, 6. Auflage, Gabler, GWV Fachverlage GmbH, Wiesbaden, Deutschland, ISBN 978-3-8349-1653-2

Wikipedia (2012): Internetseite: Wikimedia Foundation Inc.149 New Montgomery Street, 3rd Floor, San Francisco, CA 94105, United States of America, http://de.wikipedia.org/wiki/Disruptive_Technologie, Datum 31.5.12

Anhang

Preise

Format		Packages	Grundpreis	Optionen Print						Optionen Online						
Satzspiegel in mm / Randabfallend (+ 3 mm Beschnitt)	Auflage	Sprachen		Firmen- oder Produktinformation 1/1 Seite	weitere Seite	Inserate 1/1 Seite (D+F) 4f 133 × 200 148 × 210	2 US 1/1 Seite (A5) 4f 133 × 200 148 × 210	3 US 1/1 Seite (A5) 4f 133 × 200 148 × 210	Lesezeichen (D+F) 2-seitig bedruckt, inkl. Stapelwechsel 66 × 179 72 × 185	News-Package 2 × 7 Tage auf ‹audiodokumentation.ch›	Produkt der Woche 7 Tage auf allen Seiten ‹baubett.ch›	Fokus-Newsletter 1 × Versand an 28'000 Abonnenten	Fullbanner Newsletter 1 × Versand an 28'000 Abonnenten 468 × 60	Banner Produktrecherche 365 Tage 88'400 Ad Impressions	Skyscraper 1 + 2 Alle Seiten 7 Tage 160 × 600	Push Service* 365 Tage 35'000 Pushmails pro Jahr
	10'000	D/F	Premium	7'800	inklusive	+2'200	+6'600	+8'400	+7'200	+8'800	+1'800	+1'800	+1'200	+1'400	+1'200	+3'000/2'500	+5'000
	7'500	D	Business	4'800	inklusive	+1'500	+6'600	+8'400	+7'200	+8'800	+1'800	+1'800	+1'200	+1'400	+800	+3'000/2'500	+2'900
	2'500	F	Business	3'500	inklusive	+1'500	+6'600	+8'400	+7'200	+8'800	+1'500	+1'800	+1'200	+1'400	+500	+3'000/2'500	+2'400
	7'500	D	Standard	1'900	4f	+1'500	+6'600	+8'400	+7'200	+8'800	–	+1'800	+1'500	+1'400	–	+3'000/2'500	–
	2'500	F	Standard	–	–	–	+6'600	+8'400	+7'200	+8'800	–	+1'800	+1'200	+1'400	–	+3'000/2'500	–

* Die Produktinformationen werden an alle Entscheidungsträger mit aktivem Baugesuch versandt.

Abbildung 33: Preise „Index X"[117]

---

[117] http://www.index x (anonym), Seite 5

Performance Report Index X

Month	Visits	Visitors	Page Views	RFIs	NL Subscriber
TOT 2009	1'743'127	1'217'149	4'412'403	13'207	
Jan 10	193'977	121'240	466'707	944	
Feb 10	163'480	115'759	402'025	929	
Mar 10	180'091	127'809	425'953	1'004	
Apr 10	154'129	110'050	363'217	655	
May 10	144'965	99'972	343'146	814	
Jun 10	140'501	90'419	315'031	657	
Jul 10	123'613	83'035	286'467	598	
Aug 10	140'967	90'315	322'529	540	25'232
Sep 10	136'084	89'806	317'887	656	25'277
Oct 10	133'764	93'939	303'008	538	25'269
Nov 10	123'785	91'613	291'654	493	25'663
Dec10	110'368	73'697	241'697	561	25'748
TOT 2010	1'745'724	1'187'654	4'079'321	8'389	
Jan 11	143'173	98'838	327'916	725	26183
Feb 11	136'502	91'115	313'495	804	26207
Mar 11	171'752	107'234	382'907	824	26508
Apr 11	142'608	92'152	313'455	683	26783
May 11	158'650	101'731	347'528	647	26958
Jun 11	144'113	105'046	312'565	601	27045
Jul 11	132'945	110'476	283'202	459	27208
Aug 11	144'547	118'865	306'120	678	27254
Sep 11	140'321	116'173	301'016	635	27402
Oct 11	144'417	123'383	314'755	584	27530
Nov 11	152'979	125'236	319'592	638	27635
Dec11	114'417	93'979	245'141	468	27'777
TOT 2011	1'726'424	1'284'228	3'767'692	7'746	
Jan 12	138'837	117'390	297'411	494	27770
Feb 12					
TOT 2012	138'837	117'390	297'411	494	

Tabelle 5: Performance Report 2009 – 2012, monatliche Daten[118]

---

[118] Muster AG, Performance Report 2009 – 2012, monatliche Daten

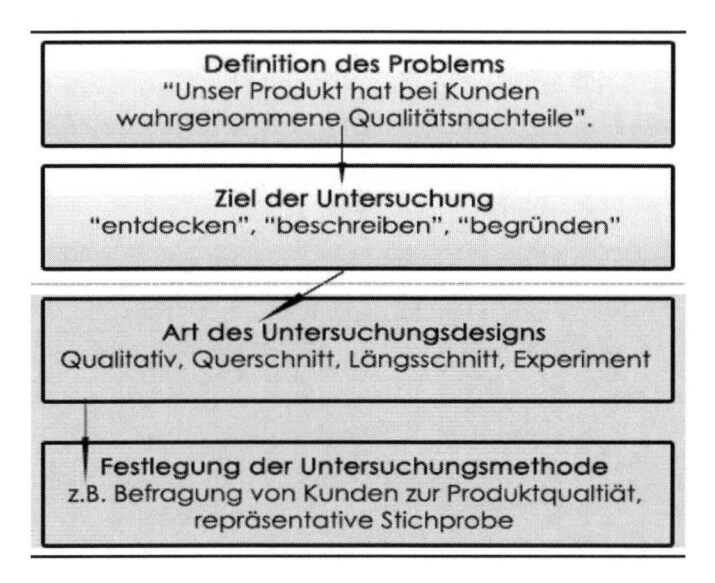

```
┌─────────────────────────────────────────────────┐
│          Definition des Problems                │
│        "Unser Produkt hat bei Kunden            │
│       wahrgenommene Qualitätsnachteile".        │
└─────────────────────────────────────────────────┘
                        ↓
┌─────────────────────────────────────────────────┐
│           Ziel der Untersuchung                 │
│    "entdecken", "beschreiben", "begründen"      │
└─────────────────────────────────────────────────┘
                        ↓
┌─────────────────────────────────────────────────┐
│         Art des Untersuchungsdesigns            │
│  Qualitativ, Querschnitt, Längsschnitt, Experiment │
└─────────────────────────────────────────────────┘
                        ↓
┌─────────────────────────────────────────────────┐
│       Festlegung der Untersuchungsmethode       │
│   z.B. Befragung von Kunden zur Produktqualtiät,│
│            repräsentative Stichprobe            │
└─────────────────────────────────────────────────┘
```

Abbildung 34: Von der Problemdefinition zum Untersuchungsdesign – Beispiel 2[119]

---

[119] Kuss, A. (2004), Seite 48

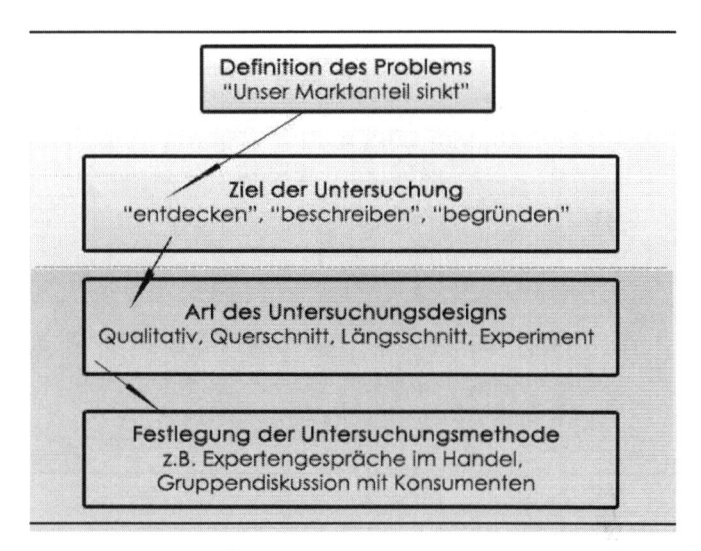

```
┌─────────────────────────────────────────────────┐
│         Definition des Problems                 │
│         "Unser Marktanteil sinkt"               │
│                                                 │
│         Ziel der Untersuchung                   │
│     "entdecken", "beschreiben", "begründen"     │
│                                                 │
│         Art des Untersuchungsdesigns            │
│   Qualitativ, Querschnitt, Längsschnitt, Experiment │
│                                                 │
│      Festlegung der Untersuchungsmethode        │
│      z.B. Expertengespräche im Handel,          │
│      Gruppendiskussion mit Konsumenten          │
└─────────────────────────────────────────────────┘
```

Abbildung 35: Von der Problemdefinition zum Untersuchungsdesign – Beispiel 3[120]

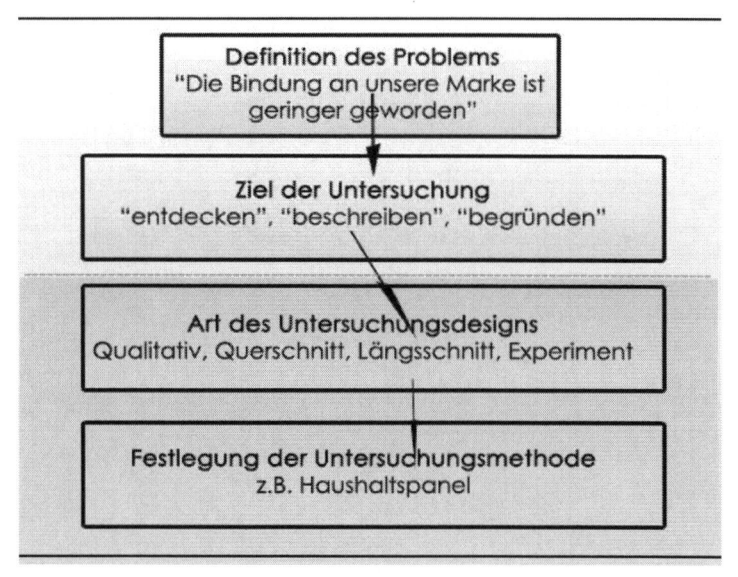

```
┌─────────────────────────────────────────────────┐
│         Definition des Problems                 │
│      "Die Bindung an unsere Marke ist           │
│             geringer geworden"                  │
│                                                 │
│         Ziel der Untersuchung                   │
│     "entdecken", "beschreiben", "begründen"     │
│                                                 │
│         Art des Untersuchungsdesigns            │
│   Qualitativ, Querschnitt, Längsschnitt, Experiment │
│                                                 │
│      Festlegung der Untersuchungsmethode        │
│              z.B. Haushaltspanel                │
└─────────────────────────────────────────────────┘
```

Abbildung 36: der Problemdefinition zum Untersuchungsdesign – Beispiel 4[121]

---

[120] Kuss, A. (2004), Seite 49

Kernstück Index X

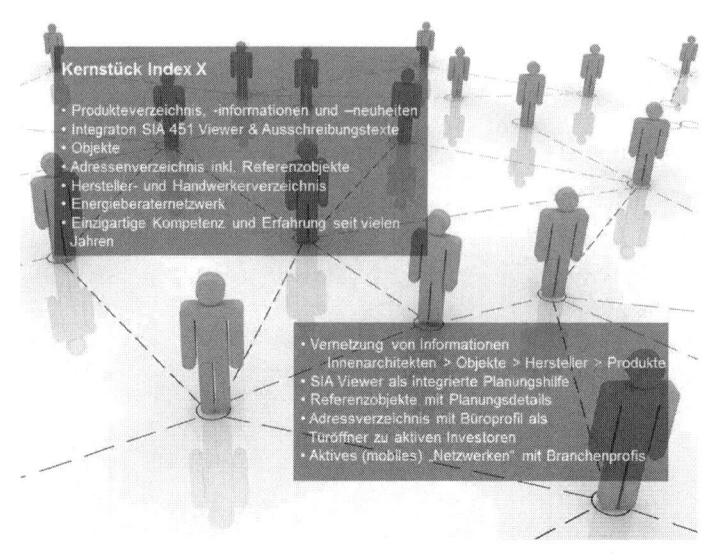

- Produkteverzeichnis, -informationen und –neuheiten
- Integraton SIA 451 Viewer & Ausschreibungstexte
- Objekte
- Adressenverzeichnis inkl. Referenzobjekte
- Hersteller- und Handwerkerverzeichnis
- Energieberaternetzwerk
- Einzigartige Kompetenz und Erfahrung seit vielen Jahren

- Vernetzung von Informationen Innenarchitekten > Objekte > Hersteller > Produkte
- SIA Viewer als integrierte Planungshilfe
- Referenzobjekte mit Planungsdetails
- Adressverzeichnis mit Büroprofil als Türöffner zu aktiven Investoren
- Aktives (mobiles) „Netzwerken" mit Branchenprofis

Abbildung 37: Kernstück des Index X[122]

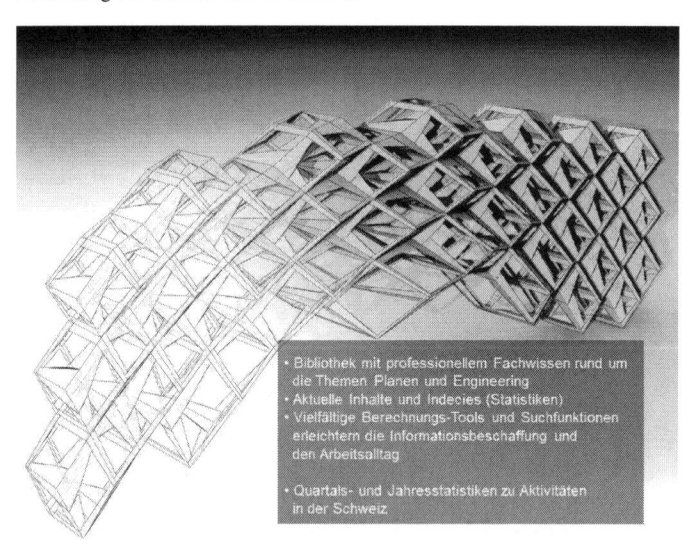

- Bibliothek mit professionellem Fachwissen rund um die Themen Planen und Engineering
- Aktuelle Inhalte und Indecies (Statistiken)
- Vielfältige Berechnungs-Tools und Suchfunktionen erleichtern die Informationsbeschaffung und den Arbeitsalltag
- Quartals- und Jahresstatistiken zu Aktivitäten in der Schweiz

Abbildung 38: Wissen[123]

---

[121] Kuss, A. (2004), Seite 50

[122] Kundenpräsentation anlässlich Gruppendiskussionen im Prime Tower in Zürich

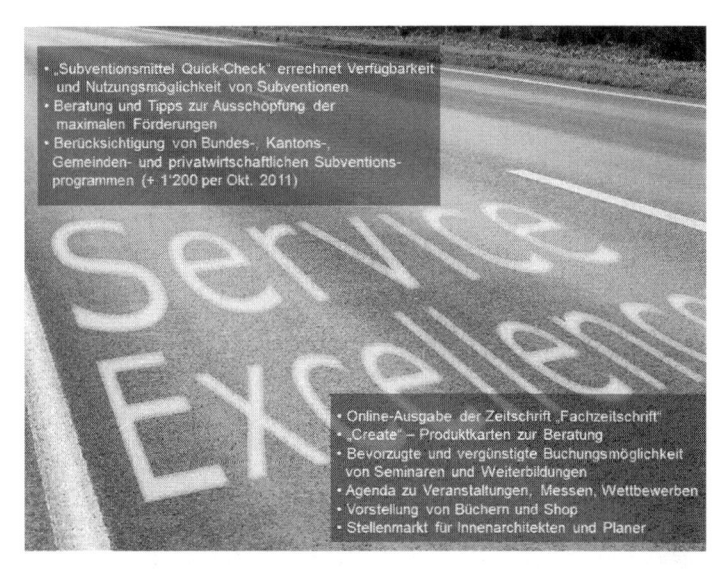

Abbildung 39: Service[124]

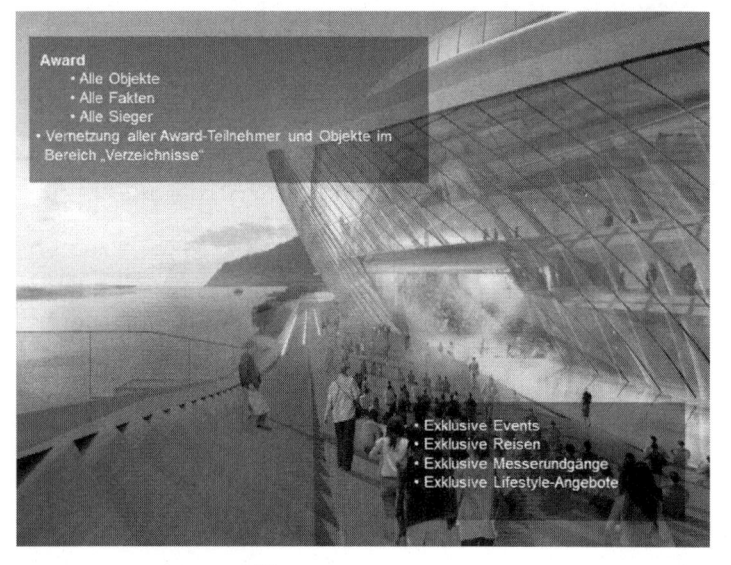

Abbildung 40: Emotionen[125]

---

[123] Kundenpräsentation anlässlich Gruppendiskussionen im Prime Tower in Zürich

[124] Kundenpräsentation anlässlich Gruppendiskussionen im Prime Tower in Zürich

Allgemeine Angaben (freiwillig)

Firma _____ Telefon _____

Name, Vorname _____ Mail _____

Funktion _____ _____

Strasse Nr. _____ _____

PLZ/Ort _____ Abonnent Index X   ja   nein

Inhaltliche Angaben

1. Kennen Sie die Dienstleistungen des Index X?

   ja   nein

2. Nutzen Sie regelmässig die Dienstleistungen des Index X?

   ja, regelmässig   selten   nie

3. Welche Websites besuchen / nutzen Sie (ausserdem) regelmässig?

   www.sc.ch   www.bg.ch   www.bis.ch
   www.fk.ch   ww.h.ch   www.bc.ch
   www.bb.ch   _____   _____

4. Wie bewerten Sie den Nutzen der vernetzen Visualisierung von Innenarchitekten/Planern-Objekten-Produkten-Herstellern?

   (1 = nutzlos   5=nützlich)

   1   2   3   4   5

---

[126] Kundenpräsentation anlässlich Gruppendiskussionen im Prime Tower in Zürich

5. Würden Sie Ihre Referenzobjekte inkl. entsprechender Kennzahlen auf einer Plattform veröffentlichen? Natürlich vernetzt inkl. Erfassung im Innenarchitektenverzeichnis.

    ja   eher ja   weiss nicht   eher nein   nein

6. Haben Sie Interesse an Referenzobjekten anderer Innenarchitekten/Planer?

    ja   eher ja   weiss nicht   eher nein   nein

7. Wie wichtig sind für Sie eine Integrallösung des SIA 451-Viewer und zur Verfügung stehende Ausschreibungstexte?

(1 = nutzlos   5=nützlich)

    1   2   3   4   5

8. Professionelle Planungshilfen- und unterlagen aus einer Hand, unabhängig recherchiert und von Fachleuten redaktionell erstellt, dazu Quartalsstatistiken zum Schweizer Baumarkt – Haben Sie Interesse an solch einer digitalen Infothek?

    ja   eher ja   weiss nicht   eher nein   nein

9. Welche Rolle spielen Subventionsgelder und die Beschaffung zu Informationen dazu in Ihrem täglichen Arbeitsumfeld?

    wichtig   betrifft mich selten   unwichtig

10. Bewerten Sie die einzelnen Optionen zum Thema Subventionsgelder auf einer Skala von 1 bis 5, wobei 5 die Höchstnote darstellt.

Beinhaltet Bundes/Kantons/Gemeindeprogramme   1   2   3   4   5

Beratung & Tipps zur maximalen Ausschöpfung   1   2   3   4   5

11. Wie wichtig sind Ihnen weitere Services als Bestandteil eines umfassenden online Innenarchitektenportals?

Fachzeitschrift	wichtig	eher wichtig	eher unwichtig	unwichtig
Produktkarten z. Beratung	wichtig	eher wichtig	eher unwichtig	unwichtig
Vergünstigungen (z.B. CRB)	wichtig	eher wichtig	eher unwichtig	unwichtig
Wettbewerbe, Messen, etc.	wichtig	eher wichtig	eher unwichtig	unwichtig
Literaturvorstellungen & Shop	wichtig	eher wichtig	eher unwichtig	unwichtig
Stellenmarkt (Innenarchitekten)	wichtig	eher wichtig	eher unwichtig	unwichtig

12. Nehmen Sie regelmässig an Wettbewerben teil?

ja   nein   weiss nicht

13. Wie wichtig sind Ihnen exklusive Dienstleistungen, wie

Events	wichtig	eher wichtig	eher unwichtig	unwichtig
eisen	wichtig	eher wichtig	eher unwichtig	unwichtig
Messerundgänge	wichtig	eher wichtig	eher unwichtig	unwichtig
Lifestyle-Angebot	wichtig	eher wichtig	eher unwichtig	unwichtig

14. Wie bewerten Sie die möglichen Inhalte einer künftigen Innenarchitektenplattform im Bezug auf Ihren Arbeitsalltag?

(1 = nutzlos 5=nützlich)

    1   2   3   4   5

15. Haben Sie Vorschläge oder Anregungen, fehlen Ihnen wichtige Dinge?

_____

_____

_____

_____

16. Wären Sie bereit, für die Nutzung dieser Inhalte eine jährliche Gebühr zu zahlen und wenn ja, in welcher Höhe?

ja, CHF _____   nein

Tabelle 6: Kompletter Fragebogen, Seite 1-3[129]

---

[127] Fragebogen anlässlich Gruppendiskussion im Prime Tower in Zürich

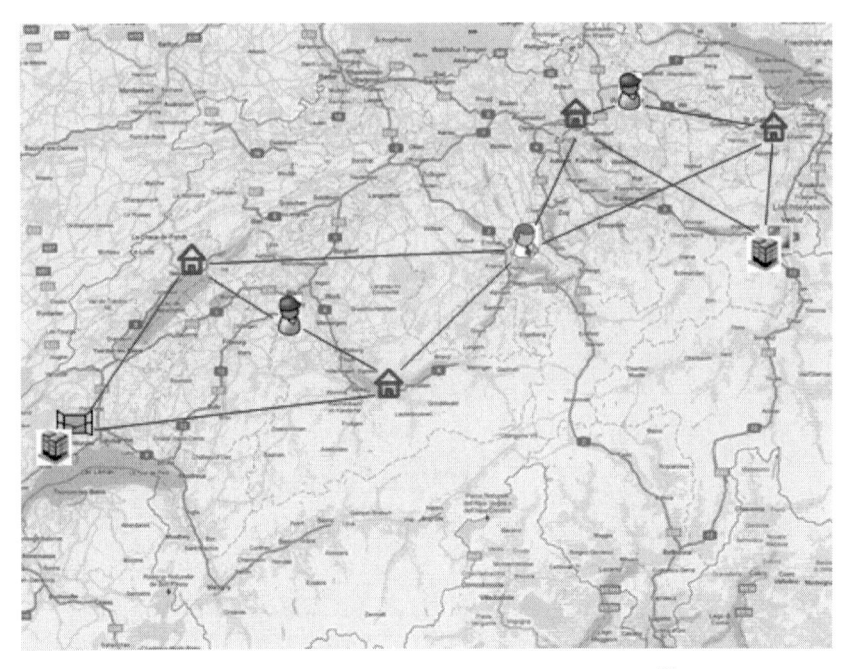

Abbildung 41: Visualisierung aller Beteiligten an einem Bauvorhaben[130]

---

[128] Kundenpräsentation anlässlich Gruppendiskussionen im Prime Tower in Zürich

Kurzprofil – Daniel Rüedi

Daniel Rüedi
daniel_rueedi@bluewin.ch

Berufspraxis

Seit 04/2013	**Head of Sales and Marketing** (Siemens Switzerland)
04/2012 – 12/2012	**Head of Sales** (Swisscom IT Services Workplace)
09/2005 – 03/2012	**Head of Key Account Management** (Swisscom (Schweiz) AG)
03/2003 – 09/2005	**Head of Future Technology and Strategic Accounts** (Siemens Switzerland)
10/1998 – 02/2003	**Head of Sales Large Accounts** (Siemens Switzerland)
02/1996 – 09/1998	**Key Account Manager** (Siemens Switzerland)
09/1987 – 11/1993	**Sales Account Manager** (NCR Schweiz / AT&T Global Information Solutions Ltd.)

Ausbildung

10/2011 – 09/2012	**St. Galler Business School** (Dipl. Marketingleiter SGBS)
01/2000 – 12/2003	**Universität Freiburg** (Executive MBA)
09/1984 – 06/1987	**SeBA Economist (HWV), Zurich** (Eidg. Dipl. Betriebsökonom HWV)

Integriertes Management in deutschen Sparkassen

Thomas Grün

Inhaltsverzeichnis

Abbildungsverzeichnis 106

Tabellenverzeichnis 107

1. Einleitung 109
1.1. Warum eine Diplomarbeit über die Sparkassen? 109
1.2. Beschreibung der aktuellen Problemstellung und Ziel der Arbeit 112
1.3. Vorgehensweise 114

2. Das normative Management als fundamental Grundlage für das strategische Denken und Handeln in Sparkassen 115
   2.1. Die Unternehmenspolitik als wesentliche Grundlage zur Entwicklung unternehmenspolitischer Missionen einer Sparkasse 117
   2.2. Die Unternehmensverfassung definiert mit ihren konstitutiven Rahmenregelungen Gestaltungsspielräume und -grenzen 119
   2.3. Die Unternehmenskultur als strategisches Erfolgspotenzial 120
   2.4. Die Unternehmensethik setzt der Handlungsfreiheit normative Grenzen 124
   2.5. Die Mission beschreibt die Identität der Sparkasse 126
   2.6. Die unternehmerische Vision ist der Erfolgstreiber für das normative, strategische und operative Management 128
   2.7. Zusammenfassung: Empfehlungen für das Top-Management einer Sparkasse im Hinblick auf das normative Management 131

3. Strategische Analyse: 132
   3.1. Die Ziele der strategischen Analyse 132
   3.2. Die Identifikation des relevanten Marktes 133
   3.3. Die Umfeldanalyse: Erkennen der Chancen und Risiken für die Sparkassen 135
      3.3.1. Problematik der Umfeldanalyse 135
      3.3.2. Analyse der Makroumwelt 135
      3.3.3. Analyse der Branchenstruktur 140
      3.3.4. Analyse der Mikroumwelt 146
      3.3.5. Zusammenfassung: Empfehlungen für das Top-Management einer Sparkasse zur Identifikation von Chancen und Risiken 153
   3.4. Die Unternehmensanalyse lässt die unternehmensinternen Stärken und Schwächen einer Sparkasse erkennen 155
      3.4.1. Analyse der Kompetenzen einer Sparkasse 156
      3.4.2. Finanzielle Größen als Ausdruck von Stärken und Schwächen 162
      3.4.2.1. Stabilität durch Eigenkapital 163
      3.4.2.2. Der Wertbeitrag einer Sparkasse 165
      3.4.2.3. Die Liquidität einer Sparkasse 167

3.4.3. Zusammenfassung: Empfehlung zur Identifizierung von
unternehmensinternen Stärken und Schwächen 168
**3.5. Zusammenführung der umweltspezifischen Chancen und Risiken und
inweltspezifischen Stärken und Schwächen 169**
**4. Entwicklung von Strategien zur nachhaltigen Sicherung der
Wettbewerbsfähigkeit von Sparkassen 171**
**4.1. Die Notwendigkeit der Entwicklung von Geschäftsstrategien im
Rahmen des strategischen Managements..171**
**4.2. Die Segmentierung der strategischen Geschäftsfelder einer Sparkasse
als Ausgangspunkt für die Entwicklung von Geschäftsfeldstrategien 173**
4.3. Die Strategieentwicklung auf Geschäftsfeldebene 177
4.3.1. Die Ableitung von Normstrategien auf Basis der Portfolio-Analyse 177
4.3.1.1. Die Portfolio-Analyse anhand der Vier-Felder-Matrix.......................... 178
4.3.1.2. Die Portfolio-Analyse anhand der Neun-Felder-Matrix 182
4.3.1.3. Die Ableitung von Normstrategien auf Basis der Portfolio-Analyse 185
4.3.2. Wettbewerbsstrategien auf Basis von Wettbewerbsvorteilen 190
4.3.2.1. Die Preis-/Kostenführerschaft.. 195
4.3.2.2. Die Differenzierungsstrategie 201
4.3.2.3. Die Hybrid-Strategie als Mittelweg 203
4.4. Die Strategieentwicklung auf Unternehmensebene 205
4.4.1. Die Portfolioplanung bestimmt die Stoßrichtung der strategischen
Geschäftsfelder bzw. Business-Units..206
4.4.2. Die Veränderung des Unternehmensportfolios..207
4.4.3. Die Entwicklung der Unternehmensstrategie 209
4.4.4. Zusammenfassung: Der Weg zum optimalen Portfolio.............................212
5. Die Bewertung, Auswahl und Implementierung der Strategiealternativen 212
5.1. Die Bewertung und Auswahl von Strategiealternativen 212
5.1.1. Die wertorientierte Bewertung der Strategiealternativen 213
5.1.2. Die ergänzende Chancen- und Riskoabschätzung 215
5.2. Die Implementierung und operative Umsetzung der Strategie 216
5.2.1. Die Einbindung von Strategien in Organisationsstrukturen und
Managementsysteme 217
5.2.1.1. Die Ausrichtung der Organisationsstrukturen an der Strategie 218
5.2.1.2. Managementsysteme als Infrastruktur des Managements 221
5.2.2. Die Operationalisierung der Strategie 226
5.2.3. Die Durchsetzung der Strategie 227
5.2.4. Die Umsetzung der Strategie am Markt..229
6. Schlussbemerkungen 229
Literaturverzeichnis 233

Abbildungsverzeichnis

Abbildung 1: Fünf-Phasen-Modell einer effektiven Strategieentwicklung (Quelle: SGBS) 115

Abbildung 2: Verlauf eines Kulturwandels (Quelle: Steffens/Westenbaum 2008, S. 359) 123

Abbildung 3: Vernetztes Denken im Management (eigene Graphik) 130

Abbildung 4: Die fünf Wettbewerbskräfte zur Bestimmung der Branchenattraktivität (Quelle: Porter 2000, S. 29) 142

Abbildung 5: Kundenwertportfolio (eigene Graphik) 151

Abbildung 6: Sparkassenspezifische Wertkette nach PORTER (Quelle: Porter 2000, S. 66, modifiziert) 156

Abbildung 7: Polaritätsprofil zur Analyse der Kernkompetenzen (eigene Grafik) ... 159

Abbildung 8: Scoringverfahren für die Analyse der Kernkompetenzen (Quelle: Jung 2003, S. 295) 159

Abbildung 9: Kernkompetenz-Portfolio (Quelle: Hinterhuber H. 2011, S. 145) 160

Abbildung 10: Wesentliche finanzielle Kennzahlen einer Sparkasse (Quelle: St. Galler Business School) 162

Abbildung 11: Bestandteile des Eigenkapitals einer Sparkasse (eigene Graphik) 163

Abbildung 12: Wertbeitragsbaum einer Sparkasse (eigene Graphik) 166

Abbildung 13: SWOT-Matrix (Quelle: Hungenberg 2004, S. 85) 170

Abbildung 14: Strategie-Ableitung aus der SWOT-Analyse (Quelle: St. Galler Business School Sept. 2011) 170

Abbildung 15: Mögliches Strategiemodell einer Sparkasse (Quelle: Wahr/Siekmann 2008, S. 36) 172

Abbildung 16: Mögliche Geschäftsfeldabgrenzung einer Sparkasse (eigene Graphik) 176

Abbildung 17: Vier-Felder-Portfolio-Matrix (Quelle: Jung 2003, S. 315) 178

Abbildung 18: Neun-Felder-Portfolio-Matrix (Quelle: Jung 2003, S. 321) 182

Abbildung 19: Normstrategien in der Neun-Felder-Matrix (Quelle: Jung 2003, S. 322) 184

Abbildung 20: Zusammenhang zwischen Rentabilität und relativer Größe (Quelle Hungenberg 2004, S. 180) 192

Abbildung 21: Preis-/Leistungsmatrix zur Feststellung der Wettbewerbsposition (eigene Graphik) 193

Abbildung 22: Gegenüberstellung der Vermarktungsstärke und der
Bedürfnisintensität (eigene Graphik) 193

Abbildung 23: Wege aus der „Stuck in the Middle"-Position (eigene Graphik) 194

Abbildung 24: Stoßrichtung der Geschäftsfelder (eigene Graphik) 206

Abbildung 25: Die Entwicklung der Unternehmensstrategie als iterativer Prozess
(eigene Graphik) 211

Abbildung 26: Die Entwicklung der Unternehmensstrategie als iterativer Prozess
(eigene Graphik) 215

Abbildung 27: Entwicklung von Prozessen und Strukturen (eigene Graphik) 218

Abbildung 28: Hierarchische Porzessarchitekturen (eigene Graphik) 219

Abbildung 29: Balanced Scorecard (Quelle: Wahr/Siekmann 2008, S. 28) 223

Abbildung 30: EFQM-Excellence-Modell (Quelle: EFQM) 225

Tabellenverzeichnis

Tabelle 1: Nutzenstiftung für die Stakeholder einer Sparkasse 111

Tabelle 2: Elemente der Kulturprägung 121

Tabelle 3: Visionsarten 131

Tabelle 4: Segmentierungsmatrix (Quelle: Thum/Semmler 2003, S. 86) 149

Tabelle 5: Wesentliche Inhalte der Umfeldanalyse 154

Tabelle 6: Ordentliche Ertrags- und Aufwandspositionen einer Sparkasse 167

Tabelle 7: Beurteilung und Bewertung interner Stärken und Schwächen 169

Tabelle 8: Ableitung strategischer Stoßrichtungen aus der SWOT-Analyse 171

Tabelle 9: Vergleich der Analysedimensionen im Sparkassen-Finanzkonzept 175

Tabelle 10: Charakteristika und Normstrategien aus der Vier-Felder-Matrix 180

Tabelle 11: Marketingpolitische Standards aus der Portfolio-Analyse 181

Tabelle 12: Wesentliche Kriterien der Marktattraktivität und der relativen
Wettbewerbsvorteile 183

Tabelle 13: Konkretisierung der Normstrategien aus der Portfolio-Matrix
(Quelle: Jung 2003, S. 322) 185

Tabelle 14: Wachstumsstrategien nach ANSOFF (Quelle: Steffens/Westenbaum
2008, Band 1, S. 361) 186

Tabelle 15: Strategische Maßnahmen für die Stoßrichtungen nach ANSOFF
(eigene Tabelle) 187

Tabelle 16: Selektive Strategien 189
Tabelle 17: Wesentliche Elemente der Unternehmensstrategie 210

1. Einleitung

"Wir arbeiten in Strukturen von Gestern mit Methoden von Heute an Strategien für Morgen vorwiegend mit Menschen, die die Strukturen von Gestern geschaffen haben und das Übermorgen in der Unternehmung nicht mehr erleben werden."

Prof. Dr. Knut Bleicher

1.1. Warum eine Diplomarbeit über die Sparkassen?

Seit nunmehr 23 Jahren bin ich bei einer Sparkasse beschäftigt und ich bin stolz darauf. Und das in einer Zeit, in der „Banker" in der Gesellschaft alles andere als beliebt sind. Allerdings sehe ich mich nicht als Banker – ich bin „Sparkassler". Dieses Bekenntnis wirft die Frage nach dem Unterschied zwischen einer Bank und einer Sparkasse auf.

Sparkassen sind, wie andere Banken auch, Kreditinstitute im Sinne des Kreditwesensgesetzes.[1] Demzufolge gelten für die Sparkassen die gleichen gesetzlichen Normen und Regeln, wie für alle Kreditinstitute. Allerdings unterliegen die Sparkassen durch das Sparkassengesetz und die Sparkassenordnung, ergänzend zu den Regelungen im Kreditwesensgesetz, weiteren Rechtsnormen und Vorschriften, die ausschließlich für die Sparkassen gelten und diese damit so einzigartig, unverwechselbar und unverzichtbar machen. Zunächst möchte ich auf diese elementaren Unterschiede eingehen.

Während die meisten deutschen Kreditinstitute in ihrem Geschäftsmodell und ihrer Geschäftspolitik durch die Interessen der Eigentümer motiviert sind und demzufolge den Shareholder-Value-Ansatz in den Vordergrund ihrer strategischen Überlegungen rücken, ist die Gewinnmaximierung nicht das primäre Ziel der Sparkassen,[2] da sie als Anstalten des öffentlichen Rechts schlichtweg keine Eigentümer haben.[3] Die Mission - und damit die Existenz

---

[1] Vgl. §1 KWG

[2] Vgl. hierzu das SpkG des jeweiligen Bundeslandes

[3] Sparkassen haben als Anstalten des öffentlichen Rechts keine Eigentümer im eigentlichen Sinne. Demzufolge verfügen Sparkassen auch nicht über das bei anderen Unternehmen übliche Grundkapital. Der Begriff „Eigentümer" wird allerdings häufig im Kontext mit den Interessen der Träger-Körperschaften (Gemeinden, Städte, Landkreise, etc.) verwendet.

einer Sparkasse - wird in erster Linie durch den sogenannten „öffentlichen Auftrag"[4] begründet. Demzufolge haben die Sparkassen der Bevölkerung Möglichkeiten zur sicheren und verzinslichen Geldanlage zu geben, den Sparsinn zu fördern, den Zahlungsverkehr abzuwickeln und die örtlichen Kreditbedürfnisse zu befriedigen. Ergänzen wir diesen öffentlichen Auftrag nun noch um das Regionalprinzip,[5] die Gemeinnützigkeit und das Enumerationsprinzip,[6] so wird schnell deutlich, dass sich Sparkassen zwar im freien Wettbewerb befinden, hinsichtlich ihrer strategischen Möglichkeiten jedoch keinesfalls „frei" sind. So können Sparkassen beispielsweise nicht einfach ihr Firmenkundenkreditgeschäft aufgeben, weil die Verluste aus Kreditausfällen von Firmenkunden das Betriebsergebnis zu sehr belasten. Sparkassen können auch nicht so ohne weiteres Filialen schließen, weil ihnen der Betrieb derselben schlichtweg zu teuer ist. In ihrer Eigenschaft als Anstalt des öffentlichen Rechts können Sparkassen auch nicht einfach Personal freisetzen, weil man es gerade nicht mehr benötigt. Der interessierte Leser kann diese Einschränkungen in den oben genannten Gesetzestexten gerne vertiefend zur Kenntnis nehmen. Aber gerade diese einschränkenden Rechtsnormen machen die Sparkassen so einzigartig und unverwechselbar. Ich habe in meinem bisherigen Berufsleben selten ein Unternehmen erlebt, das den Stakeholder-Ansatz derart authentisch praktiziert, wie die Sparkassen. Die folgende Tabelle soll diese Erfahrung untermauern:[7]

---

[4] Vgl. SpkG des jeweiligen Bundeslandes

[5] Vgl. SpkG des jeweiligen Bundeslandes: Die Geschäftstätigkeit der Sparkasse ist in der Regel auf das Gebiet des Trägers beschränkt

[6] Vgl. Lütke-Uhlenbrock C.: [Bewertung öffentlich-rechtlicher Sparkassen (2007)] S. 16. Sparkassen dürfen demnach nur die Geschäfte betreiben, die in den jeweiligen Sparkassenordnungen bzw. Sparkassensatzungen ausdrücklich als zulässig aufgeführt sind. Es ist Sparkassen beispielsweise verboten, mit eigenen Geldern Spekulationsgeschäfte zu betreiben.

[7] Vgl. die Publikationen zur Nachhaltigkeit der Sparkassen in http://www.dsgv.de/de/nachhaltigkeit/publikationen/index.html

Stakeholder	Nutzenstiftung durch die Sparkassen
Träger[8]	Die Sparkassen gehören zu den größten Gewerbesteuerzahlern in Deutschland. Mit ihrem Steueraufkommen tragen die Sparkassen wesentlich zum Gemeinwohl im jeweiligen Geschäftsgebiet und zu dessen Gestaltung und Entwicklung bei. Oft wird der Gewinn einer Sparkasse nicht nur der Sicherheitsrücklage zugeführt, sondern zu einem bestimmten Anteil an die Träger ausgeschüttet.
Kunden	Durch ihre Nähe zu den Kunden haben sich die Sparkassen als wesentliche Stütze für den Mittelstand entwickelt. Sie sorgen für eine nachhaltige Erhaltung und Stärkung der Wirtschaftskraft in ihren Geschäftsgebieten. Durch das dichte Filialnetz und das reichhaltige Angebot an Selbstbedienungstechnik sind die Sparkassen heute der Versorger Nr. 1 in Geldangelegenheiten.
Mitarbeiter	Die Sparkassen-Finanzgruppe zählt mit ca. 377.000 Mitarbeitern zu den größten Arbeitgebern in Deutschland. Mit einer Ausbildungsquote von 9,1% liegen die Sparkassen weit über dem Branchendurchschnitt von 6,1%.[9]
Gesellschaft	Sparkassen fördern aus ihren Gewinnen Sport, Kultur, Kunst und Vereinsarbeit in ihren Geschäftsgebieten in Form von Spenden, Sponsoring und Stiftungen. Darüber hinaus engagieren sich viele Mitarbeiter ehrenamtlich im Namen der Sparkasse in gemeinnützigen Institutionen.
Lieferanten und Partner	Neben der Kreditversorgung der heimischen Unternehmen, beauftragen Sparkassen für die Erfüllung eigener Belange in der Regel Firmen aus dem Geschäftsgebiet und tragen damit zu deren geschäftlichen Erfolg bei.

Tabelle 1: Nutzenstiftung für die Stakeholder einer Sparkasse

Aus dieser Nutzenstiftung für die Stakeholder wird deutlich, dass die Sparkassen in ihrem normativen Management eher pluralistisch gesellschaftlich aufgestellt sind, während viele Privat- und Großbanken eher den monistisch ökonomischen Ansatz verfolgen. BLEICHER bezeichnet diese Art der Unternehmenspolitik als eine „… vielseitig an Interessensgruppen orientierte leistungswirtschaftliche Unternehmenspolitik hoher gesellschaftlicher und sozialer Verantwortung mit langfristig verpflichtender Entwicklungshaltung, die unter Orientierung an Verletzbarkeitsrisiken eine unternehmerische Suche nach neuen Chancen verlangt".[10] Dieser Ansatz einer unternehmenspolitischen Verpflichtungspolitik

---

[8] Träger einer Sparkasse sind Gebietskörperschaften oder Zweckverbände

[9] Vgl. DSGV, Presseunterlagen zur Bilanzpressekonferenz vom 16.03.2011

[10] Vgl. Bleicher K.: [Das Konzept integriertes Management (2004)] S. 185

beeinflusst als normative Einflussgröße das strategische Management der Sparkassen in wesentlichen Teilen und führt mich zur Problembeschreibung und zum Zweck dieser Arbeit.

1.2. Beschreibung der aktuellen Problemstellung und Ziel der Arbeit

Bis in die 80er Jahre des letzten Jahrhunderts befanden sich die Sparkassen noch in einer recht komfortablen Situation. Gestützt durch das Sicherheitsnetz der Träger operierte man als Marktführer in einem von konjunkturellen Einflüssen nahezu unabhängigen Verkäufermarkt mit berechenbarem Wettbewerb. Die Erträge waren stabil, die Kunden loyal und die Kosten gut beherrschbar. Mit dem Aufkommen der ersten „Non- und Nearbanks"[11] Anfang der 90er Jahre entstanden die ersten Bedrohungspotenziale für die Sparkassen, welche die Rivalität unter den Wettbewerbern verschärften und erste Ansätze eines vernetzten strategischen Denkens und Handelns erforderlich machten. Um die Jahrtausendwende fand durch den Fortschritt der Informations- und Kommunikationstechnik, insbesondere des Internets, ein tiefgreifender Strukturwandel in der deutschen Bankenlandschaft statt, der an den Sparkassen natürlich nicht spurlos vorübergegangen ist. Durch den Markteintritt der Direktbanken und die „Geiz-ist-geil-Bewegung" in den 2000er Jahren hat sich insbesondere der Preiswettbewerb unter den Kreditinstituten massiv verschärft. Aufgrund ihrer strukturellen Verfassung und ihres Auftrages in der Region konnten und können die Sparkassen einen Preiskampf auf Dauer jedoch nicht durchhalten. Als Konsequenz auf sinkende Erträge nebst steigender Kosten ist die Sparkassenorganisation seit den 1990er Jahren einer Konsolidierung ausgesetzt, die ihr Ergebnis in einer umfangreichen Fusionswelle findet. So hat die Zahl der rechtlich selbständigen Sparkassen seit 1990 von 770 Instituten fusionsbedingt auf 429 Sparkassen Ende 2010 abgenommen.[12] Ob diese

---

[11] Definition Non- und Nearbanks: In das originäre Bankgeschäft eindringende, sonst nichtfinanzielle Unternehmen, die bankähnliche Finanzdienstleistungen oder bankähnliche Dienstleistungen anderer Art anbieten. Dazu gehören z.B. Warenhäuser, Handelsketten, Softwareanbieter, Mineralölfirmen.

[12] Vgl. hierzu: http://jahresbericht2010.dsgv.de/finanzbericht/die-sparkassen-finanzgruppe/die-sparkassen-finanzgruppe.html (Anhang 1)

Fusionswelle allerdings von Erfolg gekrönt war und ist, bleibt fraglich, denn auch heute noch prägen schwache Betriebsergebnisse, steigende Cost-Income-Ratios[13] und sinkende Marktanteile den betriebswirtschaftlichen Status-quo- der Sparkassen. Eine langfristig geplante und gut vorbereitete Fusion, die sich langsam und stetig aus einer entspannten Lage der Fusionspartner heraus entwickelt, wird sicher zum Erfolg führen, wie eindrucksvolle Beispiele zeigen.[14] Oft genug gönnt man sich diesen Reifeprozess jedoch nicht. Viele Fusionen entstehen notgedrungen und politikgetrieben, teilweise als letzter Ausweg aus einer angespannten Lage, insbesondere wenn alternative Strategieoptionen vorher gescheitert sind. Dieses Scheitern ist jedoch oft auf Mängel oder Defizite im Prozess des ganzheitlichen Managements und/oder eine nachlässige Strategieimplementierung zurückzuführen. Darüber hinaus werden bestehende Problemstellungen auch nicht automatisch durch den Fusionsprozess behoben. Im Gegenteil: Fusionen binden zunächst hohe zeitliche und finanzielle Ressourcen, ohne kurzfristig den erhofften Nutzen zu bringen. Nur in 20% der Fälle erhöht ein Unternehmenszusammenschluss den Wert des Unternehmens.[15] Um nicht missverstanden zu werden: Ich habe keine Bedenken gegen die Fusion als strategische Option an sich. Einer Fusion muss aber die nötige Vorbereitung und Reifezeit zugestanden werden, um schlussendlich erfolgreich und wirksam sein zu können.

Um in einem dynamischen und komplexen Marktumfeld, wie dem deutschen Bankenmarkt, dauerhaft überleben zu können bedarf es heute eines ganzheitlichen und integrierten Managementansatzes nebst wirksamer Strategien. Dies wurde auch durch die Bankenaufsicht erkannt und in gültige Rechtsnormen überführt: Die Mindestanforderungen an das Risikomanagement (MaRisk) fordern heute von Banken und Sparkassen die Existenz einer

---

[13] Die **Cost income ratio** (*Aufwand-Ertrag-Verhältnis*, auch *Aufwand-Ertrag-Relation*), ist eine zentrale Kennzahl der Effizienz eines Unternehmens (vgl. Abschnitt 5.1.1)

[14] Vgl. beispielsweise: Kary H.: Strategieeckpunkte und Strategieentwicklung, in Kary H. (Hrsg.): [Strategische Neuausrichtung einer Sparkasse (1999)] S. 15 ff.

[15] Vgl. Hinterhuber H.: [Strategische Unternehmensführung, I. Strategisches Denken (2011)] S. 18

Geschäftsstrategie,[16] wenngleich der inhaltliche Aspekt der Geschäftsstrategie nicht Gegenstand der Prüfungshandlungen ist. Das Ziel dieser Arbeit ist es, oberen Führungskräften in Sparkassen einen Leitfaden für das ganzheitliche Management an die Hand zugeben und dabei die wesentlichen Themen des Managementprozesses anzusprechen. Es sei an dieser Stelle erwähnt, dass diese Arbeit aufgrund ihres Umfanges die einzelnen Tätigkeiten des Managements nicht im Detail behandeln kann. Im Bedarfsfall muss zur Vertiefung von Kenntnissen auf ergänzende Literatur zurückgegriffen werden. Im Literaturverzeichnis sind geeignete Empfehlungen hierfür aufgelistet.

1.3. Vorgehensweise

Diese Arbeit wird im folgenden Kapitel die normative Dimension des Managements in Sparkassen behandeln und in Kapitel 3 Vorgehensweisen für die strategische Analyse vermitteln. Dabei werden Vorgehensweisen zur Identifizierung von Chancen und Risiken des relevanten Marktes aus marktorientierter Sicht sowie Verfahren zur Analyse von Stärken und Schwächen in einer ressourcenorientierten Sichtweise vorgestellt und die Zusammenführung in einer SWOT-Analyse erläutert. Im Kapitel 4 wird auf die Notwendigkeit der Entwicklung von Geschäftsstrategien und die Segmentierung der strategischen Geschäftsfelder eingegangen. Auf Basis der strategischen Analyse und den Feststellungen zur Segmentierung der strategischen Geschäftsfelder werden Methoden zur Entwicklung strategischer Optionen vorgestellt. Die Strategieentwicklung auf Unternehmensebene rundet dieses Kapitel ab. Kapitel 5 behandelt schlussendlich den Prozess der Strategiebewertung, -auswahl und -implementierung. Mit dieser Gliederung folgt diese Arbeit dem St. Galler Phasenkonzept zur Strategie-Erarbeitung (vgl. Abb. 1). Die einzelnen Abschnitte enthalten neben den theoretischen Grundlagen auch praxisrelevante Hinweise und Empfehlungen, die teilweise auf meiner langjährigen Praxiserfahrung beruhen. Ergänzend sei erwähnt, dass sich diese Arbeit stark am St. Galler Management Modell und dem EFQM-Excellecne-Modell orientiert.

---

[16] Vgl. MaRisk AT 4.2 Strategien: http://www.bafin.de/cln_117/nn_724304/SharedDocs/Veroeffentlichungen/DE/Service/Rundschreiben/2010/rs__1011__ba__marisk.html#doc2028716bodyText9 (Anhang 3)

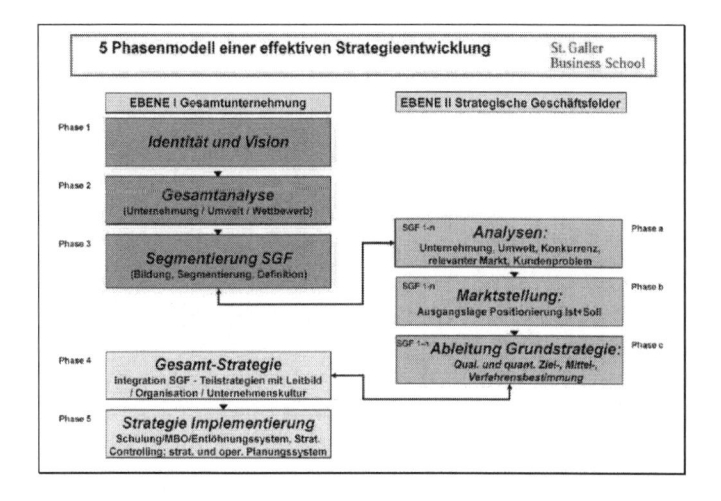

Abbildung 1: Fünf-Phasen-Modell einer effektiven Strategieentwicklung (Quelle: SGBS)

2. Das normative Management als fundamental Grundlage für das strategische Denken und Handeln in Sparkassen

Die moderne Form der Strategieentwicklung fordert heute eine intensivere Auseinandersetzung mit der Umwelt und verlangt nach einem integrativen Unternehmensmodell, das neben der ökonomischen und technischen Umwelt auch soziale und ökologische Aspekte, und neben den Interessen der Kapitalgeber (Shareholder) auch die Interessen der anderen Interessensgruppen (Stakeholder) berücksichtigt. Statt Gewinnmaximierung wird bei diesem Ansatz ein „Gewinn unter Nebenbedingungen" angestrebt.[17] Dieser Forderung wird durch die normative Dimension des Managements entsprochen, die dem strategischen und operativen Management als Orientierungsrahmen dienen soll[18] und dabei einen maßgeblich gestalterischen Einfluss auf die Unternehmensentwicklung ausübt. Dabei vollziehen sich zwischen der normativen und der strategischen Dimension des Managements Vor- und Rückkopplungsprozesse,[19] die für die in Kapitel 3 folgende strategische Analyse

---

[17] Vgl. Dubs R. : [Normatives Management (2010)], S. 6 ff.

[18] Vgl. Dubs R. : [Normatives Management (2010)], S. 12

[19] Vgl. Bleicher K.: [Das Konzept integriertes Management (2004)] S. 80

und die anschließende Formulierung von Strategiealternativen eine grundlegende Voraussetzung bilden. Kurz gesagt: Ohne normatives Management können keine integrierten Nachhaltigkeitsstrategien entwickelt werden.[20]

Nach BLEICHER beschäftigt sich das normative Management „ ... mit den generellen Zielen der Unternehmung, mit Prinzipien, Normen und Spielregeln, die darauf ausgerichtet sind, die Lebens- und Entwicklungsfähigkeit der Unternehmung zu ermöglichen."[21] Darauf aufbauend werden dem normativen Management drei konstitutive Dimensionen zugeordnet:[22]

- Die *Unternehmenspolitik*, die externe Interessen an einem Unternehmen und dessen interne Ziele in ein ausgeglichenes Fließgleichgewicht bringen soll

- Die *Unternehmensverfassung*, der eine normierende, formale und regulierende Funktion zukommt

- Die *Unternehmenskultur*, welche die Werte, Normen und Prinzipien der im Unternehmen aktiven Mitglieder als Basis für das tägliche Denken und Handeln beinhaltet

Diese drei Dimensionen des normativen Managements werden schlussendlich zu einer unternehmenspolitischen Mission aggregiert, die neben der Vision dem strategischen und operativen Management eine generelle Zielausrichtung und eine Grundorientierung vermitteln soll.[23] Damit diese normativen Grundlagen ihren Zweck erfüllen und für eine unternehmensweite, verhaltensbeeinflussende Wirkung sorgen können, müssen sie adressatengerecht formuliert werden. Dafür wird die Mission häufig in Verbindung mit der Unternehmensethik in ein Leitbild gefasst und als solches kommuniziert.[24] Um die Beachtung des Leitbildes im Denken, Handeln und Verhalten der Mitarbeiter sicherzustellen, muss die schriftliche Deklaration durch mündliche Vermittlungsformen ergänzt

---

[20] Vgl. Dubs R. : [Normatives Management (2010)], S. 13

[21] Vgl. Bleicher K.: [Das Konzept integriertes Management (2004)] S. 80

[22] Vgl. Bleicher K.: [Das Konzept integriertes Management (2004)] S. 157 f.

[23] Vgl. Bleicher K.: [Das Konzept integriertes Management (2004)] S. 169

[24] Vgl. Wahr/Siekmann: [Strategisches Management und Controlling (2008)] S. 115

werden (Tagungen, Konferenzen, Teamsitzungen, Mitarbeitergespräche). Es ist sicherzustellen, dass jeder Mitarbeiter in der Sparkasse die unternehmenspolitische Mission verstanden hat, seine Rolle bei der Auftragserfüllung der Sparkasse kennt, diese auch erfüllt und sich zudem an die werte- und normenspezifischen Spielregeln hält. Neben der Erwartung an die Führungskräfte, diesbezüglich als Vorbild zu agieren, müssen diese ihren Mitarbeitern regelmäßig Feedback über deren Denken, Handeln und Verhalten im Einklang mit den normativen Grundlagen der Sparkasse geben.

2.1. Die Unternehmenspolitik als wesentliche Grundlage zur Entwicklung unternehmenspolitischer Missionen einer Sparkasse

Nach dem EFQM Excellence Modell erkennen und verstehen exzellente Organisationen die Bedürfnisse und Erwartungen ihrer Interessengruppen und nutzen diese als Input für die Entwicklung ihrer Strategie[25]. Dieser Ansatz trägt dem oben genannten integrativen Unternehmensmodell Rechnung, das an Stelle der Gewinnmaximierung einen „Gewinn unter Nebenbedingungen" fordert.[26] Um dieser Forderung gerecht zu werden, muss die Unternehmenspolitik die externen, zweckbestimmten Interessen an einer Sparkasse und die intern angestrebten Ziele in ein Fleißgleichgewicht bringen (politics) und durch Missionen sowie eine generelle Zielausrichtung eine Grundorientierung für das strategische und operative Management vermitteln (policies).[27] BLEICHER unterscheidet in der unternehmenspolitischen Ausrichtung folgende Polaritäten:[28]

- Die opportunistische Unternehmenspolitik, die sich überwiegend an den Interessen der Eigentümer orientiert (Shareholder-Approach)
- Die Verpflichtungspolitik, bei der die Interessen aller Anspruchsgruppen vielseitig berücksichtigt werden (Stakeholder-Ansatz).

---

[25] Vgl. EFQM Publications: [EFQM Excellence Modell (2009)] S. 4

[26] Vgl. Dubs R. : [Normatives Management (2010)], S. 9

[27] Vgl. Bleicher K.: [Das Konzept integriertes Management (2004)] S. 157 ff.

[28] Vgl. Bleicher K.: [Das Konzept integriertes Management (2004)] S. 185

Die Sparkassen verfolgen in ihrem unternehmenspolitischen Denken und Handeln, wie bereits oben erwähnt, eher eine Politik der Verpflichtung.[29] Bei dieser Form der Unternehmenspolitik, welche die Interessen der Stakeholder in besonderem Maße berücksichtigt, muss natürlich beachtet werden, dass den Sparkassen die für den Erhalt der Entwicklungsfähigkeit notwendige Handlungsautonomie erhalten bleibt. Gerade die Verpflichtungspolitik beinhaltet nämlich ein erhöhtes Risiko der übermäßigen Einflussnahme durch die Vertreter der Stakeholder, insbesondere dann, wenn diese über eine hohe Macht und Herrschaftsbefugnis verfügen. Darüber hinaus ist es offensichtlich, dass bei einem derart ganzheitlich vernetzten Ansatz der Unternehmenspolitik die unternehmerische Entscheidungsfindung erschwert wird und Zielkonflikte quasi vorprogrammiert sind. Diese Zielkonflikte können schnell eskalieren und hohe Kosten verursachen. Um diese Kosten zu vermeiden und Win-Win-Situationen zu realisieren, müssen Vorstände in Sparkassen über entsprechende Fähigkeiten zur Konfliktlösung verfügen und darüber hinaus Strategien, Taktiken und Konzepte für die Interaktion mit den Vertretern der Interessensgruppen entwickeln.[30]

Damit eine wirksame Unternehmenspolitik überhaupt möglich ist, ist die Identifikation der Interessensgruppen und deren Ansprüche eine grundlegende Voraussetzung. Das Top-Management der Sparkasse hat Vorgehensweisen zu erarbeiten, die das Verständnis, die Antizipation und die Erfüllung der verschiedenen Bedürfnisse und Erwartungen ermöglichen. Als typische Interessensgruppen einer Sparkasse können folgende Gruppierungen genannt werden:[31]

- Träger
- Kunden
- Mitarbeiter

---

[29] Vgl. DSGV: http://www.dsgv.de/_download_gallery/GUT/Sparkassen_Philosophiebroschuere.pdf (Anhang 3)

[30] Vgl. Wunderer R.: [Führung und Zusammenarbeit (2009)] S. 497

[31] Die Auswahl der Interessensgruppen orientiert sich am EFQM-Excellence-Modell, ergänzt um die für Kreditinstitute relevanten Aufsichtsorgane.

- Partner und Lieferanten
- Gesellschaft und Öffentlichkeit
- Aufsicht

Diese Aufzählung kann als erster Orientierungsrahmen gut verwendet werden, wobei selbstverständlich weitere Interessensgruppen hinzukommen können, wenn diese als relevant für das jeweilige Haus erkannt werden. Für die Identifikation der Erwartungen und Ansprüche der Interessensgruppen bieten sich strukturierte Interviews an. Wichtig für die folgenden Prozesse der Missions-, Visions- und Strategieformulierung ist die systematische Erfassung, Dokumentation und Archivierung der Interviewergebnisse.

Die Beziehungen zu den Vertretern der Interessensgruppen lassen sich durch eine systematische und strukturierte Gestaltung der Interaktion aufbauen und intensivieren. Exemplarisch für derartige Prozesse seien genannt:[32]

- Mitwirkung in Gremien und Verbänden
- Positionierung gegenüber Lieferanten, insbesondere der Verbundpartner
- Ehrenamtliche Tätigkeiten in Organisationen mit hohem Einfluss

2.2. Die Unternehmensverfassung definiert mit ihren konstitutiven Rahmenregelungen Gestaltungsspielräume und -grenzen

Die Unternehmensverfassung stellt als Grundsatzentscheidung über die gestaltete Ordnung den strukturellen Rahmen eines Unternehmens dar, mit dem die unterschiedlichen Interessen der Stakeholder gegenüber dem Unternehmen berücksichtigt werden sollen.[33] Sie gilt als Summe von Rechtsnormen, die von der für das Unternehmen relevanten Gesetzgebung maßgeblich beeinflusst wird. Für die Sparkassen gelten das Kreditwesengesetz, das Sparkassengesetz sowie die Sparkassenordnung des jeweiligen Bundeslandes als Grundlage der

---

[32] Vgl. Bleicher K.: [Das Konzept integriertes Management (2004)] S. 168, sparkassenspezifisch modifiziert

[33] Vgl. Hungenberg, H.: [Strategisches Management in Unternehmen (2004)] S. 32 und Bleicher K.: [Das Konzept integriertesManagement (2004)] S. 192

Unternehmensverfassung.[34] Unter Berücksichtigung dieser gesetzlichen Regelungen wird die Verfassung einer Sparkasse auf Basis von Übereinkünften mit den Unternehmensträgern und den Regierungsbehörden formuliert und in einer Satzung dokumentiert.[35] Die Satzung enthält unter anderem Regelungen über die Organe einer Sparkasse und deren Beziehung zueinander.[36] Im Gegensatz zu Aktiengesellschaften oder Gesellschaften mit beschränkter Haftung, die über drei Organe verfügen, sind für die Sparkassen – mangels eines klassischen Eigentümers – nur der Vorstand und der Verwaltungsrat als Organe vorgesehen.[37] Der Verwaltungsrat bestimmt in seiner Eigenschaft als Aufsichtsorgan die Richtlinien der Geschäftspolitik und überwacht die Geschäftsführung des Vorstandes. Neben diesen, auf der Basis der Rechtsnatur der Sparkasse legitimierten Organen, hat auch der Personalrat einer Sparkasse nach dem Mitbestimmungsgesetz maßgeblichen Einfluss auf die geschäftspolitischen Entscheidungen des Top-Managements.

Das Management in Sparkassen kann nur dann effektiv und effizient funktionieren, wenn die Zusammenarbeit mit diesen Instanzen konstitutiv entwickelt, in einer Geschäftsordnung – quasi als „Code of Corporate Governance"[38] – dokumentiert und darüber hinaus einer regelmäßigen Überprüfung unterworfen wird. Derartige konstitutive Prozesse bieten sich insbesondere nach der Neubesetzung dieser Organe an. Während der Amtsperiode sollte ein jährlicher Review der Zusammenarbeit durchgeführt und die Geschäftsordnung ggf. modifiziert werden.

2.3. Die Unternehmenskultur als strategisches Erfolgspotenzial

Die Unternehmenskultur reflektiert die Verhaltensdimension des normativen Managements. Während die Unternehmensverfassung die Beziehungen zur Umwelt explizit im Rahmen der Satzung formuliert, impliziert die

---

[34] Vgl. Grill/Perczynski: [Wirtschaftslehre des Kreditwesens (1999)] S. 44 u. S. 52

[35] Vgl. Grill/Perczynski: [Wirtschaftslehre des Kreditwesens (1999)] S. 45

[36] Vgl. exemplarisch Anhang 4: Mustersatzung für die Sparkassen des Landes Brandenburg

[37] Vgl. Grill/Perczynski: [Wirtschaftslehre des Kreditwesens (1999)] S. 46

[38] Vgl. Dubs R. : [Normatives Management (2010)], S. 32 ff.

Unternehmenskultur das Verhalten der Mitarbeiter gegenüber der Um- und Inwelt.[39] Dieses Verhalten wird geprägt durch Werthaltungen, Wahrnehmungs- und Verhaltensmuster, sowie durch Gebräuche und Umgangsformen der Mitarbeiter in den Sparkassen.[40] Die unverwechselbare Kultur einer Sparkasse entsteht durch die soziale Interaktion der Mitarbeiter in gemeinsam erlebten Problemlagen und Erfahrungen sowie durch soziale Lernprozesse. Daneben wird die Unternehmenskultur auch von den folgenden Faktoren maßgeblich beeinflusst:[41]

- Umweltfaktoren, insbesondere landeskulturelle Charakteristika
- Individuelle Einflüsse, insbesondere die Prägung durch das Top-Management
- Organisatorische Einflüsse, insbesondere die Unternehmensstruktur mit ihrer verhaltenssteuernden Wirkung

Nach BLEICHER lassen sich die kulturbeeinflussenden Faktoren in folgende primäre und sekundäre Elemente unterteilen:[42]

Primäre Elemente der Kulturprägung:	Sekundäre Elemente der Kulturprägung:
- Aspekte, die von der Führung beachtet, gemessen, gesteuert und kontrolliert werden - Reaktionen der Führung auf kritische Ereignisse und Organisationskrisen	- Organisationskonzept und –struktur - Managementsysteme und –verfahren - Gebäude und räumliche Anordnung sowie Ausgestaltung

Tabelle 2: Elemente der Kulturprägung

---

[39] Vgl. Bleicher K.: [Das Konzept integriertes Management (2004)] S. 237

[40] Vgl. Wunderer R.: [Führung und Zusammenarbeit (2009)] S. 154

[41] Vgl. Wunderer R.: [Führung und Zusammenarbeit (2009)] S. 157 f.

[42] Vgl. Bleicher K.: [Das Konzept integriertes Management (2004)] S. 241 f.

Als wichtigster Einflussfaktor auf die Unternehmenskultur ist natürlich das Verhalten des Top-Managements zu nennen, woraus sich der Anspruch auf die Vorbildfunktion der Führungskräfte ableiten lässt.[43]

Eine gute und wirksame Unternehmenskultur hat einen maßgeblichen Einfluss auf den geschäftlichen Erfolg[44] und gilt heute als strategisches Erfolgspotenzial und Wettbewerbsvorteil, weil sie von Konkurrenten nur schwer erfass- und imitierbar ist. Darüber hinaus wirkt eine Unternehmenskultur sinnstiftend für die Mitarbeiter und dient gleichzeitig der Koordination der Unternehmensangehörigen.[45] Der Analyse und Gestaltung der Unternehmenskultur wird demnach heute eine weit höhere Bedeutung für den geschäftlichen Erfolg beigemessen, als dies noch in den letzen Jahrzehnten des vergangenen Jahrhunderts der Fall war.

Um die Unternehmenskultur einer Sparkasse gestalten zu können, ist die bestehende Unternehmenskultur zunächst zu erkennen und zu analysieren. Dabei kann das Top-Management einer Sparkasse das Konstrukt „Kultur" über beobachtbare Phänomene mit Hilfe der folgenden Untersuchungsfelder erschließen:[46]

- Beobachtung von Verhaltensweisen (z.B. Führungs- und Kooperationsverhalten)
- Interpretation von Dokumenten (z.B. Leitbild, Unternehmensgrundsätze)
- Sichtung der Artefakte (z.B. Gebäude- und Raumgestaltung, Statussymbole)

Wenn die Kultur der Sparkasse analysiert und typisiert ist, muss überprüft werden, inwieweit sich diese mit der angestrebten Strategie der Sparkasse vereinbaren lässt. Eine Sicherheitskultur unter dem Primat der Risikovermeidung lässt sich beispielsweise nur schwer mit einer Strategie der Ertragsmaximierung vereinbaren. Für die Durchsetzung einer strategischen Neuausrichtung ist

---

[43] Vgl. Hungenberg, H.: [Strategisches Management in Unternehmen (2004)] S. 42 f.

[44] Vgl. Hungenberg, H.: [Strategisches Management in Unternehmen (2004)] S. 39

[45] Vgl. Hungenberg, H.: [Strategisches Management in Unternehmen (2004)] S. 42

[46] Vgl. Wunderer R.: [Führung und Zusammenarbeit (2009)] S. 167

demnach evtl. eine Kulturveränderung erforderlich, wobei nicht unerwähnt bleiben darf, dass sich Kulturen nur schwer verändern lassen und derartige Veränderungsprozesse oft langwierig und aufwändig sind. Je nach Stärke und Ausprägung der bestehenden Unternehmenskultur ist eine grundlegende Kulturveränderung evtl. sogar unmöglich. In diesem Fall müssen die Strategien eher der Kultur folgen, als umgekehrt.

Wie bereits oben erwähnt, stellt die Unternehmenskultur ein strategisches Erfolgspotenzial mit hohem Einfluss auf den geschäftlichen Erfolg einer Sparkasse dar. Es ist dem Top-Management einer Sparkasse daher dringend anzuraten, den kulturprägenden Elementen besondere Aufmerksamkeit zu widmen, sich mit diesen auseinander zu setzen und diese bewusst zu steuern. Für die Steuerung und Beeinflussung der Unternehmenskultur durch das Management ist die Kenntnis des typischen Verlaufs eines Kulturwandels nach DYER hilfreich:[47]

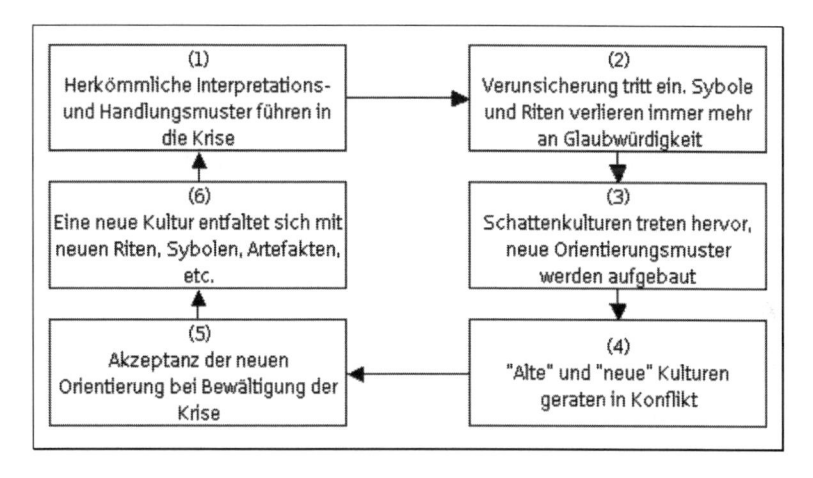

(1) Herkömmliche Interpretations- und Handlungsmuster führen in die Krise	→	(2) Verunsicherung tritt ein. Sybole und Riten verlieren immer mehr an Glaubwürdigkeit
↑		↓
(6) Eine neue Kultur entfaltet sich mit neuen Riten, Sybolen, Artefakten, etc.		(3) Schattenkulturen treten hervor, neue Orientierungsmuster werden aufgebaut
↑		↓
(5) Akzeptanz der neuen Orientierung bei Bewältigung der Krise	←	(4) "Alte" und "neue" Kulturen geraten in Konflikt

Abbildung 2: Verlauf eines Kulturwandels (Quelle: Steffens/Westenbaum 2008, S. 359)

---

[47] Vgl. Schober H.: Integrative Strategie- und Unternehmensentwicklung, in Steffens/Westenbaum (Hrsg.): [Kompendium Management in Banking & Finance, Band 1 (2008)] S. 515

2.4. Die Unternehmensethik setzt der Handlungsfreiheit normative Grenzen

Wenngleich die Unternehmensethik oft als Bestandteil der Unternehmenskultur gesehen wird,[48] möchte ich die Unternehmensethik in dieser Arbeit dennoch isoliert von der Unternehmenskultur behandeln. Dies nicht zuletzt deshalb, weil die Unternehmensethik vor dem Hintergrund einer zunehmend kritischer eingestellten Gesellschaft insbesondere für Banken und Sparkassen in Zeiten einer besonders sensiblen Auseinandersetzung mit deren Geschäftspraktiken und -prinzipien eine wichtige Grundlage für das Image der jeweiligen Häuser darstellt.

Die Unternehmensethik beschreibt das Verhältnis von Moral und Gewinn in der Unternehmensführung und vereinbart moralische Normen und Werte der modernen Wirtschaft und Gesellschaft mit den Zielen und Interessen des Unternehmens.[49] Den zentralen Input für die Unternehmensethik bilden die gesellschaftlichen und branchenüblichen Moralvorstellungen, Werte und Normen. Da diese Inputfaktoren einem stetigen Wandel unterliegen, muss die Unternehmensethik einer Sparkasse regelmäßig auf den Prüfstand gestellt werden. Dabei ist entgegen der hier vorgenommenen isolierten Betrachtung der Unternehmensethik zu beachten, dass die Unternehmensethik und die Unternehmenskultur einer Sparkasse in einer kohärenten Beziehung zueinander stehen und sich gegenseitig beeinflussen, insbesondere dann, wenn bestimmte Werte und Moralvorstellungen von der Mehrheit der Unternehmensmitglieder geteilt werden.[50]

Während die Moral die in einer gesellschaftlichen Gruppe geltenden und an Werten orientierten Normen bzw. Regeln beschreibt, gelten Werte als anerkannte Orientierungsmaßstäbe für das Entscheiden von Personen und Gruppen.[51] Werte

---

[48] Vgl. z.B. Biermann T.: Organisatorischer Wandel – der Weg zur lernenden Organisation, in Steffens/ Westenbaum (Hrsg.): [Kompendium Management in Banking & Finance, Band 2 (2008)] S. 378

[49] Vgl. Kese W. Unternehmensethik in Banken, in: Steffens/Westenbaum (Hrsg.): [Kompendium Management in Banking & Finance, Band 1 (2008)] S. 117

[50] Vgl. Hungenberg, H.: [Strategisches Management in Unternehmen (2004)] S. 39

[51] Vgl. Kese W. Unternehmensethik in Banken, in: Steffens/Westenbaum (Hrsg.): [Kompendium Management in Banking & Finance, Band 1 (2008)] S. 112

sind Leitlinien für das Erwünschte, das Erstrebenswerte, das Richtige und das Gute. Sie beeinflussen und legitimieren das Verhalten sowie das Denken und Handeln der Unternehmensmitglieder.[52] Während Moralvorstellungen über lange Zeiträume relativ stabil bleiben und darüber hinaus auch durch die Gesetzgebung stark beeinflusst werden, sind die gesellschaftlichen und wirtschaftlichen Werte einem stetigen Wandel unterworfen. Daraus folgt, dass tradierte, lange nicht in Frage gestellte und in der Vergangenheit durchaus sinnvolle Verhaltensmaximen in einer sich verändernden Umwelt unter Umständen nicht mehr haltbar sind. Statt dessen können neue Verhaltensmuster sinnvoller oder sogar ausschlaggebend für die Überlebensfähigkeit einer Sparkasse sein.[53] Aus diesem Grunde muss insbesondere das Wertesystem der Sparkasse regelmäßig einer Überprüfung und Aktualisierung unterzogen werden. Für die Analyse bzw. die Beschreibung des Wertesystems einer Sparkasse können die folgenden Schlüsselfragen verwendet werden:[54]

- Welches Denken, Reden und Handeln ist gut und richtig im Sinne der Sparkasse?
- Sind diese Regeln allen Mitarbeitern bekannt und werden sie von ihnen akzeptiert?
- Sind die Regeln widerspruchsfrei?
- Nehmen alle Mitarbeiter diese Regeln ernst und agieren die Führungskräfte dabei als Vorbild?
- Wird regelkonformes Verhalten regelmäßig belohnt und die Zuwiderhandlung bestraft?

---

[52] Vgl. Wunderer R.: [Führung und Zusammenarbeit (2009)] S. 177

[53] Vgl. z.B. Biermann T.: Organisatorischer Wandel – der Weg zur lernenden Organisation, in Steffens Westenbaum (Hrsg.): [Kompendium Management in Banking & Finance, Band 2 (2008)] S. 379

[54] Vgl. z.B. Biermann T.: Organisatorischer Wandel – der Weg zur lernenden Organisation, in Steffens Westenbaum (Hrsg.): [Kompendium Management in Banking & Finance, Band 2 (2008)] S. 377 f.

Die zu erstrebenden Normen und Werte sollten vom Top-Management einer Sparkasse in schriftlicher Form in einem „Code of Conduct"[55] dokumentiert und als verbindliche Geschäftsprinzipien für das tägliche Verhalten und Handeln kommuniziert werden. Eine wichtige Grundvoraussetzung für die Authentizität der Normen und Werte ist die konsequente und erlebbare Beachtung des „Code of Conduct" durch das Top-Management im Rahmen geschäftspolitischer Entscheidungen.

2.5. Die Mission beschreibt die Identität der Sparkasse

Die Mission bildet letztlich das Fundament für das unternehmerische Denken und Handeln in allen Organisationsformen. In erster Linie legitimiert die Mission die Daseinsberechtigung eines Unternehmens und beantwortet die Frage, warum das Unternehmen überhaupt existiert, welcher Sinn und Zweck hinter den Aktivitäten des Unternehmens steht und welche Gestaltungs- und Handlungsspielräume für die Entscheidungsprozesse des Managements bestehen.[56] Eine Mission gibt als Ergebnis des unternehmenspolitischen Prozesses die generelle Zielausrichtung und eine Grundorientierung für das strategische und operative Management vor.[57] Da dieser fundamentale Charakter der Mission einen maßgeblichen Einfluss auf die folgenden strategischen und operativen Überlegungen und Entscheidungen des Managements ausübt, ist die Entwicklung, Formulierung, Kommunikation und die konsequente Beachtung der Mission einer Sparkasse von grundlegender Bedeutung.

Auch wenn es den Anschein erweckt, dass den Sparkassen durch den § 2 des Sparkassengesetzes (des jeweiligen Bundeslandes) die Mission quasi vorgegeben ist, so ist die Berufung auf den „öffentlichen Auftrag" als Grundlage für die generelle Zielausrichtung und Grundorientierung für das strategische und operative Management schlichtweg nicht ausreichend.[58] Damit die Mission einer

---

[55] Vgl. Dubs R. : [Normatives Management (2010)], S. 30 ff.

[56] Vgl. Wunderer R.: [Führung und Zusammenarbeit (2009)] S. 621

[57] Vgl. Bleicher K.: [Das Konzept integriertes Management (2004)] S. 169

[58] Vgl. Achenbach/Lange/Steffens: Strategisches Management in Finanzinstituten, in: Steffens/Westenbaum (Hrsg.): [Kompendium Management in Banking & Finance, Band 1 (2008)] S. 310

Sparkasse dem Anspruch auf Legitimations- Orientierungs- und Motivationsfunktion gerecht werden kann, sollten Antworten auf die folgenden Fragestellungen gefunden werden:[59]

- Was ist unser Geschäft?
- In welchen Märkten sind wir tätig? In welchen nicht?
- Wer sind unsere Kunden?
- Welchen Wert stiften wir für unsere Kunden?
- Welchen sonstigen Interessensgruppen (Stakeholder) müssen wir gerecht werden? Wie werden wir diesen gerecht?
- Welchen Werten fühlen wir uns verpflichtet?
- Woran messen wir unseren Erfolg?

Die Beantwortung dieser Fragen fällt umso leichter, je intensiver man sich mit den vorgenannten unternehmenspolitischen, verfassungsspezifischen und ethisch relevanten Aspekten einer Sparkasse auseinandergesetzt hat. Diese Aspekte werden letztlich zu einer unternehmenspolitischen Mission verdichtet. Für die Praxis wird empfohlen, die Mission, ergänzt um die ethischen Grundsätze, in einem Leitbild zu fixieren und diese adressatengerecht zu kommunizieren. Bei der Analyse und Entwicklung einer Mission für eine Sparkasse ist zu beachten, dass sich eine Mission explizit auf die Gegenwart bezieht und die Antizipation und die Reaktion von bzw. auf zukünftige Ereignisse nicht ihr Gegenstand sind.[60] Eine beispielhafte Formulierung der Mission einer Sparkasse kann dem Anhang entnommen werden.[61]

---

[59] Vgl. Wahr/Siekmann: [Strategisches Management und Controlling (2008)] S. 113 ff. und Hinterhuber H.: [Strategische Unternehmensführung, I. Strategisches Denken (2011)] S. 84

[60] Vgl. Wahr/Siekmann: [Strategisches Management und Controlling (2008)] S. 115

[61] Anhang 5

2.6. Die unternehmerische Vision ist der Erfolgstreiber für das normative, strategische und operative Management

Während die Mission dem normativen, strategischen und operativen Management einen Handlungsrahmen vorgibt und diesbezüglich durchaus auch limitierend wirkt, liegt der Sinn einer unternehmerischen Vision in der richtungsweisenden Wirkung.[62] Eine Vision gilt als eine generelle Leitidee und als Ursprung der schöpferischen Tätigkeit.[63] Im Gegensatz zur Mission, die sich mit dem Status-quo- des Unternehmens auseinandersetzt, wird in einer Vision ein konkretes wünschenswertes Zukunftsbild beschrieben. Sie stellt quasi den Blick nach vorne dar und beschreibt wie oder was man in Zukunft sein möchte. Wie die Mission muss eine Vision mittels normativer, strategischer und operativer Maßnahmen und Programme für die Umsetzung in der täglichen Praxis konkretisiert werden.[64]

Eine Vision ist eher nach innen als nach außen gerichtet[65] und soll im Wesentlichen die folgenden Funktionen erfüllen:[66]

- Legitimierung des normativen, strategischen und operativen Denkens und Handelns in der Sparkasse nach innen und nach außen

- Fokussierung und Mobilisierung der Kräfte, der Fähigkeiten und der Ressourcen der Sparkasse auf ein attraktives Zukunftsbild zur Sicherung der langfristigen Überlebensfähigkeit

- Orientierung, Sinnstiftung und Motivator für die Mitarbeiter, aber auch für andere Stakeholder der Sparkasse

---

[62] Vgl. Hinterhuber H.: [Strategische Unternehmensführung, I. Strategisches Denken (2011)] S. 83

[63] Vgl. z.B. Bleicher K.: [Das Konzept integriertes Management (2004)], S. 105, oder Hungenberg, H.: [Strategisches Management in Unternehmen (2004)] S. 412

[64] Vgl. Bleicher K.: [Das Konzept integriertes Management (2004)] S. 1075

[65] Vgl. Achenbach/Lange/Steffens: Strategisches Management in Finanzinstituten, in: Steffens/Westenbaum (Hrsg.):[Kompendium Management in Banking & Finance, Band 1 (2008)] S. 310

[66] Vgl. Bleicher K.: [Das Konzept integriertes Management (2004)] S. 107 ff.

Eine klare Vision und ein überzeugendes Leitbild führen zu einem wesentlichen Wettbewerbsvorteil: Sie locken engagierte, motivierte und qualifizierte Mitarbeiter an. Dies ist insbesondere in einer durch Fachkräftemangel geprägten Zeit eine Grundvoraussetzung für unternehmerischen Erfolg. Darüber hinaus setzt eine Vision Energien der Mitarbeiter frei und kanalisiert diese in eine bestimmte und gewünschte Richtung, indem sie sowohl die emotionale als auch die rationale Seite der Mitarbeiter anspricht.[67]

Die gezielte und systematische Auseinandersetzung mit Visionen ist für die meisten Sparkassen in Deutschland ein relativ neues Thema und es ist davon auszugehen, dass einige Sparkassen bis dato über kein konkretes visionäres Zukunftsbild verfügen. Ich treffe immer wieder auf Mitarbeiter anderer Sparkassen, denen eine konkrete Vision ihres Hauses nicht bekannt ist. Selbst wenn das Top-Management einer dieser Sparkassen für sich eine Vision entdeckt bzw. entwickelt hat, so scheinen diese Visionen häufig nicht kommuniziert zu sein. Dabei kommt gerade der Kommunikation der Vision, neben anderen Elementen, eine tragende Rolle zu.[68]

Visionen sollen als Leitlinie der Unternehmensentwicklung langfristig angelegt sein[69] und für einen Zeitraum von fünf bis zehn Jahren Gültigkeit besitzen.[70] Dennoch unterliegen auch Visionen einem Lebenszyklus und verlieren mit der Zeit ihre Attraktivität. Daher muss die Vision in regelmäßigen Zeitabständen auf ihre Aktualität geprüft und ggf. erneuert werden. Dieser Prozess gestaltet sich bei Unternehmen die schon viele Jahre bestehen oft schwierig, da nicht auszuschließen ist, dass einige Elemente der (bestehenden) Strategie einen maßgeblichen Einfluss auf die Entwicklung und Formulierung der neuen Vision haben. Wie die folgende Abbildung zeigt, bestehen zwischen den einzelnen Dimensionen des Managements wechselseitige Beziehungen, die bei der Visionsfindung zu beachten sind (vgl. Abb. 3). Diese vernetzte Betrachtungsweise entspricht dem von BLEICHER postulierten integrativen

---

[67] Vgl. Hinterhuber H.: [Strategische Unternehmensführung, I. Strategisches Denken (2011)] S. 85

[68] Vgl. Bleicher K.: [Das Konzept integriertes Management (2004)] S. 114

[69] Vgl. Hungenberg, H.: [Strategisches Management in Unternehmen (2004)] S. 414

[70] Vgl. Wahr/Siekmann: [Strategisches Management und Controlling (2008)] S. 107

Ansatz der gegenseitigen Abstimmung der einzelnen Dimensionen des Managements.[71]

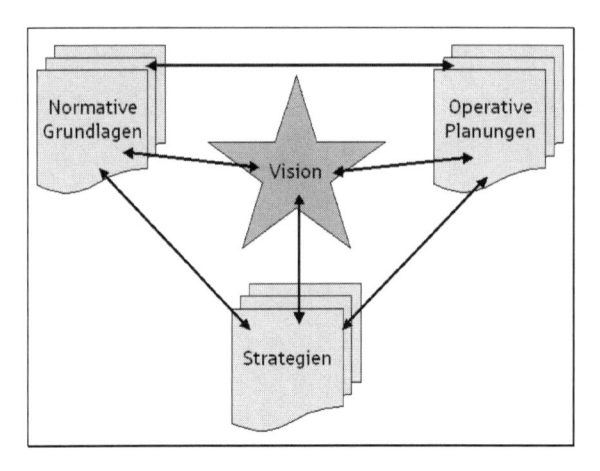

Abbildung 3: Vernetztes Denken im Management (eigene Graphik)

Für die Entwicklung einer Vision bietet sich der Einsatz von Kreativitätstechniken (Brainstorming, Synektik, morphologische Methoden) und die Szenariotechnik an, mit deren Hilfe gegenwärtige Entwicklungstrends in die Zukunft extrapoliert werden.[72] Auf eine vertriefende Darstellung dieser Methoden muss im Rahmen dieser Arbeit verzichtet werden. Es ist jedoch in jedem Fall anzuraten, dass die Visionsfindung an den Anfang des strategischen Managementprozesses gestellt wird und ein möglichst breiter Führungskreis in den Entwicklungsprozess einbezogen wird. Darüber hinaus ist darauf zu achten, dass die Vision in knappen Sätzen verständlich und gut kommunizierbar formuliert wird. Für den Entwicklungsprozess ist die Kenntnis der folgenden wesentlichen Visionsarten hilfreich:[73]

---

[71] Vgl. Bleicher K.: [Das Konzept integriertes Management (2004)] S. 589 ff.

[72] Vgl. Bleicher K.: [Das Konzept integriertes Management (2004)] S. 110

[73] Vgl. Wahr/Siekmann: [Strategisches Management und Controlling (2008)] S. 105

Art	Inhalt/Zweck
Zielfokussierte Vision	Klar formulierte und terminierte Ziele (z.B. das Erreichen finan ieller Wert iele)
Rollenfokussierte Vision	Beschreibt eine konkrete Rolle, welche die Sparkasse in der Zukunft einnehmen will (z.b. Qualitätsführerschaft)
Feindfokussierte Visionen	Fokussierung auf einen starken Konkurrenten, den es einzuholen oder zu übertreffen gilt
Wandelfokussierte Visionen	Sinnvoll im Rahmen von großen und markanten Veränderungsprozessen (z B Fusion)

Tabelle 3: Visionsarten

2.7. Zusammenfassung: Empfehlungen für das Top-Management einer Sparkasse im Hinblick auf das normative Management

Die wichtigste Empfehlung an dieser Stelle lautet: Das normative Management ist Chefsache, d.h. ursächlich Aufgabe des Vorstandes. Von einer Delegation derartiger konstitutiver Tätigkeiten muss dringend abgeraten werden. In Anlehnung an das EFQM Excellence Modell entwickeln nämlich die Führungskräfte einer Sparkasse die Vision, Mission, Werte und ethische Grundsätze und eben nicht die Stäbe oder externe Berater. Daneben befassen sich Vorstände in Sparkassen persönlich mit externen Interessensgruppen und installieren mit den Mitarbeiterinnen und Mitarbeitern eine Kultur der Excellence. Durch die Gewährleistung der Flexibilität und eines effektiven Change-Managements sichern die Führungskräfte die Überlebens- und Entwicklungsfähigkeit einer Sparkasse in einem dynamischen und komplexen Wettbewerbsumfeld.[74] Diesem Anspruch an eine exzellente Führung im Sinne des EFQM Excellence Modells wird das normative Management demnach dann gerecht, wenn es vom Vorstand gelebt und umgesetzt wird. Die wichtigsten Kernaufgaben im normativen Management sind:

- Die Identifikation und Antizipierung der Bedürfnisse und Erwartungen der Interessensgruppen und die Vereinbarung dieser Bedürfnisse und Erwartungen mit den normativen und den strategischen Zielen der Sparkasse

- Die Gestaltung und Entwicklung der Beziehungen mit dem Verwaltungs- und Personalrat

---

[74] Vgl. EFQM Publications: [EFQM Excellence Modell (2009)] S. 10

- Die laufende Analyse der Unternehmenskultur und die Prüfung der Vereinbarkeit mit der strategischen Ausrichtung der Sparkasse
- Die Formulierung des Zwecks und des Auftrags der Sparkasse in einer unternehmenspolitischen Mission
- Die Entwicklung ethischer Grundsätze (Code of Conduct) unter Berücksichtigung des Wertewandels
- Die Sicherung und Gestaltung der Zukunft der Sparkasse durch die Entwicklung, die Formulierung und die Kommunikation einer zukunftsweisenden Vision
- Die Entwicklung und Kommunikation eines Leitbildes, das die Elemente der Mission und den Code of Conduct enthält
- Die Integration des Leitbildes in den Führungsprozess zur Sicherstellung der nachhaltigen Beachtung und Einhaltung der dort genannten Anforderungen an das tägliche Denken, Handeln und Verhalten

3. Strategische Analyse:

3.1. Die Ziele der strategischen Analyse

Um wichtige strategische Entscheidungen treffen zu können, bedarf es zunächst einer fundierten und systematischen Analyse des relevanten Marktes mit seinen Chancen und Risiken nebst einer Analyse der eigenen Stärken und Schwächen gegenüber den relevanten Wettbewerbern.[75] Dabei ist es wichtig zu erkennen, welche Chancen und Risiken mit den eigenen Stärken wettbewerbswirksam genutzt bzw. beherrscht werden können und welchen Risiken die Sparkasse wegen ihrer Schwächen gegenüber dem Wettbewerb in besonderem Maße ausgesetzt sind. Für die Durchführung dieses Analyseprozesses bietet sich der Einsatz der SWOT-Matrix (Strengths/Weaknesses, Opportunities/Threats)[76] an. Das Ziel der strategischen Analyse ist demnach die Aggregation der Ergebnisse aus der Untersuchung der Um- und Inwelt in den vier Feldern einer SWOT-

---

[75] Vgl. Hungenberg, H.: [Strategisches Management in Unternehmen (2004)] S. 84 ff

[76] Vgl. Bleicher K.: [Das Konzept integriertes Management (2004)] S. 296

Matrix unter Beachtung der sogenannten Pareto-Regel, wonach 80% des Managementerfolgs von 20% exakter und gewissenhafter Strategiearbeit ausgelöst werden.[77] Wird diese Regel beachtet, so gelingt es, diesen Prozess möglichst schlank zu halten.

3.2. Die Identifikation des relevanten Marktes

Um marktspezifische Chancen und Risiken erkennen sowie wettbewerbsrelevante Stärken und Schwächen identifizieren zu können, ist die *Abgrenzung des relevanten Marktes* – man spricht in diesem Zusammenhang auch von *Branchensegmentierung* – eine wichtige Grundvoraussetzung. Unter einem relevanten Markt bzw. einer Branche wird ein Marktbereich verstanden, in dem Produkte bzw. Dienstleistungen im Wettbewerb zueinander stehen.[78]

Branchen werden nach den in ihnen vermarkteten *Produkte bzw. Dienstleistungen* und den Abnehmern dieser Produkte abgegrenzt.[79] Die Sparkassen gehören mit ihrem Allfinanzangebot zur Branche der *Universalbanken*. Davon abzugrenzen sind konsequenterweise die Kreditinstitute, die ein weit weniger breites Leistungsangebot bereitstellen. Diese Institute werden als Spezialbanken bezeichnet.[80] In Deutschland sind die meisten Kreditinstitute Universalbanken, weshalb man auch von einem Universalbankensystem in Deutschland spricht.[81]

Für die *Abgrenzung der Produkte und Dienstleistungen* muss deren Substituierbarkeit untersucht werden. Produkte sind substituierbar, wenn sie aus Sicht der Abnehmer mit anderen Produkten direkt vergleich- und austauschbar sind. Eine Substitutionsbeziehung liegt vor, wenn die Entscheidung eines Anbieters die Entscheidungsmöglichkeit eines anderen Anbieters signifikant beeinflusst. Diese Signifikanz wird durch die Preiselastizität dargestellt, welche die Veränderung der Nachfrage nach einem Produkt bei einer Preisänderung

---

[77] Vgl. Wahr/Siekmann: [Strategisches Management und Controlling (2008)] S. 46

[78] Vgl. Kutz O.: [Strategische Geschäftsfeld- und Branchenanalyse (2011)], S. 5

[79] Vgl. Porter M.: [Wettbewerbsvorteile, Spitzenleistungen erreichen und behaupten (2000)] S. 307

[80] Vgl. Grill/Perczynski: [Wirtschaftslehre des Kreditwesens (1999)] S.42

[81] Vgl. Dt. Bundesbank: http:// www.bundesbank.de/bildung/bildung_glossar_u.php (Anhang 6)

ausdrückt. Dabei gilt, dass ein Produkt oder eine Dienstleistung umso mehr Substitute hat, je höher die Preiselastizität des Produktes oder der Dienstleistung ist.[82] Folgen wir diesem Ansatz, so stellen wir schnell fest, dass Finanzdienstleistungen im Allgemeinen hochgradig vergleich- und austauschbar und damit stark preiselastisch und substitutiv sind.[83] Diese Tatsache wird durch die fehlende Möglichkeit der Patentierung von Bankdienstleistungen und eine leichte und schnelle Imitierbarkeit durch die Konkurrenz untermauert.[84] In den relevanten Markt sind auch die Produkte bzw. Dienstleistungen einzubeziehen die in einer potenziellen Substitutionsbeziehung zueinander stehen.[85] Man spricht in diesem Fall von Ersatzprodukten, die sich mit dem Konzept der Kreuzpreiselastizität identifizieren lassen (Vgl. Abschnitt 3.3.3).

Hinsichtlich der Abgrenzung des relevanten Marktes nach seinen Abnehmern ist festzustellen, dass die Sparkassen über einen sehr breiten Kundenkreis in Form von Privatkunden, Firmenkunden und öffentlichen Kunden verfügen.[86] Die Basis des relevanten Marktes der Sparkassen bildet demnach die Gesamtheit der Finanzdienstleistungen und -produkte. Somit stehen alle Institute mit Vollbanklizenz sowie die Non- und Nearbanks, welche die gleichen Produkte und Leistungen anbieten, mit den Sparkassen im Wettbewerb. Inwieweit dieser relevante Markt vertiefend, beispielsweise in einen Privat- und Firmenkundenmarkt abgegrenzt wird, hängt im Einzelfall davon ab, wie die in Abschnitt 3.3.3 dargestellten fünf Wettbewerbskräfte nach PORTER auf die einzelnen Kundengruppen wirken.[87]

---

[82] Vgl. Hungenberg, H.: [Strategisches Management in Unternehmen (2004)] S. 95 ff.

[83] Vgl. Achenbach/Lange/Steffens: Strategisches Management in Finanzinstituten, in: Steffens/ Westenbaum (Hrsg.): [Kompendium Management in Banking & Finance, Band 1 (2008)] S. 325

[84] Vgl. Lütke-Uhlenbrock: [Bewertung öffentlich-rechtlicher Sparkassen (2007)] S. 17 f.

[85] Vgl. Meffert/Bruhn: [Dienstleitungsmarketing (2006)] S. 228

[86] Vgl. http://www.sparkasse.de/index.html (Anhang 7)

[87] Vgl. Porter M.: [Wettbewerbsvorteile, Spitzenleistungen erreichen und behaupten (2000)] S. 309

3.3. Die Umfeldanalyse: Erkennen der Chancen und Risiken für die Sparkassen

3.3.1. Problematik der Umfeldanalyse

Die Zahl der Umweltfaktoren, die eine Sparkasse beeinflussen können, ist sehr groß. Zudem weisen sie auch ein hohes Maß an Komplexität und Dynamik auf und stehen unter Umständen auch in wechselseitiger Abhängigkeit zueinander. Wichtig ist bei der Analyse deshalb eine vernetzte Betrachtungsweise. Zunächst muss determiniert werden, welche Faktoren die Umwelt der einzelnen Sparkasse beeinflussen. Hierfür bietet sich folgende Vorgehensweise an:[88]

- Analyse der Makroumwelt der Sparkasse, deren Einflussfaktoren die Unternehmen aller Branchen betreffen
- Analyse der Branchestruktur, welche die Sparkassenorganisation als Ganzes umfasst
- Analyse der Mikroumwelt der Sparkasse, welche das einzelne Institut in seinem Wirkungskreis betrifft

3.3.2. Analyse der Makroumwelt[89]

Für die Analyse der Makroumwelt bietet sich der Einsatz der sogenannten PESTE-Systematik (= political, economical, social, technological, environmental) an:[90]

Political: Politisch-rechtliche Umwelt

Dieses Umfeld beinhaltet vor allem die von staatlicher Seite vorgegebenen Rahmenbedingungen und Rechtsnormen für das wirtschaftliche Handeln einer Sparkasse. In diesem Kontext ist neben dem Steuer- und Zivilrecht auch das Bankenaufsichtsrecht von besonderer Relevanz,[91] welches in den letzten Jahren

---

[88] Vgl. Lütke-Uhlenbrock: [Bewertung öffentlich-rechtlicher Sparkassen (2007)] S. 86 und S. 89

[89] Anhang 8: Arbeitsblatt zur Durchführung dieses Prozesses

[90] Vgl. Hungenberg, H.: [Strategisches Management in Unternehmen (2004)] S. 90 ff.

[91] Vgl. Lütke-Uhlenbrock: [Bewertung öffentlich-rechtlicher Sparkassen (2007)] S. 87

an Bedeutung gewonnen hat und einen zunehmenden Einfluss auf die Geschäftsmodelle der Kreditinstitute ausübt. Besondere Aufmerksamkeit muss bei dieser Analyse jedoch den konjunktur-, sozial- und finanzpolitische Aspekten des öffentlichen Meinungsbildungsprozesses geschenkt werden, welche (noch) nicht in Gesetzen oder Verordnungen manifestiert sind.[92] Gerade diese unbeachteten Meinungsbildungsprozesse führen häufig zu unliebsamen Überraschungen, wenn sie in öffentliches Recht überführt werden und das Management einer Sparkasse bzw. die verabschiedete Strategie nicht darauf vorbereitet ist.

Economical: Ökonomische Umwelt

Bei der Analyse der ökonomischen Umwelt wird die allgemeine volkswirtschaftliche Entwicklung betrachtet. Während die Sparkassen in früheren Zeiten von konjunkturellen Einflüssen weitgehend unabhängig waren, übt die gesamtwirtschaftliche Entwicklung heute einen zunehmenden Einfluss auf die Sparkassen aus. Dabei ist die Entwicklung der folgenden gesamtwirtschaftlichen Kennzahlen von besonderer Bedeutung:[93]

- Wirtschaftswachstum
- Arbeitslosenquoten
- Investitions- und Sparquote
- Kaufkraft/Inflation
- Allgemeine Zinsentwicklung
- Import- und Exportquoten

Diese Kennzahlen dienen als geeigneter Indikator für die Entwicklung der relevanten Geschäftsfelder einer Sparkasse. So lässt sich beispielsweise aus der Sparquote eine erste Einschätzung der künftigen Entwicklung des bilanzwirksamen Einlagengeschäfts einer Sparkasse ableiten, während aus der

---

[92] Vgl. Wahr/Siekmann: [Strategisches Management und Controlling (2008)] S. 49

[93] Vgl. Eigene Zusammenstellung, inspiriert von Wahr/Siekmann: [Strategisches Management und Controlling (2008)] S. 51 f.und Lütke- Uhlenbrock: [Bewertung öffentlich-rechtlicher Sparkassen (2007)] S. 86 f.

Investitionsquote die Entwicklung des Firmenkundenkreditgeschäfts prognostiziert werden kann.[94]

Von besonderer Bedeutung für ein Kreditinstitut ist natürlich die allgemeine Zinsentwicklung, die einerseits die Mengenkomponente und andererseits die Wertkomponente des bilanzwirksamen Geschäfts wesentlich beeinflusst.[95] Die MaRisk fordern von Banken und Sparkassen das Management von Zinsänderungsrisiken.[96] Ob und inwieweit Zinsänderungschancen genutzt werden, bleibt dagegen den Instituten selbst überlassen. Demzufolge benötigen Sparkassen ein gut funktionierendes Zins- und Anlagebuchmanagement, um die Chancen der Zinsentwicklung nutzen und die Risiken vermeiden zu können.

Social: Gesellschaftliche Umwelt

Bei der Analyse des gesellschaftlichen Umfelds spielen die sogenannten „Megatrends"[97] eine bedeutende Rolle. Dabei ist zu beachten, dass derartige Trends nicht immer direkt ein neues Kundenbedürfnis wecken oder die Nachfrage nach einem bestimmten Produkt bzw. einer Dienstleistung generieren. Stattdessen verbergen sich neue Märkte mit ihren Chancen und Risiken oft hinter diesen Trends.[98] Als Beispiel für eine derartige Entwicklung ist an dieser Stelle der Einfluss des Internets auf die Finanzdienstleistungsbranche zu nennen. So hat sich die Durchführung von Bankgeschäften in den letzten Jahren durch die intensivere Nutzung des Internets grundlegend gewandelt (nähere Ausführungen hierzu im Abschnitt „Technological: Technologische Umwelt").

Um Chancen und Risiken aus der gesellschaftlichen Umwelt erkennen und nutzen bzw. beherrschen zu können, müssen die folgenden Einflussfaktoren im

---

[94] Vgl. Lütke-Uhlenbrock: [Bewertung öffentlich-rechtlicher Sparkassen (2007)] S. 87

[95] Vgl. Lütke-Uhlenbrock: [Bewertung öffentlich-rechtlicher Sparkassen (2007)] S. 87

[96] Vgl. www.bafin.de: [MaRisk, BTR 2, Marktpreisrisiken (2011)] (Anhang 9)

[97] Vgl. http://www.z-punkt.de/fileadmin/be_user/D_Publikationen/D_Arbeitspapiere/Die_20_wichtigsten_Megatrends_x.pdf: Megatrends sind langfristige und übergreifende Transformationsprozesse, deren Wirkungsmacht die Märkte der Zukunft beeinflussen (Anhang 26)

[98] Vgl. van Someren: [Strategische Innovationen: so machen Sie Ihr Unternehmen einzigartig (2005)] S. 57

Rahmen des strategischen Managements einer intensiven Analyse unterzogen werden:[99]

- Megatrends, beispielsweise aktuell die Entwicklung des Social Media
- Strukturelle Einflüsse, beispielsweise die Entwicklung der Altersstruktur
- Einflüsse, die von Werten, Einstellungen, Verhaltensweisen geprägt werden

Gesellschaftliche Einflüsse führen oft zur Erschließung von neuen Geschäftspotenzialen. So hat beispielsweise die veränderte Alterstruktur in Deutschland zu einer gesetzlich manifestierten Förderung der privaten Altervorsorge geführt, die den Finanzdienstleistungsinstituten einen großen Markt mit einem hohen Potenzial erschlossen hat.

Als Fazit können wir feststellen, dass gesellschaftliche Einflussfaktoren oft das Konsumverhalten und die Bedürfnisse der Kunden einer Sparkasse verändern und demnach bei der Entwicklung von Strategiealternativen berücksichtigt werden müssen.[100]

Technological: Technologische Umwelt

Die in Unternehmen vorhandene Technologie kann den Wettbewerb in hohem Maße beeinflussen. Eine Technologie gilt als wettbewerbsrelevant, wenn sie erhebliche Auswirkungen auf die Wettbewerbsvorteile eines Unternehmens oder auf die Struktur der Branche hat.[101] Demnach ist die Analyse und Bewertung von technologischen Trends und Entwicklungen ein sehr wichtiger Einflussfaktor für das strategische Management.[102]

Die wesentliche technologische Ressource der Banken und Sparkassen ist die Informations- und Kommunikationstechnologie, deren rasante Entwicklung in den letzten Jahren zu neuen Geschäftsmodellen in der Finanzdienstleistungsbranche geführt hat. So hat das Mitte der 90er Jahre

---

[99] Vgl. Hungenberg, H.: [Strategisches Management in Unternehmen (2004)] S. 91 f.

[100] Vgl. Lütke-Uhlenbrock: [Bewertung öffentlich-rechtlicher Sparkassen (2007)] S. 88

[101] Vgl. Porter M.: [Wettbewerbsvorteile, Spitzenleistungen erreichen und behaupten (2000)] S. 225

[102] Vgl. EFQM Publications: [EFQM Excellence Modell (2009)] S. 15

entstandene e-Business einen neuen Absatzkanal von Finanzdienstleistungen eröffnet, dem sich die Sparkassen erst angeschlossen haben, als viele Direktbanken diesen Absatzkanal bereits erfolgreich besetzt hatten und diesbezüglich auch Wettbewerbsvorteile generieren konnten.

Informations- und Kommunikationstechnologien befassen sich aber nicht nur mit der Interaktion mit der Umwelt (Kunden, Verbundpartner, etc.), sie betreffen jede Wertaktivität eines Unternehmens, also auch die unternehmensinternen Prozesse in der Wertkette (vgl. Abschnitt 3.4, Abb. 6). Dies fordert neben der technologischen Analyse der Unternehmensumwelt auch den Blick nach innen, insbesondere deshalb, weil in jeder Wertaktivität Technologie verkörpert ist, die sowohl auf die Kosten als auch auf die Differenzierung einen starken Einfluss ausüben und damit zu Wettbewerbsvorteilen führen kann.[103]

Aktuell ist seitens der Sparkassenorganisation den Entwicklungen im Social Media und im Bereich der elektronischen Zahlungssysteme[104] besondere Aufmerksamkeit zu schenken, um dort den Anschluss nicht zu verpassen, wie dies bei der Entwicklung des e-Business Mitte der 90er Jahre zu beobachten war. Aus interner Sicht sind die Technologien zur Reduzierung der Prozesskosten voranzutreiben,[105] um den Konkurrenten mit hohen Skalen- und Erfahrungseffekten sowie industrialisierten Prozessen kostenwirksam begegnen zu können.

Environmental: Ökologische Umwelt

Das Thema Ökologie steht heute in einem engen Zusammenhang mit der gesellschaftlichen Verantwortung eines Unternehmens. Im Bereich des ökologischen Managements werden folgende Zieldimensionen unterschieden:[106]

- Inputbezogene ökologische Ziele, die den Verbrauch an natürlichen Ressourcen umfassen

---

[103] Vgl. Porter M.: [Wettbewerbsvorteile, Spitzenleistungen erreichen und behaupten (2000)] S. 229

[104] In diesem Bereich stellen Bezahlsysteme wie PayPal eine potenzielle Bedrohung für Banken und Sparkassen dar.

[105] Vgl. Lütke-Uhlenbrock: [Bewertung öffentlich-rechtlicher Sparkassen (2007)] S. 88

[106] Vgl. Bleicher K.: [Das Konzept integriertes Management (2004)] S. 182

- Outputbezogene ökologische Ziele, die das Volumen und die Konzentration an Abfällen und Schadstoffen betreffen.

- Risikobezogene ökologische Ziele, die außergewöhnliche Umweltbelastungen in Form von Unfällen begrenzen sollen.

In seiner direkten Betrachtung ist dieses Thema für die Sparkassen eher unkritisch. Sparkassen selbst verbrauchen wenige Ressourcen und produzieren auch relativ wenig Abfall. Allerdings stehen sie als Finanzierungspartner von Unternehmen mit ökologischer Relevanz insofern durchaus im Fokus des öffentlichen Interesses. So kann die Finanzierung von ökologisch bedenklichen Investitionen schnell zu öffentlichen Diskussionen mit negativen Effekten auf das Image der finanzierenden Sparkasse führen. Der umgekehrte Effekt stellt sich bei der Finanzierung von ökologisch wünschenswerten oder befürworteten Investitionsvorhaben ein, wie dies derzeit im Bereich der regenerativen Energien zu beobachten ist. Abgesehen davon eröffnen derartige Trends oft neue Geschäftspotenziale für die Sparkassen, da die damit zusammenhängenden Investitionsvorhaben meist mit Fremdkapital finanziert werden müssen. Sparkassen sind also gut beraten, in dieser Hinsicht mit Vorsicht, Bedacht und Weitblick vorzugehen, diesbezüglich Standards im Finanzierungsgeschäft zu entwickeln und die Chancen aus den ökologischen Megatrends zu nutzen.

3.3.3. Analyse der Branchenstruktur

Während die Analyse der Makroumwelt die Faktoren untersucht, die alle Unternehmen unabhängig von deren Branchenzugehörigkeit tangieren, stehen bei der Branchenstrukturanalyse wettbewerbsrelevante Aspekte der jeweiligen Branche im Vordergrund.[107] Ohne die genaue Kenntnis der Branchenstruktur ist die Beurteilung der Brachenattraktivität und Formulierung einer wirksamen Strategie nicht möglich.[108] Oberstes Ziel der Wettbewerbsstrategie einer Sparkasse muss es sein, nach den Regeln der Branche zu spielen und diese ggf. auch zu verändern, wenngleich letzteres für eine einzelne Sparkasse eher nicht möglich sein wird. Für die Sparkassenorganisation als Ganzes, vertreten durch

---

[107] Vgl. Hungenberg, H.: [Strategisches Management in Unternehmen (2004)] S. 94

[108] Vgl. Porter M.: [Wettbewerbsvorteile, Spitzenleistungen erreichen und behaupten (2000)] S. 28

die Verbandsorganisationen, ist die Einflussnahme auf die Branchenstruktur allerdings sehr wohl möglich. Um eine Branchestrukturanalyse durchführen zu können, ist die zu untersuchende Branche zunächst abzugrenzen (siehe Abschnitt 3.2). Wie dort bereits dargestellt, sind die Sparkassen der Branche der Universalkreditinstitute nebst Non- und Nearbanks zuzuordnen. Für die Analyse bietet sich das Modell zur Branchenstrukturanalyse nach PORTER an (vgl. Abb. 4).[109] Mit Hilfe dieses Ansatzes soll erkannt werden, ob die Wettbewerbssituation und die Entwicklung der Branche für das darin operierende Unternehmen attraktiv ist und eine langfristige Existenz gestattet. Die Attraktivität einer Branche wird nach PORTER von fünf Wettbewerbskräften geprägt: Dem Markteintritt neuer Konkurrenten, der Gefahr von Ersatzprodukten, der Verhandlungsstärke der Kunden und der Lieferanten sowie der Rivalität unter den bestehenden Wettbewerbern.[110]

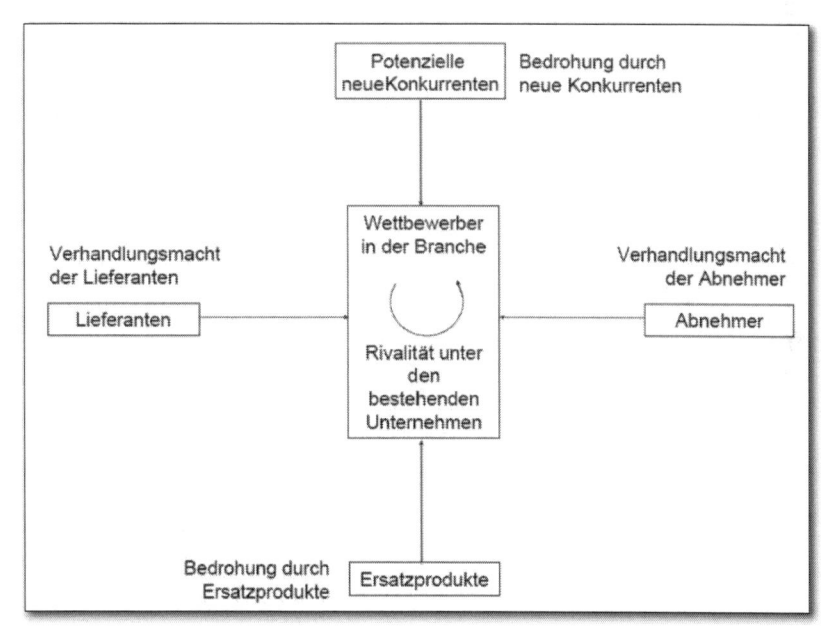

Abbildung 4: Die fünf Wettbewerbskräfte zur Bestimmung der Branchenattraktivität (Quelle: Porter 2000, S. 29)

---

[109] Vgl. Porter M.: [Wettbewerbsvorteile, Spitzenleistungen erreichen und behaupten (2000)] S. 29 ff

[110] Anhang 10: Formular zur Durchführung der Branchenstrukturanalyse

Bedrohung durch potentielle Konkurrenten

Die Bedrohung durch neue Konkurrenz wird insbesondere von der Höhe der Markteintrittsbarrieren bestimmt.[111] Eine Imitation des Geschäftsmodells der Sparkassen durch neue Konkurrenten erscheint dabei eher unwahrscheinlich, da neue Wettbewerber die für die Imitation erforderliche Präsenz in der Fläche in Form von Filialen erst mit hohem finanziellem Aufwand installieren müssten. Darüber hinaus sind von neuen Wettbewerbern aufsichtsrechtliche Anforderungen zwingend zu erfüllen, um Finanzdienstleistungen anbieten zu dürfen. Neben Themen wie Kundenloyalität, Markenidentität und Reputationen kann auch ein erschwerter Zugang zu den Bankenverbänden und den Einlagensicherungen als Hemmfaktor für den Markteintritt bezeichnet werden.[112]

Andererseits treten immer wieder neue Banken aus dem In- und Ausland sowie Non- und Nearbanks in den Markt ein, die mit modifizierten Geschäftsmodellen oder Substituten in Konkurrenz zu den Sparkassen operieren. Dabei stellen insbesondere große, international tätige Kreditinstitute mit Kostenvorteilen durch industrialisierte Prozesse sowie hohe Skalen- und Erfahrungseffekte eine potenzielle Gefahr im Retail-Geschäft für die Sparkassen mit ihren relativ geringen Skalen- und Erfahrungseffekten dar.[113] Besonders wachsam sollte auch die Entwicklung im Bereich der elektronischen Zahlungssysteme verfolgt werden. Derartige Anbieter, wie beispielsweise PayPal, können schnell zu neuen Konkurrenten mit immensen Größenvorteilen mutieren.

Bedrohung durch Ersatzprodukte

Ersatzprodukte (potenzielle Substitute) sind Produkte, die ähnliche Kundenbedürfnisse erfüllen, wie die der untersuchten Branche, gegenwärtig aber noch nicht in einer engen Substitutionsbeziehung zueinander stehen und von den

---

[111] Vgl. Hungenberg, H.: [Strategisches Management in Unternehmen (2004)] S. 99

[112] Vgl. Lütke-Uhlenbrock: [Bewertung öffentlich-rechtlicher Sparkassen (2007)] S. 90 f.

[113] Vgl. Achenbach/Lange/Steffens: Strategisches Management in Finanzinstituten, in: Steffens/ Westenbaum (Hrsg.): [Kompendium Management in Banking & Finance, Band 1 (2008)] S. 331 f.

Verbrauchern noch nicht als Substitut wahrgenommen werden.[114] Wenn ein Produkt oder eine Dienstleistung durch ein Ersatzprodukt bzw. eine Ersatzdienstleistung abgelöst wird, um dieselben Bedürfnisse der Abnehmer zu befriedigen, spricht man von Substitution. Substitutionsprodukte bedrohen insbesondere das Nachfragevolumen und die Rentabilität einer Branche.[115] Die Gefahr der Substitution besteht in allen Branchen, so auch für die Sparkassen. In den 2000er Jahren ist beispielsweise das Online-Banking in Konkurrenz zum klassischen Filial-Banking getreten, wodurch sich die Wettbewerbssituation für die Sparkassen durch deren verspäteten Anschluss an diese Technologie massiv verschärft hat.

Um Ersatzprodukte identifizieren zu können, muss nach Produkten oder Dienstleistungen gesucht werden, welche die gleichen oder ähnliche Funktionen wie das Produkt bzw. die Dienstleistung der Branche erfüllen.[116] Als Ersatzprodukte gelten dabei die Produkte, deren Nachfrage sich verändert, wenn sich der Preis eines anderen Produktes um eine Einheit verändert. Dieser, als Kreuzpreiselastizität bezeichneter Wert ist positiv, wenn zwischen den untersuchten Produkten eine Substitutionsbeziehung vorliegt.[117] Im Umkehrschluss bedeutet dies, dass bei hoher Kreuzpreiselastizität ein geringes Preiserhöhungspotenzial vorliegt, da in diesen Fällen schnell Ersatzprodukte nachgefragt werden. Niedrige Umstellungskosten, wie sie bei Finanzprodukten meist vorzufinden sind, erhöhen die Gefahr der Substitution zusätzlich. In der Finanzdienstleistungsbranche liegt beispielsweise bei den Vermögensanlageprodukten eine positive Kreuzpreiselastizität und damit eine hohe Substitutionsbeziehung vor. Werden verzinsliche Anlagen teurer (was in diesem Fall eine niedrigere Rendite für den Anleger bedeutet), wird schnell auf alternative Anlageformen, wie beispielsweise Aktien oder Immobilien ausgewichen, die eine höhere Rendite versprechen. Der Finanzdienstleistungsmarkt muss demnach als substitutionsgefährdet bezeichnet werden.

---

[114] Vgl. Hungenberg, H.: [Strategisches Management in Unternehmen (2004)] S. 102

[115] Vgl. Porter M.: [Wettbewerbsvorteile, Spitzenleistungen erreichen und behaupten (2000)] S. 355

[116] Vgl. Porter M.: [Wettbewerbsvorteile, Spitzenleistungen erreichen und behaupten (2000)] S. 356

[117] Vgl. Hungenberg, H.: [Strategisches Management in Unternehmen (2004)] S. 96 f.

Verhandlungsstärke der Kunden

Die Marktmacht der Abnehmer äußert sich darin, dass die Kunden einer Sparkasse niedrigere Preise durchsetzen, eine höhere Qualität fordern und/oder einen besseren Service verlangen können. Eine hohe Marktmacht der Abnehmer wirkt sich negativ auf die Ertragslage der jeweiligen Sparkasse aus.[118]

Die Verhandlungsstärke der Kunden hängt stark von deren Informationsstand ab. Dabei gilt, dass ein hoher Informationsstand der Kunden zu einer Erhöhung der Machtposition führt. So sorgt beispielsweise die zunehmende Nutzung des Internets für eine breite und tiefe Informationsbasis der Kunden in Finanzangelegenheiten, welche ihre Verhandlungsposition stärkt. Darüber hinaus erhöhen ein hohes Substitutionspotenzial und niedrige Umstellungskosten die Marktmacht der Abnehmer. Da Finanzdienstleistungsprodukte inzwischen sehr transparent und leicht substituierbar sind und sich die potenziellen Umstellungskosten für wechselbereite Kunden in vertretbaren Grenzen halten, ist die Marktmacht der Kunden in der Finanzdienstleistungsbranche als hoch zu bezeichnen.

Verhandlungsstärke der Lieferanten

Marktmacht der Lieferanten äußert sich in einer Durchsetzung höherer Preise oder der Lieferung einer geringeren Qualität für die Produkte bzw. die Dienstleistungen der Lieferanten. Dabei gelten die für die Verhandlungsmacht der Abnehmer genannten Gesetzmäßigkeiten analog, nur eben mit umgekehrtem Vorzeichen.[119] Die Marktmacht eines Lieferanten ist umso höher, je wichtiger ein Produkt für eine Sparkasse ist, je dichter die Lieferantenseite konzentriert ist, je höher die Umstellungskosten bei einem Anbieterwechsel ausfallen und je geringer das Drohpotenzial der Sparkasse mit Rückwärtsintegration oder Substitution ausfällt.[120]

Im Sparkassensektor sind die folgenden Lieferanten von besonderer Relevanz:

---

[118] Vgl. Hungenberg, H.: [Strategisches Management in Unternehmen (2004)] S. 101 f.

[119] Vgl. Hungenberg, H.: [Strategisches Management in Unternehmen (2004)] S. 100

[120] Vgl. Achenbach/Lange/Steffens: Strategisches Management in Finanzinstituten, in: Steffens/ Westenbaum (Hrsg.):[Kompendium Management in Banking & Finance, Band 1 (2008)] S. 338 f.

- Mitarbeiter
- Verbundpartner, wie Bausparkassen, Versicherungsgesellschaften, Wertpapiervermittler und Investmentfondsgesellschaften
- IT-Anbieter und Rechenzentren
- Sonstige Partner und Lieferanten, z.b. Stromanbieter, Lieferanten von Bürobedarf, etc.

Die Marktmacht der Lieferanten ist nicht in Stein gemeißelt. Vielmehr unterliegt sie den üblichen marktspezifischen Gesetzmäßigkeiten. Ein Lieferant mit bislang hoher Marktmacht kann beispielsweise durch den Markteintritt neuer Anbieter oder durch Substitution schnell „machtlos" werden. Demzufolge ist Marktmacht der Lieferanten regelmäßig und detailliert zu untersuchen und zu bewerten.

Rivalität unter den Wettbewerbern

Die Rivalität der Unternehmen, die in der untersuchten Branche operieren, kommt in der Wettbewerbsintensität zum Ausdruck. Wettbewerb wird in der Regel entweder durch einen Preiswettbewerb oder einen Leistungswettbewerb bestimmt. Der Grad der Rivalität hängt insbesondere von der Anzahl der Wettbewerber und dem Branchenwachstum ab. Wächst eine Branche nur langsam, oder schrumpft sie sogar, so ist die Ausweitung des eigenen Geschäfts nur möglich, wenn Marktanteile zu Lasten der Konkurrenten erhöht werden.[121]

Die Rivalität im deutschen Bankenmarkt gilt vor allem in den Ballungszentren als ausgeprägt, da der Markt dort als überbesetzt („overbanked") anzusehen ist, die Bevölkerung nur langsam wächst, das Marktpotenzial ausgeschöpft ist und viele kleine Institute untereinander um Marktanteile ringen. Für die Sparkassen, die in der Fläche mit den dort oft anzutreffenden monopol- oder dyopolähnlichen Strukturen operieren, ergibt sich meist eine andere Wettbewerbssituation. Hier beschränkt sich die Rivalität auf den Wettbewerb mit ein oder zwei Kreditinstituten im Geschäftsgebiet, ergänzt um die Existenz von Direktbanken. Je höher die Bankendichte in dem Gebiet wird, in dem eine

---

[121] Vgl. Hungenberg, H.: [Strategisches Management in Unternehmen (2004)] S. 102 f.

Sparkasse operiert, desto ausgeprägter ist die Rivalität unter den Wettbewerbern.[122]

Die Gefahr der Rivalität unter den Wettbewerbern liegt in der Reaktionsverbundenheit, die sich in der notwendigen Nachahmung von Aktionen eines Wettbewerbers zur Vermeidung von Marktanteilsverlusten äußert. So mussten viele Sparkassen wegen des wettbewerberseitigen Angebots von kostenlosen Girokonten mit Preisnachlässen in ihrem Girokontoangebot reagieren, um Marktanteilsverluste höheren Ausmaßes zu vermeiden. Diese preispolitische Reaktion hat die Ertragssituation dieser Sparkassen natürlich negativ beeinflusst.

3.3.4. Analyse der Mikroumwelt

In Ergänzung zur Analyse der Makroumwelt, welche die Umweltsituation unabhängig von der Branche untersucht und zur Analyse der Branchenstruktur, die branchenspezifische Charakteristika beleuchtet, widmet sich die Mikroanalyse speziellen Einflussfaktoren für die Sparkassen in ihren jeweiligen Wirkungskreisen. Dabei werden dieselben Aspekte und Einflussfaktoren untersucht, die auch bei der Analyse der Makroumwelt Gegenstand der Untersuchung waren, hier allerdings beschränkt auf das Geschäftsgebiet der Sparkasse. Diese Unterscheidung ist insofern wichtig, als nationale Einflussfaktoren von regionalen Umwelteinflüssen abweichen können. So sind Abweichungen konjunkturspezifischer Phänomene auf Bundesebene von denen einer Region durchaus üblich. Die Analyse der Mikroumwelt umfasst neben der politisch-rechtlichen Umwelt auf kommunaler Ebene auch die ökonomischen und gesellschaftlichen Verhältnisse im Geschäftsgebiet und die ökologischen Aspekte in der Region.

Neben diesen, der Analyse der Makroumwelt angelehnten Untersuchungsobjekten ist auch die Branchensituation vor Ort zu analysieren.[123]

---

[122] Vgl. Achenbach/Lange/Steffens: Strategisches Management in Finanzinstituten, in: Steffens/ Westenbaum (Hrsg.):[Kompendium Management in Banking & Finance, Band 1 (2008)] S. 336

[123] Vgl. Lütke-Uhlenbrock: [Bewertung öffentlich-rechtlicher Sparkassen (2007)] S. 89

Dabei sind insbesondere die Kunden- und die Wettbewerberanalyse von strategischer Relevanz.

Strategische Kundenanalyse am Beispiel Privatkunden

Die strategische Kundenanalyse befasst sich mit den (potenziellen) Kunden im Geschäftsgebiet einer Sparkasse und versucht dabei die *Bedürfnisse* und das *Kaufverhalten* der Kunden zu identifizieren.[124] Da in Sparkassen Kunden mit verschiedenen Bedürfnissen und unterschiedlichen Reaktionen auf Marketing-Maßnahmen anzutreffen sind, müssen diese in weitestgehend homogene Kundensegmente abgegrenzt werden, um eine gezielte und segmentspezifische Kundenbearbeitung und den Einsatz segmentspezifischer Marketing-Maßnahmen zu ermöglichen.[125]

Als *Kundensegmentierung* wird die Aufteilung des Gesamtmarktes in homogene und untereinander möglichst heterogene Käufergruppen verstanden.[126] Dies erfolgt mit Hilfe von determinierten Segmentierungskriterien, wobei aus Gründen der erhöhten Komplexität, und den damit konsequenterweise verbundenen Kosten darauf zu achten ist, dass nicht zu viele Kundensegmente gebildet werden. Dieser Spagat lässt sich durch die Auswahl von Segmentierungskriterien lösen, die in einer möglichst eindeutigen Beziehung zu den Bedürfnissen und dem Kaufverhalten der Kunden stehen.[127]

Die traditionelle Segmentierungspraxis im Privatkundengeschäft der Sparkassen, die durch die Segmentierung nach Alter, Einkommen und Vermögen geprägt war und dabei eher ertragsorientierten als potenzialorientierten Gesichtspunkten folgte, führte im Rahmen der Vertriebskonzeption „2010" zur Bildung der folgenden „klassischen Kundensegmente" im Privatkundengeschäft:[128]

- Jugendmarkt

---

[124] Vgl. Hungenberg, H.: [Strategisches Management in Unternehmen (2004)] S. 122

[125] Vgl. Schleef/Kanzler/Kraus/Fuchs: Vertriebsmanagement in Finanzinstituten, in: Steffens/ Westenbaum (Hrsg.): [Kompendium Management in Banking & Finance, Band 2 (2008)] S. 312

[126] Vgl. Duderstadt S.: [Wertorientierte Vertriebssteuerung durch ganzheitliches Vertriebscontrolling (2006)] S. 75

[127] Vgl. Hungenberg, H.: [Strategisches Management in Unternehmen (2004)] S. 122

[128] Vgl. Thum/Semmler: [Kundenwert in Banken und Sparkassen (2003)] S. 79 f.

- Junge Erwachsene
- Privatkunden
- Senioren
- Gehobene Privatkunden
- Individualkunden
- Top-Kunden

Obwohl dieser Ansatz der Kundensegmentierung nach ökonomischen Merkmalen, der heute in vielen Sparkassen vorzufinden sein dürfte, ein Schritt in die richtige Richtung war, erfüllte er den Anspruch an die Bedürfnisorientierung[129] noch zu oberflächlich. Mit Einführung des Sparkassen-Finanzkonzeptes[130] wurden die Bedürfnisse von Kunden situationsspezifisch nach *Lebensphasen* abgegrenzt:[131]

- Ausbildung und Studium
- Berufliche und private Orientierung
- Erste Individualisierungsphase
- Etablierung und Familie
- Zweite Individualisierungsphase
- Genuss im Alter

In diesen Lebensphasen sind annähernd gleiche charakteristische Bedürfnisse in finanzieller Hinsicht vorzufinden, so dass sich hieraus strategische Marketingpositionen einfacher und zielgerichteter bilden lassen.

Die beiden oben genannten Ansätze lassen sich in einer Matrix gegenüberstellen, so dass sich die Fragen „wer sind unsere Kunden?" und „welche Bedürfnisse

---

[129] Vgl. Hinterhuber H.: [Strategische Unternehmensführung, I. Strategisches Denken (2011)] S. 140

[130] Vgl. www.sparkasse.de: Das Sparkassen-Finanzkonzept verkörpert den ganzheitlichen Beratungsansatz der Sparkassen und berücksichtigt neben der gegenwärtigen finanziellen Situation auch die zukünftigen finanziellen Aspekte des Lebens.

[131] Vgl. Thum/Semmler: [Kundenwert in Banken und Sparkassen (2003)] S. 86

haben unsere Kunden zu welchem Zeitpunkt?" aussagekräftig genug beantworten lassen (vgl. Tab. 4).[132] Auf diese Weise wird die Bildung eines zu umfangreichen Produktportfolios und die damit verbundene Erhöhung der Komplexität (vgl. Abschnitt 4.3.2.1) von vornherein vermieden. Im Anhang ist ein Arbeitsblatt zur Durchführung dieses Prozesses beigefügt.[133]

		Klassische Segmentierung					
		Jugend-markt	Junge Erwachsene	Privat-kunden	Senioren	Gehobene Privat-kunden	Individual-kunden	Top-Kunden
Lebensphase	Ausbildung & Studium							
	Berufliche & private Orientierung							
	Erste Individualisierung							
	Etablierung & Familie							
	Zweite Individualisierung							
	Genuss im Alter							

Tabelle 4: Segmentierungsmatrix (Quelle: Thum/Semmler 2003, S. 86)

In einem weiteren Schritt der strategischen Kundenanalyse sind die Kaufgewohnheiten der Kunden im jeweiligen Geschäftsgebiet zu untersuchen. Dabei beeinflusst insbesondere die Absatzwegeaffinität der Kunden die strategischen Entscheidungen über Anprachewege und Produktangebote.[134] Während Finanzdienstleistungen früher ausschließlich in der Filiale nachgefragt und befriedigt wurden, werden diese heute zusätzlich fernmündlich, fernschriftlich und vor allem über das Internet abgerufen. Demzufolge kann eine Kundensegmentierung unter diesem Aspekt durchaus eine strategisch interessante Erweiterung des klassischen Segmentierungsansatzes darstellen.

Unter Berücksichtigung der Pareto-Regel, wonach 80% der Erträge mit 20% der Kunden generiert werden,[135] fragen wir uns im letzten Schritt der strategischen Kundenanalyse, welche Kunden derzeit und in Zukunft die Ertragsbringer einer

---

[132] Vgl. Duderstadt S.: [Wertorientierte Vertriebssteuerung durch ganzheitliches Vertriebscontrolling (2006)] S. 78

[133] Anhang 11

[134] Vgl. Schleef/Kanzler/Kraus/Fuchs: Vertriebsmanagement in Finanzinstituten, in: Steffens Westenbaum (Hrsg.): [Kompendium Management in Banking & Finance, Band 2 (2008)] S. 314

[135] Vgl. Jung H.: [Controlling (2003)] S. 446

Sparkasse sind. Eine weitere verbreitete Methode zur Bewertung von Kunden ist die ABC-Analyse, die anhand der Deckungsbeitragsintensität die strategische Relevanz einzelner Kundengruppen für eine Sparkasse feststellt.[136] A-Kunden sind die strategisch wichtigsten Kunden mit den höchsten Deckungsbeiträgen, aber auch der höchsten Betreuungsintensität, während bei C-Kunden das Deckungsbeitragsaufkommen relativ gering ist und diese Kunden demnach möglichst standardisiert zu betreuen sind. B-Kunden sind in dieser Hinsicht noch indifferent, gelten jedoch meist als Potenzialkunden. Anhand dieser Segmentierungssystematik kann ein Kundenwertportfolio in Anlehnung an die BCG-Portfoliomatrix[137] (vgl. Abschnitt 4.3.1.1) erstellt werden, wobei auf der Ordinate das Ertragswachstumspotenzial und auf der Abszisse der relative Deckungsbeitrag abgebildet wird (vgl. Abb. 5).

Je nachdem, in welchem Quadranten die einzelnen Kundensegmente einzuordnen sind, ergeben sich unterschiedliche strategische Anforderungen. So sind Jugendliche und junge Erwachsene in der Ausbildungs- und Studiumsphase in der Regel mit einem Fragezeichen zu sehen, während vermögende Privatkunden in der zweiten Individualisierungsphase zu den „Cash-Cows" gehören dürften. Mit den daraus folgenden strategisch erforderlichen Maßnahmen werden wir uns ausführlich im folgenden Kapitel befassen.

---

[136] Vgl. Jung H.: [Controlling (2003)] S. 445 f.

[137] Vgl. Hungenberg, H.: [Strategisches Management in Unternehmen (2004)] S. 425 ff.

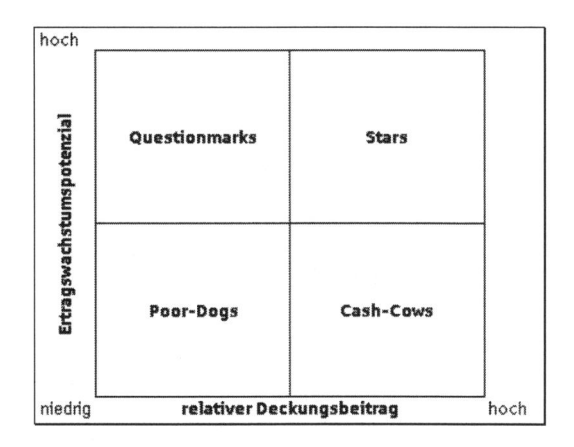

```
                hoch
         ┌─────────────┬─────────────┐
    ↑    │             │             │
    potenzial │ Questionmarks │    Stars    │
    wachstums │             │             │
    Ertrags  ├─────────────┼─────────────┤
         │             │             │
         │  Poor-Dogs  │  Cash-Cows  │
         │             │             │
         └─────────────┴─────────────┘
  niedrig   relativer Deckungsbeitrag   hoch
```

Abbildung 5: Kundenwertportfolio (eigene Graphik)

In der Praxis entscheidet selten nur ein Kriterium über die Art der Kundensegmentierung. Vielmehr ist bei der Segmentierung eine intelligente und durchdachte Kombination mehrerer Kriterien zu fordern.[138] Auf welche Segmentierungskriterien eine Sparkasse dabei letztlich zurückgreift, ist natürlich von den spezifischen Besonderheiten vor Ort abhängig. Wichtig erscheint mir jedoch die Forderung, dass für die gebildeten Kundensegmente wirksame Strategien entwickelt und umgesetzt werden können. Ist diese Voraussetzung nicht erfüllt, ist der mit der Kundensegmentierung verbundene Aufwand relativ sinnlos.

Strategische Wettbewerbsanalyse

Eigene Stärken und Schwächen lassen sich nur im Vergleich mit den relevanten Wettbewerbern identifizieren.[139] Dieser Vergleich ist Aufgabe der strategischen Wettbeweranalyse, wofür zunächst die relevanten Konkurrenten einer Sparkasse zu identifiziert sind. Als Konkurrenten gelten die Unternehmen, die aus Kundensicht in einer Substitutionsbeziehung zum eigenen Unternehmen stehen, d.h. deren Produkte zur Befriedigung der gleichen Kundenbedürfnisse

---

[138] Vgl. Schleef/Kanzler/Kraus/Fuchs: Vertriebsmanagement in Finanzinstituten, in: Steffens/ Westenbaum (Hrsg.):[Kompendium Management in Banking & Finance, Band 2 (2008)] S. 314

[139] Vgl. St. Galler Business School: [Einführung in das strategische Management (2011)] S. 5

geeignet sind.[140] Ergänzend müssen aber auch die in Kapitel 3.3.3 genannten potenziellen Wettbewerber einbezogen werden, da sich diese gerade in dynamischen Umfeldern schnell zu Konkurrenten etablieren können. Unternehmen, die über gleiche oder ähnliche Strategien verfügen, werden dabei zu strategischen Gruppen zusammengefasst (z.B. Direktbanken und Genossenschaftsbanken). Inwieweit ein Konkurrent als relevant zu sehen ist, hängt natürlich stark von der (potenziellen) Beeinflussung des eigenen Geschäftserfolges durch die Aktivitäten des Wettbewerbers ab. Im Allgemeinen sind die Genossenschaftsbanken und die Direktbanken als relevante Wettbewerber der Sparkassen anzusehen, da erstere über ein ähnliches Geschäftsmodell wie die Sparkassen verfügen und die Direktbanken über das Internet überall und rund um die Uhr präsent sind. Welche zusätzlichen Wettbewerber im Einzelfall als relevant zu betrachten sind, hängt von den Wettbewerbsstrukturen im Geschäftsgebiet ab.

Nachdem die relevanten und stärksten Konkurrenten identifiziert sind, müssen diese detailliert analysiert werden. Dafür bietet sich die Konkurrenzanalyse nach PORTER an, welche die Ermittlung von Reaktionsprofilen der Konkurrenten aufgrund deren Motivation und Verhalten bzw. potenziellen Verhalten in den Vordergrund stellt.[141] Dabei ist zu prüfen, wie die Konkurrenten auf strategische und operative Entscheidungen einer Sparkasse reagieren werden und welchen Mobilitätsbarrieren[142] sie unter Umständen ausgesetzt sind. Folgen wir diesem Ansatz, so ergeben sich fünf zentrale Fragen:

- Welche Strategie verfolgt der Konkurrent gegenwärtig?
- Welche Stärken und Schwächen besitzt der Konkurrent?
- Welche zukünftigen Ziele wird er verfolgen?
- Welche Einschätzung hat der Wettbewerber von sich selbst und von der Branche?

---

[140] Vgl. Hungenberg, H.: [Strategisches Management in Unternehmen (2004)] S. 126 ff.

[141] Vgl. Buchholz L.: [Strategisches Controlling (2009)] S. 184 f.

[142] Vgl. Hungenberg, H.: [Strategisches Management in Unternehmen (2004)] S. 126 f.: Eine Mobilitätsbarriere behindert die Veränderung der strategischen Position eines Unternehmens

- Wie wird der Wettbewerber auf unsere strategischen Entscheidungen reagieren?

In den seltensten Fällen werden sich die Fragen direkt beantworten lassen, da die Konkurrenten die Details ihrer Strategie in der Regel nicht öffentlich zugänglich machen. Demnach müssen einzelne Informationen fragmentartig gesammelt und analog einem Puzzle zu einem schlüssigen Gesamtbild aggregiert werden. Dies gelingt jedoch nur, wenn die systematische und nachhaltige Beobachtung von Wettbewerbern sichergestellt ist. Dieser in der modernen Managementlehre als „Competitive Intelligence" bezeichnete Prozess versteht darunter die systematische Informationserhebung und –analyse. Aus den dadurch gewonnenen fragmentierten Informationen über Märkte, Wettbewerber und Technologien entsteht ein Verständnis über das Unternehmensumfeld.[143] Das dabei erworbene Wissen über die strategisch relevanten Konkurrenten ist insbesondere in dynamischen Märkten oft überlebensnotwenig.

3.3.5. Zusammenfassung: Empfehlungen für das Top-Management einer Sparkasse zur Identifikation von Chancen und Risiken

Nach dem EFQM-Excellence-Modell beruht die Strategie eines Unternehmens auf dem Verständnis des externen Umfelds. Dabei müssen die relevanten Umfeldfaktoren und deren Entwicklung nicht nur identifiziert und analysiert, sondern auch antizipiert werden.[144] Während der Status-quo- der unternehmensrelevanten Umwelt noch relativ einfach zu ermitteln ist, gestaltet sich die für die strategische Planung erforderliche Antizipation von Umwelteinflüssen[145] weit schwieriger. Hierfür bietet sich die Szenario-Technik als Hilfsmittel an, die von einfachen Verfahren wie Umfragen, Brainstorming und historische Analogie bis zu komplexeren Methoden wie die Delphi-Technik und die Relevanzbaum-Methode reicht.[146] Auf eine detaillierte Darstellung dieser Hilfsmittel muss in dieser Arbeit verzichtet werden, wenngleich sie der Vollständigkeit halber erwähnt sein sollen.

---

[143] Vgl. Michaeli R.: [Competitive Intelligence (2006)] S. 3 f.

[144] Vgl. EFQM Publications: [EFQM Excellence Modell (2009)] S. 12

[145] Vgl. Hinterhuber H.: [Strategische Unternehmensführung, I. Strategisches Denken (2011)] S. 119

[146] Vgl. Jung H.: [Controlling (2003)] S. 325 ff.

Das Ergebnis der strategischen Umweltanalyse ist die Identifikation von kritischen Umweltfaktoren, die für die Branche als Ganzes und für die einzelne Sparkasse heute und in Zukunft Chancen, aber auch Risiken erzeugen können.[147] Um die Komplexität in Grenzen zu halten, folgen wir auch hier dem Pareto-Ansatz und bezeichnen als kritische Umweltfaktoren diejenigen, welche die größte Hebelwirkung auf den geschäftlichen Erfolg erzeugen. Für die systematische und ressourcenschonende Durchführung der strategischen Umfeldanalyse bietet sich der Einsatz von standardisierten Checklisten, Fragebögen und Blankoerfassungsformularen an.[148] Die wesentlichen Inhalte der Umweltanalyse sind in der folgenden Tabelle dargestellt (vgl. Tab. 5).

Analyse der Makroumwelt	Analyse der Branchenstruktur	Analyse der Mikroumwelt
Politisch-rechtliche Umwelt	Bedrohung durch neue, potenzielle Konkurrenten	Strategische Kundenanalyse
Ökonomische Umwelt	Bedrohung durch Ersatzprodukte	Strategische Wettbewerberanalyse
Gesellschaftliche Umwelt	Verhandlungsstärke der Abnehmer	
Technologische Umwelt	Verhandlungsstärke der Lieferanten	
Ökologische Umwelt	Rivalität unter den Wettbewerbern	

Tabelle 5: Wesentliche Inhalte der Umfeldanalyse

Wichtig erscheint mir zum Schluss dieses Abschnitts die Forderung nach einer Einbindung der strategischen Umfeldanalyse in den strategischen Managementprozess und die systematische und laufende Beobachtung der relevanten Umwelt. Hierfür sind geeignete Verfahren zu entwickeln und die Verantwortlichkeiten klar zu regeln.

---

[147] Vgl. Hinterhuber H.: [Strategische Unternehmensführung, I. Strategisches Denken (2011)] S. 125 f.

[148] Vgl. Wahr/Siekmann: [Strategisches Management und Controlling (2008)] S. 55

3.4. Die Unternehmensanalyse lässt die unternehmensinternen Stärken und Schwächen einer Sparkasse erkennen

Im vorherigen Abschnitt wurden die für eine Sparkasse relevanten Chancen und Risiken identifiziert. Dieser marktorientierte Ansatz (marketbased view) der Unternehmensführung wird durch die Unternehmensanalyse um den ressourcenorientierten Ansatz (resourcebased view) ergänzt und miteinander verknüpft. Damit soll überprüft werden, ob die jeweilige Sparkasse über die nötigen Stärken verfügt, um Chancen nutzen und Bedrohungen abwehren zu können und welchen Gefahren sie wegen ihrer unternehmensspezifischen Schwächen in besonderem Maße ausgesetzt ist, bzw. welche Chancen sie deswegen nicht nutzen kann.[149] In der Unternehmensanalyse werden die einzelnen wertschöpfenden Aktivitäten einer Sparkasse detailliert und objektiv bewertet, welche in einem ersten Schritt zu identifizieren sind. Mit Hilfe der Wertkette nach PORTER lassen sich diese gut strukturieren.[150] Die in Abbildung 6 dargestellte Wertkette beinhaltet die wesentlichen wertschöpfenden Aktivitäten einer Sparkasse.[151]

---

[149] Vgl. Hungenberg, H.: [Strategisches Management in Unternehmen (2004)] S. 129

[150] Vgl. Porter M.: [Wettbewerbsvorteile, Spitzenleistungen erreichen und behaupten (2000)] S. 63 ff.

[151] Vgl. Lütke-Uhlenbrock: [Bewertung öffentlich-rechtlicher Sparkassen (2007)] S. 95 und Wahr/Siekmann: [Strategisches Management und Controlling (2008)] S. 66

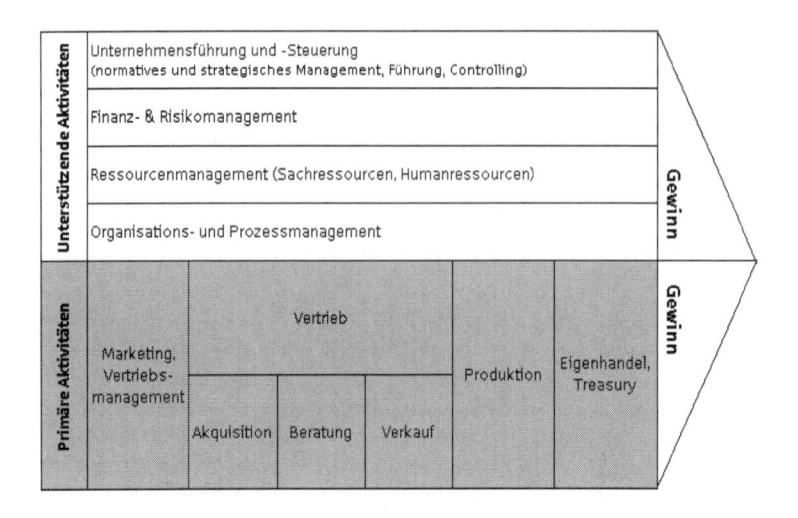

Abbildung 6: Sparkassenspezifische Wertkette nach PORTER (Quelle: Porter 2000, S. 66, modifiziert)

3.4.1. Analyse der Kompetenzen einer Sparkasse

Wettbewerbsvorteile entstehen, wenn eine Sparkasse Teile der Wertkette billiger oder besser als ihre Konkurrenten erledigt, wobei die damit zusammenhängenden Aktivitäten stets im Rahmen der Kompetenzen vollzogen werden.[152] Um Wettbewerbsvorteile generieren zu können, müssen demnach die Kompetenzen einer Sparkasse analysiert werden. Als Kompetenzen werden in diesem Zusammenhang

- die Ressourcen, d.h. alle materiellen und immateriellen Güter, Vermögensgegenstände sowie Einsatzfaktoren, über die eine Sparkasse verfügt sowie
- die Fähigkeit der Sparkasse die Ressourcen durch eine zielorientierte Ausrichtung und Koordination zu nutzen,

---

[152] Vgl. Porter M.: [Wettbewerbsvorteile, Spitzenleistungen erreichen und behaupten (2000)] S. 63

verstanden.[153] Ressourcen und Fähigkeiten, die für eine Sparkasse von besonders erfolgskritischer Bedeutung sind, werden als Kernkompetenzen, oder auch als kritische Erfolgsfaktoren bezeichnet. Kernkompetenzen unterscheiden sich von anderen Aktivitäten im Unternehmen dadurch, dass sie Potenziale generieren, die es einer Sparkasse über einen längeren Zeitraum gestatten, diese zum eigenen wirtschaftlichen Vorteil zu nutzen.[154] Kernkompetenzen können Wettbewerbsvorteile verschaffen, wenn sie folgende Bedingungen gleichzeitig erfüllen:[155]

- Erkennbare und wertvolle Nutzenstiftung für die Interessensgruppen
- Einmaligkeit gegenüber der Konkurrenz
- Schwere Imitierbarkeit
- Eröffnung eines potenziellen Zugangs zu einer Vielzahl von Märkten

Mit Hilfe dieser Bedingungen wird auch der Prozess der Identifizierung von Kernkompetenzen erleichtert: Werden für eine einzelne wertschöpfende Tätigkeit oder eine Ressource alle Bedingungen mit „Ja" bestätigt, so ist die Wahrscheinlichkeit recht hoch, dass es sich dabei um eine Kernkompetenz handelt.[156] Zur Beantwortung der Frage, über welche Soll-Kernkompetenzen eine Sparkasse verfügen sollte, eignet sich der Ansatz von HINTERHUBER, der als Kernkompetenzen die kritischen Prozesse bezeichnet, die eine hohe Korrelation mit wichtigen Kriterien der Stakeholder-Zufriedenheit aufweisen.[157] Dieser Ansatz fordert demnach Kernkompetenzen zur Nutzenstiftung gegenüber allen Interessensgruppen einer Sparkasse und nicht nur gegenüber der Interessensgruppe Kunden.

In der Analyse der Kompetenzen sind nicht nur die wertkettenspezifischen Aktivitäten einer Sparkasse zu berücksichtigen, sondern auch die Ressourcen,

---

[153] Vgl. Hungenberg, H.: [Strategisches Management in Unternehmen (2004)] S. 135

[154] Vgl. Bleicher K.: [Das Konzept integriertes Management (2004)] S. 290

[155] Vgl. Hinterhuber H.: [Strategische Unternehmensführung, I. Strategisches Denken (2011)] S. 130

[156] Vgl. Hinterhuber H.: [Strategische Unternehmensführung, I. Strategisches Denken (2011)] S. 131

[157] Vgl. Hinterhuber H.: [Strategische Unternehmensführung, I. Strategisches Denken (2011)] S. 133 f.

über die eine Sparkasse verfügt. PORTER unterscheidet dabei die folgenden Arten:[158]

- Humanressourcen
- Physische Ressourcen
- Know-how-basierte Ressourcen
- Infrastruktur

Im Rahmen der sogenannten Skill-Clustering-Analyse wird nun festgestellt, welche Kompetenz-Kombinationen aufgrund ihrer Anwendungshäufigkeit von besonderer Bedeutung für den geschäftlichen Erfolg einer Sparkasse und somit als Kernkompetenz zu bezeichnen sind. So wird beispielsweise die Kombination der Präsenz vor Ort mit dem hohen Qualifikationsniveau der Berater zur Kernkompetenz in Form des stationären Vertriebs.[159]

Für Festestellung der Kompetenzstärke werden in der Praxis Polaritätsprofile (vgl. Abb. 7) und Scoringverfahren (vgl. Abb. 8) verwendet.[160]

---

[158] Vgl. Rose P.: Marketingorientiertes Kernkompetenz-Controlling, in Zerres/Zerres (Hrsg.): [Handbuch Marketing-Controlling (2006)] S. 57

[159] Vgl. Rose P.: Marketingorientiertes Kernkompetenz-Controlling, in Zerres/Zerres (Hrsg.): [Handbuch Marketing- Controlling (2006) S. 63 ff.

[160] Vgl. Jung H.: [Controlling (2003)] S. 292 ff.

Kritischer Erfolgsfaktor	gut	mittel	schlecht
Kunden- und Marktnähe			
Erreichbarkeit			
Servicequalität			
Time to Market			
Akquisitions- und Verkaufsstärke			
Motivation und Qualifikation der Mitarbeiter			
...			
...			

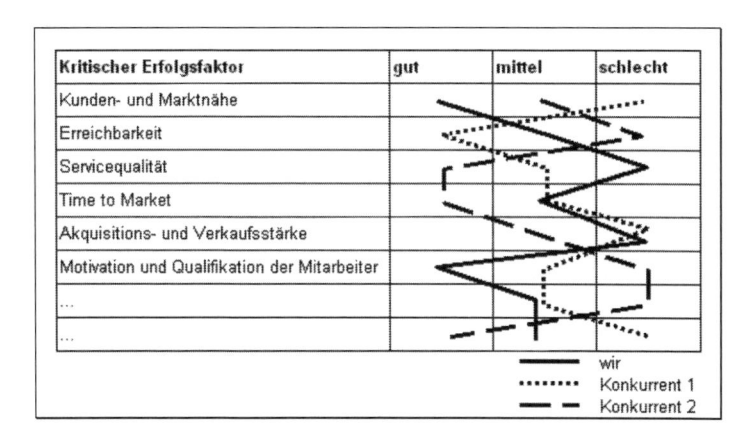

——— wir
········ Konkurrent 1
— — Konkurrent 2

Abbildung 7: Polaritätsprofil zur Analyse der Kernkompetenzen (eigene Grafik)

Während das Polaritätsprofil den Vergleich mit den stärksten Konkurrenten ermöglicht, gewährt das Scoringverfahren neben dem Unternehmensvergleich auch den Blick nach innen. So können anhand des Gesamtpotenzials Veränderungen der vorhandenen Ressourcen und Fähigkeiten im Zeitverlauf festgestellt und deren Ursachen analysiert werden.[161] Im Anhang ist ein Formular zur Durchführung dieses Prozesses beigefügt.[162]

Kritischer Erfolgsfaktor	Gewichtung	Im Vergleich zum stärksten Konkurrenten sehr gut → schlecht					Potenzial-summe
		5	4	3	2	1	
Kunden- und Marktnähe	10						40
Erreichbarkeit	5						15
Servicequalität	10						10
Time to Market	15						45
Akquisitions- und Verkaufsstärke	20						40
Motivation und Qualifikation der Mitarbeiter	10						50
...	...						...
...	...						...
	Summe=100					Gesamtpotenzial	...

Abbildung 8: Scoringverfahren für die Analyse der Kernkompetenzen (Quelle: Jung 2003, S. 295)

---

[161] Vgl. Hungenberg, H.: [Strategisches Management in Unternehmen (2004)] S. 143

[162] Anhang 12

Ergänzend zu diesen Verfahren können die einzelnen Kernkompetenzen in einem Kernkompetenz-Portfolio dargestellt werden (vgl. Abb. 9), welches den Vorteil der Ableitung von Strategien für das Kernkompetenzmanagement bietet.[163]

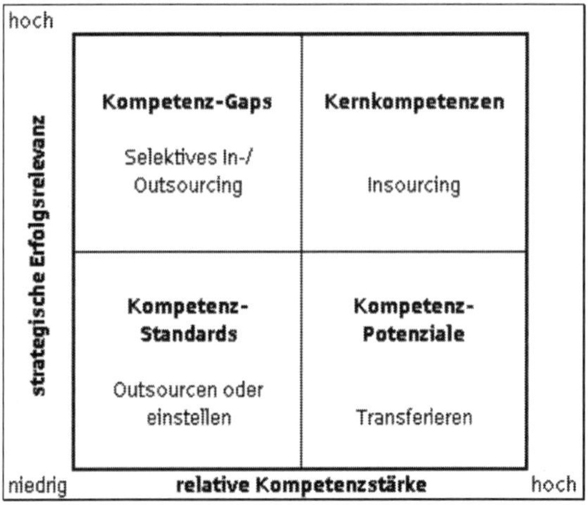

	Kompetenz-Gaps Selektives In-/ Outsourcing	Kernkompetenzen Insourcing
strategische Erfolgsrelevanz	Kompetenz-Standards Outsourcen oder einstellen	Kompetenz-Potenziale Transferieren

(hoch ↑ / niedrig → hoch: relative Kompetenzstärke)

Abbildung 9: Kernkompetenz-Portfolio (Quelle: Hinterhuber H. 2011, S. 145)

Das Ergebnis dieses Analyseprozesses ist die Identifikation von strategischen Erfolgspotenzialen, welche sich durch den Einsatz der Kernkompetenzen erschließen lassen und zu einer strategischen Erfolgsposition im Wettbewerb führen.[164] Daraus folgt die Forderung nach einer systematischen Analyse und Pflege von vorhandenen, aber auch dem Erkennen und dem Aufbau von neuen Kernkompetenzen. Dies nicht zuletzt vor dem Hintergrund der Tatsache, dass Kernkompetenzen im Zeitablauf einem Wertverlust unterliegen.[165] So ist beispielsweise davon auszugehen, dass der sparkassenspezifische Wettbewerbsvorteil in Form der Präsenz vor Ort mit zunehmender Elektronisierung des Bankgeschäftes an Wert verlieren wird. Demzufolge ist in

---

[163] Vgl. Hinterhuber H.: [Strategische Unternehmensführung, I. Strategisches Denken (2011)] S. 133 f.

[164] Vgl. Bleicher K.: [Das Konzept integriertes Management (2004)] S. 290 f.

[165] Vgl. Rose P.: Marketingorientiertes Kernkompetenz-Controlling, in Zerres/Zerres (Hrsg.): [Handbuch Marketing- Controlling (2006) S. 58

den Sparkassen ein systematisches Kernkompetenz-Management[166] einzurichten, welchem die Aufgabe zukommt,[167]

- die Kernkompetenzen nach den oben dargestellten Kriterien zu identifizieren
- den Wert der vorhandenen Kernkompetenzen zu erhöhen und auf Basis vorhandener Fähigkeiten Kompetenzen zu neuen Kernkompetenzen zu entwickeln, die den Marktanforderungen noch besser gerecht werden
- eine stärkere Bündelung der Ressourcen durch eine Konzentration auf wenige Kernkompetenzen zu ermöglichen
- Ressourcen und Fähigkeiten personell, organisatorisch und technisch so zu integrieren, dass ihre optimale Nutzung möglich ist
- den „added Value" deutlich herauszustellen, so dass dieser von den Kunden als Zusatznutzen wahrgenommen wird und dadurch ein Mehrwert für die Sparkasse entsteht
- die Dynamik der Kernkompetenzen zu erhalten, so dass der Transfer vorhandener Kernkompetenzen auf neue Produkte oder neue Kunden gesichert ist

Neben diesen Aufgaben sind Kernkompetenzen auch zwingend zum Gegenstand des Controllings zu machen, welches den gesamten Prozess des Kernkompetenzmanagements zu überwachen und zu steuern hat. Der Vergleich von identifizierten Ist-Kompetenzen mit den strategisch erarbeiteten Soll-Kompetenzen soll Abweichungen aufzeigen, die zu korrektiven Maßnahmen in Form einer Konzentration auf andere Kompetenzen oder der Weiterentwicklung bestehender Kompetenzen führen. Ergibt das Controlling, dass die personelle, organisatorische oder technische Allokation der Ressourcen und Fähigkeiten nicht optimal auf die strategische Planung ausgerichtet ist, sind entsprechende Umverteilungen vorzunehmen. Das Controlling liefert auch Hinweise darauf, in

---

[166] Statt des Begriffes „Kernkompetenzmanagement" wird oft auch der Begriff „Ressourcenmanagement" verwendet (vgl. beispielsweise Bleicher K.: [Das Konzept integriertes Management (2004)] S. 477)

[167] Vgl. Krüger/Homp: [Kernkompetenz-Management (1997)] S. 247 ff.

welchen Bereichen die Nutzung von Kernkompetenzen unterrepräsentiert ist und somit einer Optimierung der Nutzung bedarf. Schließlich prüft das Kernkompetenz-Controlling, ob der Transfer der Kernkompetenzen in die strategische Planung ausreichend berücksichtigt wurde. Der Anspruch an das Kernkompetenzmanagement ist das Erreichen einer größtmöglichen Differenzierung zu den Wettbewerbern im Bereich der Kosten, der Produktleistungen wie auch der Abwicklungs- bzw. Produktionsverfahren.[168] An diesem Anspruch muss sich das Kernkompetenzmanagement einer Sparkasse messen lassen.

3.4.2. Finanzielle Größen als Ausdruck von Stärken und Schwächen

Die finanziellen Größen sind das Abbild der Stärken und Schwächen einer Sparkasse. Im Zuge der strategischen Analyse ist daher dringend anzuraten, auch die wichtigsten finanziellen Größen einer Sparkasse, ergänzend zur Analyse der Ressourcen und Fähigkeiten, näher zu betrachten.[169] Als wesentlich sind dabei die Kennzahlen anzusehen, welche die Stabilität, den Wertbeitrag und die Liquidität einer Sparkasse abbilden (vgl. Abb. 10).[170]

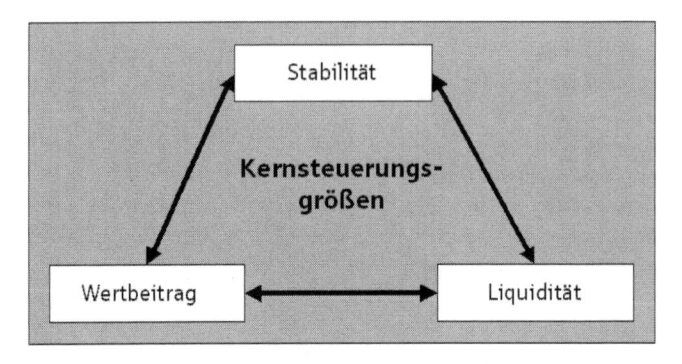

Abbildung 10: Wesentliche finanzielle Kennzahlen einer Sparkasse (Quelle: St. Galler Business School)

---

[168] Vgl. Jung H.: [Controlling (2003)] S. 293

[169] Vgl. Hungenberg, H.: [Strategisches Management in Unternehmen (2004)] S. 130

[170] Vgl. St. Galler Business School: [Seminar Executive Management Programm für Executives (Oktober 2011)] Ergebnisverbesserungsprogramme, S. 8

3.4.2.1. Stabilität durch Eigenkapital

Sparkassen unterliegen wie die privaten Geschäftsbanken dem Kreditwesensgesetz (KWG) mit seinen Anforderungen an eine angemessene Ausstattung mit Eigenmitteln.[171] Mit dieser Vorschrift soll sichergestellt werden, dass die Kreditinstitute jederzeit in der Lage sind, ihren Verpflichtungen gegenüber ihren Gläubigern nachzukommen. Nach dem KWG setzt sich das Eigenkapital (EK) wie folgt zusammen:[172]

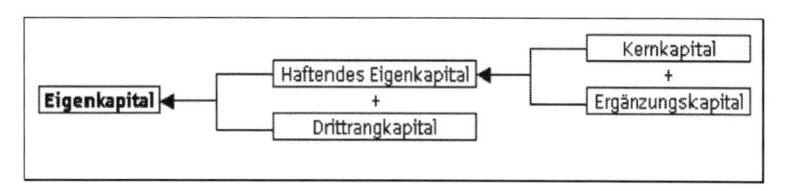

```
Eigenkapital ← Haftendes Eigenkapital ← Kernkapital
             +                         +
             Drittrangkapital          Ergänzungskapital
```

Abbildung 11: Bestandteile des Eigenkapitals einer Sparkasse (eigene Graphik)

Die Frage der Angemessenheit des Eigenkapitals wird nicht durch das KWG, sondern durch die Solvabilitätsverordnung (SolvV) geregelt, welche den bisher geltenden Grundsatz I (GS I) über die Eigenmittel der Institute ersetzt. Sie enthält detaillierte Bestimmungen für die angemessene Eigenmittelausstattung von Sparkassen und präzisiert damit die im KWG aufgestellten Eigenmittelanforderungen.[173] Da die Sparkassen als Anstalten des öffentlichen Rechts keine Eigentümer im klassischen Sinne haben, die Kapital in Form von Grund- oder Stammkapital zur Verfügung stellen, stehen auch keine eigentümerspezifischen Kernkapitalbestandteile zur Verfügung. Das haftende Eigenkapital einer Sparkasse besteht zum größten Teil aus der sogenannten Sicherheitsrücklage, die durch laufende Gewinnthesaurierung gebildet wird.[174]

Um den aufsichtsrechtlichen Anforderungen entsprechen und die strategische Handlungsfähigkeit erhalten zu können, müssen die Sparkassen an einer laufenden Stärkung ihrer Eigenkapitalausstattung interessiert sein und möglichst

---

[171] Vgl. KWG § 10 Abs. 1, S.1

[172] Vgl. KWG § 10 Abs. 2

[173] Vgl. http://www.bafin.de/cln_235/nn_721188/SharedDocs/Aufsichtsrecht/DE/Verordnungen SolvV.html?__nnn=true   (Anhang 13)

[174] Vgl. Lütke-Uhlenbrock: [Bewertung öffentlich-rechtlicher Sparkassen (2007)] S. 156 f.

viele Gewinnbestandteile der Sicherheitsrücklage zuführen. Dem stehen unter Umständen die Interessen der Träger gegenüber, die ihre Haushaltssituation durch ausgeschüttete Gewinnanteile der Sparkassen natürlich gerne verbessern möchten. Dieser Ausgleich unterschiedlicher Interessenslagen erfolgt, wie unter 2.1. beschrieben, durch die unternehmenspolitische Aktivität des Top-Managements einer Sparkasse.

Im Rahmen einer wertorientierten Unternehmensführung ist der Marktwert des Eigenkapitals zu ermitteln, welcher den ökonomischen Wert ausdrückt, den ein Unternehmen für seine Eigentümer hat. Dieser als Shareholder-Velue bekannte Wert wird mit Hilfe des sogenannten Equitiy-Ansatzes ermittelt.[175] Der Equity-Ansatz diskontiert die zukünftig erwarteten Cash-Flows einer Sparkasse, welche an die Träger ausgeschüttet und/oder der Sicherheitsrücklage zugeführt werden können (Flow to Equity), mit dem risikoadäquaten Kalkulationszinssatz.[176]

$$MW_{EK} = \sum_{t=1}^{\infty} \frac{E[FCE_t]}{(1+k_{EK})^t}$$

MW_{EK} — Marktwert des Eigenkapitals

$E[FCFt]$ — Erwarteter Flow to Equity in der Periode

k_{EK} — Eigenkapitalkostensatz

Diese Kennzahl reflektiert den Unternehmenswert einer Sparkasse, dessen Ermittlung insbesondere dann erforderlich ist, wenn die strategische Neuausrichtung in Form einer Fusion angestrebt wird.[177] Der Eigenkapitalkostensatz lässt sich nach dem CAPM[178] unter Berücksichtigung des Betafaktors[179] wie folgt berechnen:[180]

---

[175] Vgl. Horsch/Bonn: Wertorientiertes Finanzmanagement, in: Steffens/Westenbaum (Hrsg.): [Kompendium Management in Banking & Finance, Band 1 (2008)] S. 200 f.

[176] Vgl. Lütke-Uhlenbrock: [Bewertung öffentlich-rechtlicher Sparkassen (2007)] S. 44 ff.

[177] Vgl. Lütke-Uhlenbrock: [Bewertung öffentlich-rechtlicher Sparkassen (2007)] S. 23

[178] Vgl. Hungenberg, H.: [Strategisches Management in Unternehmen (2004)] S. 254 ff.: Capital Asset Pricing Modell

[179] Vgl. http://www.wirtschaftslexikon24.net/d/beta-faktor/beta-faktor.htm: Der Beta-Faktor gilt allgemein als Maßgröße, welche die relative Schwankungsbreite eines Finanztitels im Verhältnis zum Gesamtmarkt demonstriert (Anhang 14).

$$k_{EK} = r_f + [(r_M - r_f) \cdot \beta]$$

k_{EK} Eigenkapitalkostensatz
r_f risikoloser Zinssatz
r_M Rendite des Marktportfolios
β relative Volatilität (Betafaktor)

Bei Unternehmen mit Gewinnausschüttung reflektieren die Eigenkapitalkosten die Zahlungen an die Eigenkapitalgeber. Da Sparkassen – wie bereits erwähnt – nicht über Eigentümer im klassischen Sinne verfügen, entstehen ihnen auch keine Eigenkapitalkosten. Allerdings ergibt sich aus der oben genannten Forderung nach einer nachhaltigen Stärkung des Eigenkapitals die Notwendigkeit, eine angemessene Eigenkapitalrendite (Return on Equity, RoE) zu erwirtschaften. Der RoE wird wie folgt berechnet:

$$RoE = \frac{Gewinn}{Eigenkapital}$$

3.4.2.2. Der Wertbeitrag einer Sparkasse

Der Wertbeitrag einer Sparkasse wird mit Hilfe des Economic-Value-Added (EVA) ermittelt, der sich aus der Differenz zwischen Betriebsergebnis nach Steuern und den Kapitalkosten ergibt und die Veränderung des Unternehmenswertes von einer Periode zur nächsten ausdrückt.[181] Im Falle einer Gewinnausschüttungserwartung stellt der EVA die „ökonomische Nulllinie" dar. Oberhalb dieser Linie entsteht bei Unternehmen mit Gewinnausschüttung Wertzuwachs, darunter wird Wert vernichtet.[182]

Sparkassen weisen gegenüber Unternehmen anderer Branchen den Unterschied auf, dass das Fremdkapital nicht nur eine Finanzierungsfunktion übernimmt, sondern mit seinen wesentlichen Zinskonditionen- und Strukturbeiträgen

---

[180] Vgl. Horsch/Bonn: Wertorientiertes Finanzmanagement, in: Steffens/Westenbaum (Hrsg.): [Kompendium Management in Banking & Finance, Band 1 (2008)] S. 203

[181] Vgl. Hungenberg, H.: [Strategisches Management in Unternehmen (2004)] S. 262 f.

[182] Vgl. Horsch/Bonn: Wertorientiertes Finanzmanagement, in: Steffens/Westenbaum (Hrsg.): [Kompendium Management in Banking & Finance, Band 1 (2008)] S. 205

Gegenstand des operativen Geschäfts ist.[183] Demnach macht der sonst übliche WACC-Ansatz[184] mit dem Einbezug der gewichteten Fremdkapitalkosten keinen Sinn, da die Fremdkapitalkosten als Zinsaufwand bereits im ordentlichen Ergebnis enthalten sind.

Der in Abbildung 12 dargestellte Wertbeitragsbaum ermöglicht die Identifikation von Stärken und Schwächen der einzelnen Ertrags- und Aufwandspositionen, welche sich relativ einfach den Wertaktivitäten der Wertkette (vgl. Abschnitt 3.4, Abb. 6) zuordnen lassen und dadurch die Kompetenzanalyse unterstützen. Darüber hinaus ist der EVA ein geeignetes Instrument zur Bewertung von Strategiealternativen.[185]

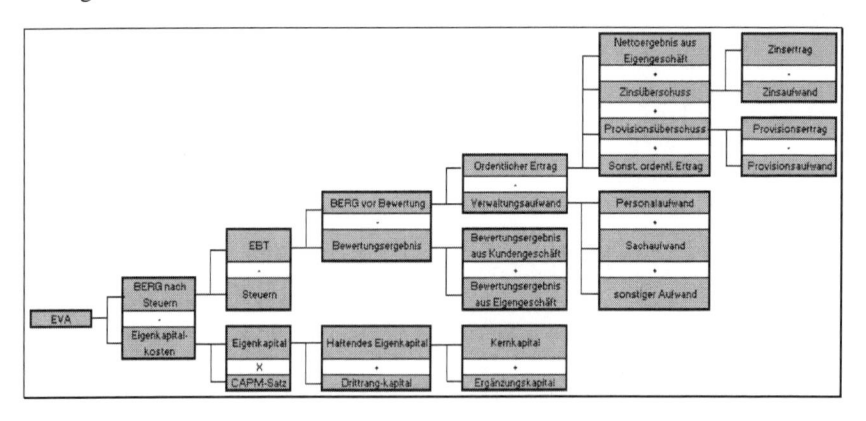

Abbildung 12: Wertbeitragsbaum einer Sparkasse (eigene Graphik)

Insbesondere durch den Vergleich mit anderen Sparkassen oder – wo möglich – mit dem Wettbewerb lassen sich Unterschiede in den einzelnen Ertrags- und Aufwandspositionen identifizieren und daraus Stärken und Schwächen ableiten, die den einzelnen Wertaktivitäten zugeordnet werden können. So ist beispielsweise die im Vergleich zu vielen anderen Banken relativ hohe Personal-

---

[183] Vgl. Lütke-Uhlenbrock: [Bewertung öffentlich-rechtlicher Sparkassen (2007)] S. 53 f.

[184] Vgl. Hungenberg, H.: [Strategisches Management in Unternehmen (2004)] S. 254 ff.: WACC = Weighted Average Cost of Capital (gewichteter Fremd- und Eigenkapitalkostensatz)

[185] Vgl. Hungenberg, H.: [Strategisches Management in Unternehmen (2004)] S. 262

und Sachaufwandsquote der Sparkassen auf deren ausgeprägte und personalintensive Infrastruktur zurückzuführen.[186]

Um die finanziellen Stärken und Schwächen einer Sparkasse feststellen zu können, müssen die jeweiligen Ertrags- und Aufwandspositionen einer Detailanalyse unterzogen werden. Dabei sind die folgenden Positionen zu untersuchen:[187]

Ertrag	Aufwand
Zinsüberschuss	Personalaufwand
Provisionsüberschuss	Sachaufwand
Handelsergebnis	Abschreibungen
sonstiger ordentlicher Ertrag	Wertberichtigungen
	sonstiger ordentlicher Aufwand

Tabelle 6: Ordentliche Ertrags- und Aufwandspositionen einer Sparkasse

3.4.2.3. Die Liquidität einer Sparkasse

Die Liquidität einer Sparkasse umfasst neben den Anforderung an die vollständige und rechtzeitige Bezahlung der Betriebskosten, wie beispielsweise Löhne und Gehälter, insbesondere die Zahlungsfähigkeit gegenüber den Gläubigern von Kapitaleinlagen. Das im Dezember 2010 seitens des Baseler Ausschusses der Bank für internationalen Zahlungsausgleich (BIS) veröffentlichte Reformpaket für die Bankenregulierung (Basel III) soll Illiquidität verhindern, indem sowohl der Umfang der Fristentransformation der Banken als auch die Abhängigkeit von Kapitalmarktrefinanzierungen beschränkt werden.[188] Die neu eingeführten Mindestliquiditätsquote (Liquidity Coverage Ratio, LCR) und die strukturelle Liquiditätsquote (Net Stable Funding Ratio, NSFR) stellen eine Sparkasse vor neue Herausforderungen in der Vermögensallokation und der Fristentransformation. Die Liquidity Coverage Ratio soll gewährleisten, dass Sparkassen im Falle eines vordefinierten Stressszenarios genügend Liquidität halten, um Barabflüsse einen Monat lang kompensieren zu können. Dazu müssen die Sparkassen liquide und frei

---

[186] Vgl. Lütke-Uhlenbrock: [Bewertung öffentlich-rechtlicher Sparkassen (2007)] S. 125

[187] Vgl. Lütke-Uhlenbrock: [Bewertung öffentlich-rechtlicher Sparkassen (2007)] S. 99 ff.

[188] Vgl. http://www.bis.org/ publ/bcbs189_de.pdf (Anhang 15)

verfügbare Aktiva hoher Qualität halten, welche auch in Krisenzeiten liquidierbar sind. Dagegen verlangt die Net Stable Funding Ratio von den Sparkassen, dass sie in Abhängigkeit des Fälligkeitsprofils ihrer Verbindlichkeiten über genügend langfristige Finanzierungsquellen verfügen. Die NSFR soll verhindern, dass sich die Sparkassen zu stark auf kurzfristige Finanzierungsquellen verlassen, was zu Konsequenzen in der Struktur der Passiva einer Sparkasse führt. Beide Kennziffern erfordern Anpassungen im Zins- und Anlagebuchmanagement, worauf sich eine Sparkasse entsprechend einzustellen hat.

3.4.3. Zusammenfassung: Empfehlung zur Identifizierung von unternehmensinternen Stärken und Schwächen

Die Stärken-Schwächen-Analyse einer Sparkasse umfasst die Bereiche Kernkompetenzen mit den Teilkriterien Ressourcen und Fähigkeiten sowie die finanzielle Analyse von Kennzahlen, welche Informationen über das Eigenkapital, den Wertbeitrag und die Zahlungsfähigkeit einer Sparkasse bereitstellen.

Bei dieser Analysetätigkeit besteht die Gefahr aufgrund der vielfältigen Zahlen, Daten und Fakten, über die eine Sparkasse im Regelfall verfügt, den Blick für das Wesentliche zu verlieren. Die in Abschnitt 3.4.1. dargelegte Identifikationslogik soll helfen, die wesentlichen und erfolgskritischen Kompetenzen zu identifizieren. In Abschnitt 3.4.2. wurden die aus meiner Sicht wichtigsten finanziellen Kennzahlen für eine strategische Analyse aufgezählt. Die Allokation der Analyseobjekte ist natürlich von Haus zu Haus unterschiedlich und erhebt demnach nicht den Anspruch auf Vollständigkeit und Angemessenheit. Allerdings gehe ich davon aus, dass die Mehrzahl der oben dargestellten Analyseobjekte für die meisten Sparkassen zutreffend sein dürfte. Unabhängig davon ist zu fordern, dass die strategische Analyse der sparkassenspezifischen Stärken und Schwächen systematisch und regelmäßig durchgeführt und auf die wesentlichen und erfolgswirksamen Faktoren beschränkt wird. Dabei sind im Rahmen der internen Analyse folgende wesentliche Fragen zu beantworten:[189]

---

[189] eigene Zusammenfassung

Kernkompetenzen	Finanzkraft
Entspricht die Allokation der Ressourcen der gewählten Strategiealternative?	Verfügt die Sparkasse über die finanzielle Stärke um Chancen nutzen und Risiken vermeiden zu können?
Verfügen die Mitarbeiter über die Fähigkeiten, diese Ressourcen wirksam zu nutzen?	Reflektieren die finanziellen Kennzahlen die Wirksamkeit der gewählten Strategiealternative?
Sind die Ressourcen und Fähigkeiten ausreichend, um Chancen zu nutzen und Risiken beherrschen zu können?	Bestehen ausreichend finanzielle Ressourcen um neue Strategien umsetzen zu können?

Tabelle 7: Beurteilung und Bewertung interner Stärken und Schwächen

3.5. Zusammenführung der umweltspezifischen Chancen und Risiken und inweltspezifischen Stärken und Schwächen

Nachdem die umweltspezifischen Chancen und Risiken sowie die internen Stärken und Schwächen einer Sparkasse identifiziert sind, müssen diese nun systematisch zusammengeführt und zu Szenarien verdichtet werden, um insbesondere ihre Wechselwirkungen erkennen und bewerten zu können. Dieser Prozess ist deshalb wichtig, weil Stärken und Schwächen nie absolut, sondern immer nur in der Beziehung zur Umwelt beurteilt werden können.[190] Für die Durchführung dieses Prozesses bietet sich die Anwendung der sogenannten SWOT-Matrix an, welche die marktorientierte (marketbased view) und die ressourcenorientierte Sicht (resourcebased view) in ihrer Wechselwirkung vereint (vgl. Abb. 13)[191] und die Grundrichtung möglicher strategischer Optionen aufzeigt (vgl. Abb. 14).[192] Die Herausforderung für eine erfolgreiche Durchführung dieses Prozesses liegt in der Konzentration auf das Wesentliche, d.h. in der sachgerechten Identifikation der erfolgsrelevantesten Einflussfaktoren.

---

[190] Vgl. Bleicher K.: [Das Konzept integriertes Management (2004)], S. 296

[191] Vgl. Hungenberg, H.: [Strategisches Management in Unternehmen (2004)] S. 85

[192] Vgl. Wahr/Siekmann: [Strategisches Management und Controlling (2008)] S. 80 ff.

Es ist darauf zu achten, dass die Anzahl der eingebrachten Einflussfaktoren überschaubar bleibt und diese nach ihrer Relevanz sortiert werden.

	Stärken	Schwächen
Chancen	Haben wir die Stärken um Chancen zu nutzen?	Welche Chancen verpassen wir wegen unserer Schwächen?
Risiken	Haben wir die Stärken um Risiken zu bewältigen?	Welchen Risiken sind wir wegen unserer Schwächen ausgesetzt?

Abbildung 13: SWOT-Matrix (Quelle: Hungenberg 2004, S. 85)

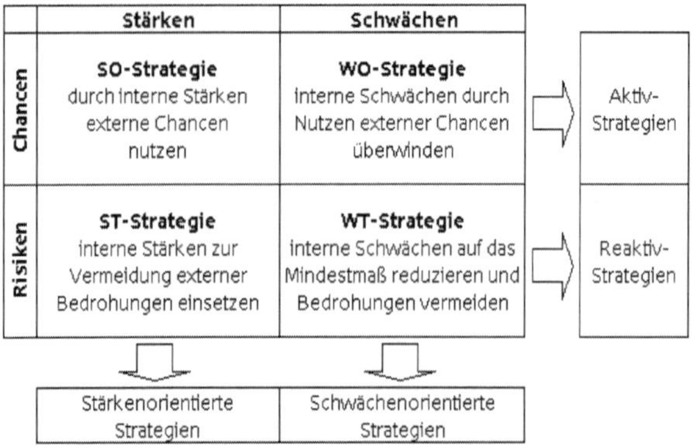

	Stärken	Schwächen	
Chancen	SO-Strategie durch interne Stärken externe Chancen nutzen	WO-Strategie interne Schwächen durch Nutzen externer Chancen überwinden	Aktiv-Strategien
Risiken	ST-Strategie interne Stärken zur Vermeidung externer Bedrohungen einsetzen	WT-Strategie interne Schwächen auf das Mindestmaß reduzieren und Bedrohungen vermeiden	Reaktiv-Strategien
	Stärkenorientierte Strategien	Schwächenorientierte Strategien	

Abbildung 14: Strategie-Ableitung aus der SWOT-Analyse (Quelle: St. Galler Business School Sept. 2011)

Die Ergebnisse der SWOT-Analyse werden schlussendlich zu Szenarien verdichtet, welche die vermutliche Entwicklung des relevanten Marktes bzw. der

Branche darstellen.[193] Aus der SWOT-Analyse lassen sich die in Tabelle 8 dargestellten strategischen Stoßrichtungen ableiten:[194]

Die Stärken des Unternehmens werden genutzt und intensiviert, um ...	Die Schwächen des Unternehmens werden dort beseitigt, wo ...
die Chancen des Unternehmensumfeldes zu nutzen (SO-Strategie). Mögliche Strategieoptionen sind Expansion und Entwicklung neuer Produkte und Dienstleistungen.	das Umfeld deutliche Chancen bietet. Mögliche Strategieoptionen sind strategische Allianzen oder die Transformation der Schwäche in eine Stärke (sehr aufwändig).
die Risiken zu mildern oder zu neutralisieren (ST-Strategie). Mögliche Strategieoptionen sind intensivere Marketing-Aktivitäten oder eine intensivere Kooperation mit Partnern.	den internen Schwächen signifikante Risiken gegenüberstehen. Mögliche Strategieoptionen sind Outsourcing, Erhöhung der Effizienz oder die Einstellung des betreffenden Geschäftsbereiches.

Tabelle 8: Ableitung strategischer Stoßrichtungen aus der SWOT-Analyse

Aktivstrategien zeichnen sich in diesem Zusammenhang durch ein offensives und innovatives Verhalten aus, während Reaktivstrategien eher die Risiken fokussieren und zu einem dementsprechend sicherheitsorientierten und imitierenden Verhalten führen.[195]

4. Entwicklung von Strategien zur nachhaltigen Sicherung der Wettbewerbsfähigkeit von Sparkassen

4.1. Die Notwendigkeit der Entwicklung von Geschäftsstrategien im Rahmen des strategischen Managements

Während das normative Management die Aktivitäten einer Sparkasse begründet, ist es Aufgabe des strategischen Managements, die Aktivitäten auf die

---

[193] Vgl. Achenbach/Lange/Steffens: Strategisches Management in Finanzinstituten, in: Steffens/ Westenbaum (Hrsg.): [Kompendium Management in Banking & Finance, Band 1 (2008)] S. 356

[194] Vgl. Wahr/Siekmann: [Strategisches Management und Controlling (2008)] S. 81

[195] Vgl. Bleicher K.: [Das Konzept integriertes Management (2004)], S. 314 ff.

normativen Ziele auszurichten und in Form von strategischen Programmen, Strukturen und Systemen über das Problemlösungsverhalten der Träger in operativen Maßnahmen und Aktivitäten umzusetzen. Das strategische Management stellt demnach die Verbindung von unternehmenspolitischen Zielen zum operativen Tagesgeschäft dar. Damit verbunden ist der Aufbau, die Pflege und die Nutzung von strategischen Erfolgspotenzialen, für die Ressourcen eingesetzt werden müssen.[196]

Neben dieser wissenschaftlich begründeten Notwendigkeit der Strategieformulierung besteht im Falle der Sparkassen auch die aufsichtsrechtliche Notwendigkeit der Strategieentwicklung. Die MaRisk fordern von den Kreditinstituten eine Geschäftsstrategie, wobei der Begriff „Geschäftsstrategie" synonym mit der Unternehmensstrategie verwendet wird.[197] Allerdings finden sich in den MaRisk keine Vorschriften über inhaltliche Aspekte.[198] Die inhaltliche Gestaltung bleibt der Geschäftsleitung einer Sparkasse vorbehalten, welche diese Aufgabe im Sinne eines ganzheitlichen Managements zu erfüllen hat. Von der entwickelten Unternehmensstrategie müssen im Rahmen eines fundierten strategischen Managements einerseits Geschäftsfeldstrategien und andererseits Funktional- und Netzwerkstrategien abgeleitet werden, die sich auf mehrere verschiedene Geschäftsbereiche beziehen (vgl. Abb. 15).[199]

Strategischer Rahmen		
Vision	Mission	Wertekodex
Unternehmensstrategie		
Geschäftsfeldstrategien	*Funktionalstrategien*	*Netzwerkstrategien*
SGF 1	Risikostrategie	Verbundstrategie
SGF 2	Vertriebsstrategie	Sonstige Allianzen
SGF 3	Personalstrategie	
...	IT-Strategie	
	Facility-Strategie	

Abbildung 15: Mögliches Strategiemodell einer Sparkasse (Quelle: Wahr/Siekmann 2008, S. 36)

---

[196] Vgl. Bleicher K.: [Das Konzept integriertes Management (2004)], S. 81 f.

[197] Vgl. MaRisk: AT 4.2 Strategien (Anhang 2)

[198] Vgl. Wahr/Siekmann: [Strategisches Management und Controlling (2008)] S. 35

[199] Vgl. Wahr/Siekmann: [Strategisches Management und Controlling (2008)] S. 36

4.2. Die Segmentierung der strategischen Geschäftsfelder einer Sparkasse als Ausgangspunkt für die Entwicklung von Geschäftsfeldstrategien

Die hohe Komplexität des Gesamtsystems „Sparkasse" erfordert für die strategische Planung die Aufteilung des Unternehmens in strategische Geschäftsfelder (SGF). Ein strategisches Geschäftsfeld ist ein Markt oder ein Teil des Marktes, in dem ein Unternehmen operiert und dessen spezielle Rahmenbedingungen bzw. Wettbewerbssituation sich derart von anderen Märkten unterscheidet, dass dieser Markt einer eigenständigen strategischen Behandlung bedarf.[200] Die Notwendigkeit der Unterteilung eines Unternehmens in strategische Geschäftsfelder ergibt sich aus der Gewährleistung eines möglichst spezifischen Vorgehens für unterschiedliche Geschäfte in einem differenziert handelnden oder diversifizierten Unternehmen.[201] Durch diese Unterteilung werden die unterschiedlichen Werttreiber, Erfolgs- und Risikoparameter berücksichtigt und die Komplexität der Planung und Steuerung reduziert.

Bei der Abgrenzung der strategischen Geschäftsfelder sind folgende Abgrenzungskriterien zu berücksichtigen:[202]

- Eigenständigkeit der Marktaufgabe: Erfüllung einer eigenen Marktaufgabe am externen Markt.

- Unabhängigkeit: Strategische Geschäftsfelder müssen unabhängig von anderen über eigene Aufgaben, Ziele und Strategien verfügen.

- Eigenes Konkurrenzumfeld: Die Konkurrenzverhältnisse lassen sich für jedes Geschäftsfeld bestimmen.

---

[200] Vgl. Hungenberg, H.: [Strategisches Management in Unternehmen (2004)] S. 73

[201] Vgl. Bleicher K.: [Das Konzept integriertes Management (2004)], S. 326

[202] Vgl. Lütke-Uhlenbrock: [Bewertung öffentlich-rechtlicher Sparkassen (2007)] S. 80

- Entscheidungskompetenz über die Ressourcenverwendung: Eigenständige Entscheidungskompetenz über die Verwendung von zugeteilten Human-, Finanz- und Sachressourcen.

- Innenhomogenität und Außenheterogenität: Weitgehende Homogenität hinsichtlich Kundenstruktur und Leistungsumfang innerhalb des SGF, Heterogenität der einzelnen SGF untereinander.

Sparkassen grenzen ihre strategischen Geschäftfelder in der Regel in die externen Bereiche Privat-, Vermögens- und Firmenkunden sowie in ein internes Geschäftsfeld Treasury/Eigenhandel ab.[203] Diese Abgrenzung erscheint auf den ersten Blick plausibel. Allerdings ist die Abgrenzung der externen Bereiche (Privat-, Vermögens- und Firmenkunden) meines Erachtens zu eng gefasst, da die Interdependenzen bei der Leistungserstellung und der Leistungsverwertung bei dieser Form der Abgrenzung sehr umfangreich sind.[204] Anders ausgedrückt: Das Privat-, Vermögens- und Firmenkundengeschäft unterscheidet sich nicht wesentlich voneinander. So wird beispielsweise in allen diesen Geschäftsfeldern Kreditgeschäft betrieben, wenngleich bei den angebotenen Produkten natürlich Unterschiede bestehen. Dasselbe gilt für den Versicherungsbereich, das Bausparg eschäft und andere Produktsparten. Darüber hinaus sind Firmenkunden in der Regel auch gleichzeitig Privatkunden, so dass die Abgrenzung nach Kundengruppen nicht konsistent erscheint. Besonders auffällig wird die Redundanz durch die in Tabelle 9 dargestellte Gegenüberstellung der Analysedimensionen im Rahmen des ganzheitlichen Beratungsansatzes für Privatkunden und für Vermögenskunden.[205]

---

[203] Vgl. Lütke-Uhlenbrock: [Bewertung öffentlich-rechtlicher Sparkassen (2007)] S. 81

[204] Vgl. Lütke-Uhlenbrock: [Bewertung öffentlich-rechtlicher Sparkassen (2007)] S. 80

[205] Vgl. OSV: http://www.osv-online.de/fachthemen/markt/sparkassen-finanzkonzept.html (Anhang 16)

Dimensionen des S-Finanzkonzepts für Privatkunden	Dimensionen des S-Finanzkonzepts für Vermögenskunden
Service und Liquidität	Service und Liquidität
Absicherung der Lebensrisiken	Absicherung der Lebensrisiken
Altersvorsorge	Altersvorsorge
Vermögen bilden	Vermögen bilden
	Vermögen optimieren

Tabelle 9: Vergleich der Analysedimensionen im Sparkassen-Finanzkonzept

Eine zu enge Geschäftsfeldabgrenzung erscheint aus folgenden Gründen kritisch:[206]

- Sie kann unter Umständen die Berücksichtigung von bestimmten Elementen der Wettbewerbssituation, beispielsweise mögliche Kundengruppen oder Konkurrenten, bei der strategischen Marktbetrachtung verhindern.

- Sie führt zu Überschneidungen, die zu negativen Wechselwirkungen zwischen den Geschäftsfeldern führen können.

- Sie erschwert die Entwicklung eigenständiger, voneinander unabhängiger Strategien und Ziele.

Diese traditionelle Form der Abgrenzung ist demnach offensichtlich nicht mehr sinnvoll. Statt dessen sollte die Abgrenzung der strategischen Geschäftsfelder einer Sparkasse auf einem höheren Abstraktionsniveau und unter Berücksichtigung der Außenheterogenität erfolgen. Folgen wir diesem Ansatz, so stellen wir schnell fest, dass die meisten Sparkassen über zwei strategische Geschäftsfelder verfügen: Das Kundengeschäft sowie das Eigenhandels- und Treasurygeschäft.[207] Diese Geschäftsfelder lassen sich mit Hilfe der Morphologie

---

[206] Vgl. Hungenberg, H.: [Strategisches Management in Unternehmen (2004)] S. 74

[207] Treasury umfasst die Aktiv-/Passivsteuerung und das Bilanzstrukturmanagement einer Sparkasse. Das Ergebnis wird als Strukturbeitrag bezeichnet und setzt sich aus den Teilergebnissen der Fristen,- Liquiditäts- und Währungstransformation zusammen.

in Business-Units untergliedern, wobei in Anlehnung an den Abell´schen Rahmen auch die Dimension Technologie zu berücksichtigen ist (vgl. Abb. 16). In dieser Dimension werden die Absatzwege zur Befriedigung der Kundenbedürfnisse berücksichtigt, was sich im Falle der Sparkassen letztlich in einem Multikanalansatz äußern muss.[208]

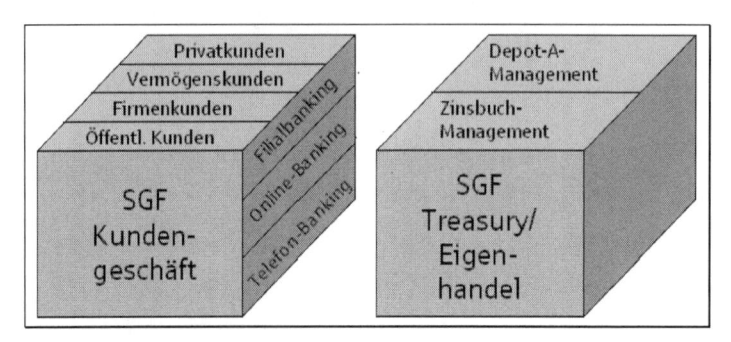

Abbildung 16: Mögliche Geschäftsfeldabgrenzung einer Sparkasse (eigene Graphik)[209]

Ob und inwieweit diese Geschäftsfelder in separate Business-Units unterteilt werden muss jedes Haus für sich entscheiden. Wichtig erscheint mir jedoch in jedem Fall die Forderung nach einer zentralen Unterstellung der zum einem strategischen Geschäftsfeld gehörigen Business-Units. Es ist meines Erachtens dringend zu vermeiden, dass hoch redundante Geschäftsbereiche, wie beispielsweise die Privatkunden- und Vermögenskundenberatung, verschiedenen Vorstandsmitgliedern unterstellt werden.

Um den Prozess der Geschäftsfeldabgrenzung zu erleichtern, sind eine Reihe von Abgrenzungsfragen zu beantworten, die im Anhang beigefügt sind.[210] Unabhängig davon, für welche Art der Geschäftsfeldabgrenzung sich ein Haus letztlich entscheidet: zu fordern ist dieser Prozess allemal. Ohne eine sorgfältig

---

[208] Vgl. Kutz O.: [Strategische Geschäftsfeld- und Branchenanalyse (2011)], S. 9

[209] Das Depot A beinhaltet alle Wertpapiere, die sich im Eigentum der Sparkasse befinden. Diese Wertpapiere sind Gegenstand des Eigenhandels.

[210] Anhang 17

durchdachte Geschäftsfeldabgrenzung ist die Entwicklung von Strategien auf Geschäftsfeldebene nicht möglich.

4.3. Die Strategieentwicklung auf Geschäftsfeldebene

Dieser Abschnitt befasst sich mit der Strategieentwicklung für die Geschäftsfelder einer Sparkasse. Je nach Position eines Geschäftsfeldes in einer Portfolio-Matrix werden Investitions- und Wachstumsstrategien, selektive Strategien oder Abschöpfungs- und Desinvestitionsstrategien vorgeschlagen, welche durch Wettbewerbsstrategien in Form der Preis-/Kostenführerschaft bzw. der Differenzierung ergänzt werden.[211] Im Anhang ist ein Arbeitsblatt zur Verfolgung der folgenden Ausführungen und zur Anwendung in der Praxis beigefügt.[212]

4.3.1. Die Ableitung von Normstrategien auf Basis der Portfolio-Analyse

Die Portfolio-Analyse verfolgt das Ziel, die derzeitige Wettbewerbsposition der strategischen Geschäftsfelder zu identifizieren, daraus Normstrategien abzuleiten und festzulegen, welchen Geschäftsfeldern prioritär Ressourcen zugewiesen werden sollen.[213] Dabei wird mit Hilfe der Ergebnisse der SWOT-Analyse die Wettbewerbsposition ermittelt und in einer Portfolio-Matrix dargestellt.[214] Eine Portfolio-Matrix besteht immer aus einer externen Dimension, die von einer Sparkasse schlecht bis gar nicht zu beeinflussen ist und aus einer internen Dimension, die insbesondere von den eignen Stärken und Schwächen geprägt wird.[215] Die Portfolio-Analyse kann mit der Vier- und der Neun-Felder-Methode durchgeführt werden.

---

[211] Vgl. Hinterhuber H.: [Strategische Unternehmensführung, I. Strategisches Denken (2011)] S. 169 ff.
und Porter M.: [Wettbewerbsvorteile, Spitzenleistungen erreichen und behaupten (2000)] S. 37 ff.

[212] Anhang 18

[213] Vgl. Hinterhuber H.: [Strategische Unternehmensführung, I. Strategisches Denken (2011)] S. 170

[214] Vgl. Achenbach/Lange/Steffens: Strategisches Management in Finanzinstituten, in: Steffens/ Westenbaum (Hrsg.): [Kompendium Management in Banking & Finance, Band 1 (2008)] S. 357

[215] Vgl. Hungenberg, H.: [Strategisches Management in Unternehmen (2004)] S. 424

4.3.1.1. Die Portfolio-Analyse anhand der Vier-Felder-Matrix

Diese Methode stellt ein Geschäftsfeld, eine Business-Unit oder ein Produkt in einer Vier-Felder-Matrix dar und verwendet als externe Dimension das Marktwachstum und als interne Dimension den relativen Marktanteil, wobei beide Dimensionen jeweils in „hoch" und „niedrig" eingeteilt werden, so dass letztlich vier Quadranten entstehen.[216] Das Marktwachstum in Prozent entspricht der Wachstumsrate des Marktes, in dem das Geschäftsfeld operiert,[217] während der relative Marktanteil den eigenen Marktanteil in Relation zum stärksten Konkurrenten darstellt und als Dezimalbruch angegeben wird. Ein relativer Marktanteil > 1 impliziert demzufolge die Marktführerschaft.[218] Die folgende Abbildung veranschaulicht die Systematik der Vier-Felder-Methode:

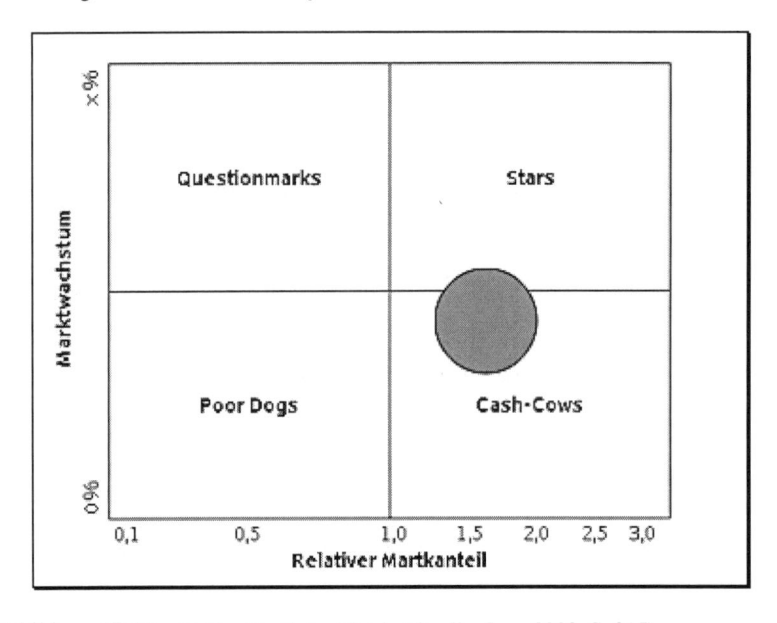

Abbildung 17: Vier-Felder-Portfolio-Matrix (Quelle: Jung 2003, S. 315)

---

[216] Vgl. Jung H.: [Controlling (2003)] S. 314

[217] Vgl. Hungenberg, H.: [Strategisches Management in Unternehmen (2004)] S. 425

[218] Vgl. Jung H.: [Controlling (2003)] S. 315

Die Größe des Kreises reflektiert die Bedeutung des Geschäftsfelds resp. der Business-Unit oder des Produkts für die jeweilige Sparkasse, beispielsweise in Form des Kundengeschäftsvolumens.[219] Die einzelnen Portfoliopositionen sind durch bestimmte Charakteristika geprägt, woraus sich die in Tabelle 10 dargestellten Finanzmittelbedarfe sowie Normstrategien ableiten und mit Beispielen aus der Sparkassenorganisation unterlegen lassen.[220]

	Questionmarks	Stars
Charakteristik	Attraktiver und stark wachsender Markt Geringer relativer Marktanteil Hoher Finanzmittelbedarf, Cash-Flow ist negativ	Stark wachsender Markt Hoher relativer Marktanteil Hoher Finanzmittelbedarf, Cash-Flow ist neutral bis positiv
Normastrategie	In die Markbearbeitung investieren (Investitions- und Wachstumsstrategie) Aufgabe, wenn sich die Marktanteile nicht erhöhen lassen (Rückzugs- und Desinvestitionsstrategie)	Investieren, um die Marktführerschaft zu sichern bzw. zu verteidigen
Beispiel Sparkassen	Private Banking	Vermögensberatung
	Poor Dogs	Cash-Cows
Charakteristik	Geringes Marktwachstum oder schrumpfender Markt Geringer relativer Marktanteil	Geringes Marktwachstum oder schrumpfender Markt Hoher relativer Marktanteil,

---

[219] Vgl. Jung H.: [Controlling (2003)] S. 315

[220] Vgl. Achenbach/Lange/Steffens: Strategisches Management in Finanzinstituten, in: Steffens/ Westenbaum (Hrsg.): [Kompendium Management in Banking & Finance, Band 1 (2008)] S. 358 ff., Hungenberg, H.: [Strategisches Management in Unternehmen (2004)] S. 427 ff., Jung H.: [Controlling (2003)] S. 313 ff.

		Cash-Flow ist indifferent	evtl. Marktführerschaft
			Hoher positiver Cash-Flow
Normastrategie		Positiven Cash-Flow abschöpfen Outsourcing erwägen In die Marktentwicklung investieren Kompetenzen und Kapazitäten in neue Geschäftsfelder/Produkte transferieren	Marktführerschaft verteidigen Positiven Cash-Flow abschöpfen Überschüsse in den Ausbau bestehender bzw. den Aufbau neuer Geschäftsfelder investieren
Beispiel Sparkassen		Konsumentenkreditgeschäft	Retail-Banking, Kontoführung & Zahlungsverkehr

Tabelle 10: Charakteristika und Normstrategien aus der Vier-Felder-Matrix

Aus der Vier-Felder-Matrix lassen sich auch marketingpolitische Standards ableiten, die insbesondere für die Strategieumsetzung hilfreich sind. [221]

Strategieelemente	Question-Marks	Stars	Cash-Cows	Poor Dogs
	Relevante Marketingstrategien			
	Offensivstrategien	Investitionsstrategien	Abschöpfungsstrategien	Desinvestitionsstrategien
Produkt- und Programmpolitik	Produktspezialisierung	Sortiment erweitern, diversifizieren	Imitation	Begrenzung, Aufgabe
Abnehmermärkte und Marktanteile	Märkte gezielt vergrößern	Marktanteile gewinnen	Position verteidigen, Konkurrenzabwehr	Selektiver Rückzug aus Märkten
Preispolitik	Tendenzielle	Anstreben der	Preisstabilisieru	Tendenzielle

---

[221] Vgl. Jung H.: [Controlling (2003)] S. 319

	Niedrigpreis-politik	Preisführer-schaft		Hochpreis-politik
Vertriebspolitik (Werbung und Absatzkanäle)	Stark forcieren	Aktiver Einsatz von Werbemitteln und/oder Zweitmarken	Gezielte Produkt-werbung, Verbesserung der Services	Zurückhalten-de Marketing-aktivitäten
Risiko	Akzeptieren	Akzeptieren	Begrenzen	Vermeiden
Investitions-bedarf	Erweiterung	Reinvestition	Ersatzinvestition	Transfer

Tabelle 11: Marketingpolitische Standards aus der Portfolio-Analyse

Falsche Zielsetzungen und fehlgeleitete strategische Stoßrichtungen können das Portfolio erheblich aus dem Gleichgewicht bringen. So ist es beispielsweise eine Illusion zu glauben, dass ein Produkt oder ein Geschäftsfeld in der Questionmark-Position über die gleiche Deckungsbeitragsintensität verfügt wie in der Cash-Cow-Position. Gerade hierin liegt die Gefahr: Man erwartet von neuen Geschäftsideen zu schnell positive Deckungsbeiträge. Wenn sich diese nicht binnen kürzester Zeit einstellen, wird das Produkt oder das Geschäftsfeld oft vorschnell mit den entsprechenden Investitionsverlusten aus dem Markt genommen. Demzufolge ist die Berücksichtigung der individuellen Entwicklungspotenziale und das Setzen spezifischer Ziele ein elementares Kriterium des Portfolio-Managements.

Der Vorteil der Vier-Felder-Methode liegt in ihrer einfachen und schnellen Anwendung. Allerdings zeigt die Beschränkung auf lediglich zwei Betrachtungsdimensionen auch Schwächen. So müssten Sparkassen, deren Märkte oft stagnieren oder sogar schrumpfen, einige ihrer Geschäftsfelder unter Umständen als „Poor Dog" betrachten und aus dem Markt nehmen,[222] was allein wegen des öffentlichen Auftrages nicht so ohne Weiteres möglich ist. Einen exakteren Überblick über die Wettbewerbsposition unter Berücksichtigung von

---

[222] Vgl. Achenbach/Lange/Steffens: Strategisches Management in Finanzinstituten, in: Steffens/ Westenbaum (Hrsg.): [Kompendium Management in Banking & Finance, Band 1 (2008)] S. 360

mehreren marktbeeinflussenden Faktoren und unternehmensinternen Wettbewerbsvorteilen ermöglicht dagegen die Neun-Felder-Matrix.

4.3.1.2. Die Portfolio-Analyse anhand der Neun-Felder-Matrix

Die Neun-Felder-Methode stellt als externe Dimension auf der Ordinate die Marktattraktivität und als interne Dimension auf der Abszisse relative Wettbewerbsvorteile gegenüber den Konkurrenten dar (Vgl. Abb. 18).[223]

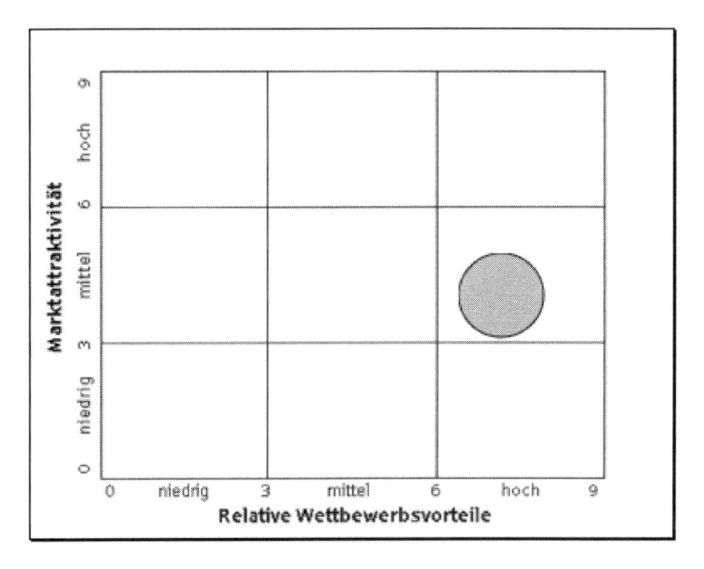

Abbildung 18: Neun-Felder-Portfolio-Matrix (Quelle: Jung 2003, S. 321)

Für die Bestimmung der Analysedimensionen sind zunächst die wesentlichen Erfolgskriterien zu identifizieren. Die folgende Übersicht bietet einen ersten Anhaltspunkt für die Identifizierung dieser Kriterien:[224]

---

[223] Vgl. Hinterhuber H.: [Strategische Unternehmensführung, I. Strategisches Denken (2011)] S. 170

[224] Vgl. Jung H.: [Controlling (2003)] S. 320 f. und Kutz O.: [Portfolio-Management (2011)] S.10, sparkassenspezifisch modifiziert

Marktattraktivität	Relative Wettbewerbsvorteile
Marktwachstum und Marktgröße	Relative Marktposition (z.B. Marktanteil, Finanzkraft, Rentabilität, Image)
Marktqualität (z.B. Rentabilität der Branche, Spielraum für Preispolitik, Wettbewerbsintensität, Stabilität, Anzahl und Struktur der Abnehmer, Substitutionspotenzial)	Relative Vertriebsstärke (Verkaufsstärke, Prozesswirtschaftlichkeit, Standortvorteil)
Versorgungsqualität (z.b. Human und Sachressourcen, IT- und Produktversorgung durch Dritte)	Qualifikation der Mitarbeiter (Mobilität, Au sbildung, Identifikation, Motivation)
Umweltsituation (z.b. Konjunktur, Gesetzgebung, etc.)	Forschungs- und Entwicklungspotenzial

Tabelle 12: Wesentliche Kriterien der Marktattraktivität und der relativen Wettbewerbsvorteile

Die identifizierten Erfolgskriterien werden nun gewichtet und bewertet. Um die Gewichtung nicht bedeutungslos werden zu lassen, wird empfohlen, für jede Dimension nicht mehr als fünf Erfolgskriterien anzusetzen. Die Bewertung der Kriterien wird mit Hilfe einer Skala von 1 – 9 vorgenommen. Abschließend werden die auf diese Weise generierten Punktwerte aufsummiert und die Gesamtwerte für die Marktattraktivität und die relativen Wettbewerbsvorteile als Koordinaten in der Portfolio-Matrix für die Positionierung des Geschäftsfeldes in Form eines Kreises verwendet.[225] Auch in diesem Fall verdeutlicht die Größe des Kreises die Bedeutung des Geschäftsfeldes für die Sparkasse (vgl. Abb. 18).[226]

Je nach Position des strategischen Geschäftsfelds in einem der insgesamt neun Felder kommt nun eine spezifische Normstrategie zur Anwendung (vgl. Abb. 19).[227]

---

[225] Vgl. Lütke-Uhlenbrock: [Bewertung öffentlich-rechtlicher Sparkassen (2007)] S. 96 ff.

[226] In Anhang 19 ist ein Formblatt zur Durchführung dieses Prozesses beigefügt

[227] Vgl. Jung H.: [Controlling (2003)] S. 322

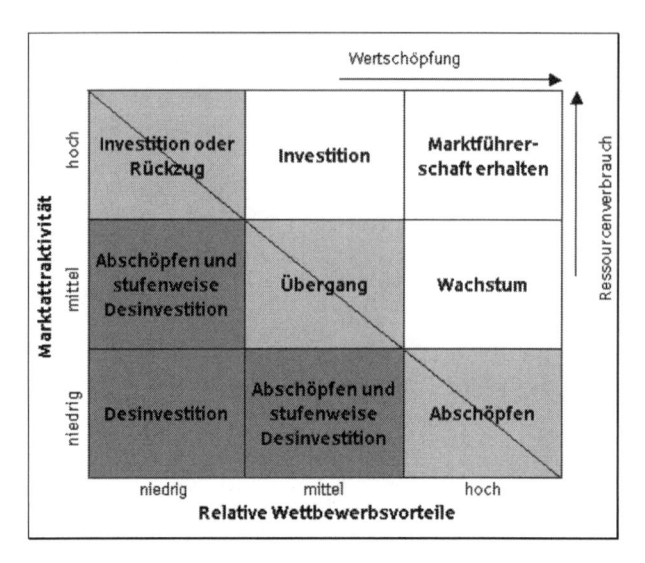

Abbildung 19: Normstrategien in der Neun-Felder-Matrix (Quelle: Jung 2003, S. 322)

In aggregierter Form lassen sich drei Gruppen von Normstrategien unterscheiden:[228] Investitions- und Wachstumsstrategien (weiße Felder), selektive Strategien (hellgraue Felder) und Abschöpfungs-/ Desinvestitionstrategien (dunkelgraue Felder). Für die einzelnen Strategietypen gelten die folgenden Ziele bzw. taktischen Maßnahmen:[229]

---

[228] Vgl. Hinterhuber H.: [Strategische Unternehmensführung, I. Strategisches Denken (2011)] S. 194 ff.

[229] Vgl. Jung H.: [Controlling (2003)] S. 322

Selektive Offensivstrategie	Investitions- und Wachstumsstrategie	Investitions- und Wachstumsstrategie
-Spezialisierung -Nischen suchen -Outsourcing erwägen	-Marktführung anstreben -Schwächen eliminieren -Stärken auf- und ausbauen -In Wachstum investieren	-Wachsen -Marktführerschaft erhalten -Konkurrenz abschirmen -Investitionen halten
Desinvestitionsstrategie	Selektive Übergangsstrategie	Investitions- und Wachstumsstrategie
-Abschöpfen -Spezialisierung -Nischen suchen -Rückzug erwägen	-Wachstumsbereiche identifizieren -Spezialisierung -Selektiv investieren	-Wachstumsbereiche identifizieren -Position halten -Stark investieren
Desinvestitionsstrategie	Desinvestitionsstrategie	Selektive Defensivstrategie
-Rückzug planen -Kompetenzen und Ressourcen transferieren -Desinvestieren	-Abschöpfen -Investitionen minimieren -Auf Desinvestition vorbereiten	-Gesamtposition halten -Cash-Flow erhöhen -Investitionen nur zur Instandhaltung

Tabelle 13: Konkretisierung der Normstrategien aus der Portfolio-Matrix (Quelle: Jung 2003, S. 322)

4.3.1.3. Die Ableitung von Normstrategien auf Basis der Portfolio-Analyse

Investitions- und Wachstumsstrategien

Wachstumsstrategien haben im Grundsatz immer die Erhöhung des eigenen Marktanteils zum Ziel. Dabei soll der Marktanteil durch hohe Investitionen in Marketing-Aktivitäten, in die Produkt- bzw. Marktentwicklung oder in die Diversifikation markant gesteigert werden. Die folgende Matrix nach ANSOFF zeigt die gängigen Formen von Wachstumsstrategien:[230]

---

[230] Vgl. Achenbach/Lange/Steffens: Strategisches Management in Finanzinstituten, in: Steffens/ Westenbaum (Hrsg.): [Kompendium Management in Banking & Finance, Band 1 (2008)] S. 361

		Produkte	
		bestehend	neu
Märkte	bestehend	**Marktdurchdringung:** Konzentration auf den bestehenden Markt	**Produktentwicklung:** Erstellung neuer Produkte für den bestehenden Markt
	neu	**Marktentwicklung:** Erschließung neuer Märkte mit bestehendem Produktangebot	**Diversifikation:** Horizontale, vertikale oder laterale Entfernung vom angestammten Geschäft

Tabelle 14: Wachstumsstrategien nach ANSOFF (Quelle: Steffens/Westenbaum 2008, Band 1, S. 361)

Aus diesen Strategieansätzen lassen sich die in Tabelle 15 dargestellten strategischen Stoßrichtungen ableiten.[231] Für die Sparkassen erweisen sich insbesondere die Marktdurchdringung durch eine konsequente Intensivierung der Vertriebsperformance, die Produktentwicklung auf Basis der Innovationsleistung der Verbundorganisation und die Diversifikation in Form strategischer Allianzen als erfolgversprechende Maßnahmen. Dagegen scheitert die Entwicklung neuer Märkte – abgesehen von der Erschließung des Online-Banking-Marktes – meist am Regionalprinzip.

Marktdurchdringung	Produktentwicklung
Intensivere Bearbeitung bestehender Märkte	Weiterentwicklung bestehender Produkte
Produktdifferenzierung bzw. -imitation	Entwicklung von Nachfolgeprodukten für auslaufende Produkte
Preisermäßigungen nach Kostensenkung durch Erfahrungskurveneffekte	Individualisierung des Produktangebotes
Verbesserung der Kundenbetreuung	Ergänzung des bestehenden Produktprogramms durch neue Serviceleistungen
Intensiveres (elektronisches) Marketing	

---

[231] Vgl. Jung H.: [Controlling (2003)] S. 309 f. und Steffens/Westenbaum: [Kompendium Management in Banking & Finance, Band 1 (2008)] S. 361 ff.

	Einrichtung von telefonischen Hilfsdiensten
Markterschließung	**Diversifikation**
Erschließung neuer Kundenkreise bzw. Abnehmerschichten Erschließung neuer Distributionskanäle Entwicklung neuer Dienstleistungen Anpassung der Werbekonzeption an eine geänderte Marktsegmentierung	Vertikale Diversifikation: Vor- oder rückwärtsgerichtete Integration von Wertschöpfungsaktivitäten (Insourcing) Horizontale Diversifikation: Aufnahme neuer Geschäftsfelder in neuen Märkten Laterale Diversifikation: Zusammenlegung von Aktivitäten im Rahmen strategischer Allianzen

Tabelle 15: Strategische Maßnahmen für die Stoßrichtungen nach ANSOFF (eigene Tabelle)

Abschöpfungs- und Desinvestitionsstrategien

Die Abschöpfungsstrategie verfolgt das Ziel, möglichst hohe Erträge für eine Sparkasse zu generieren um diese in den Ausbau bestehender bzw. den Aufbau neuer Geschäftsfelder zu investieren. Geschäftsfelder mit Abschöpfungspotenzial befinden sich meistens in der Reifephase und müssen möglichst lange gehalten werden, wofür unter Umständen auch noch Investitionen vorzunehmen sind.[232] Der Cash-Flow derart positionierter Geschäftsfelder ist kurzfristig positiv, mittel- bis langfristig jedoch negativ. Demzufolge sind alle Rationalisierungsreserven und Synergieeffekte zu nutzen, um möglichst lange einen positiven Cash-Flow generieren zu können.[233] Ein typisches Beispiel eines Geschäftsfelds, für das im Falle der Sparkassen eine Abschöpfungsstrategie anzuwenden ist, ist das Retail-Banking, also das standardisierte Privatkundengeschäft.[234]

---

[232] Vgl. Jung H.: [Controlling (2003)] S. 318

[233] Vgl. Hinterhuber H.: [Strategische Unternehmensführung, I. Strategisches Denken (2011)] S. 197

[234] Vgl. Achenbach/Lange/Steffens: Strategisches Management in Finanzinstituten, in: Steffens/Westenbaum (Hrsg.): [Kompendium Management in Banking & Finance, Band 1 (2008)] S. 358

Eine Desinvestitions- oder Rückzugsstrategie wird angewandt, wenn das Geschäftsfeld für das Unternehmen keinen Gewinn mehr erwirtschaftet, der Markt nicht mehr wächst, oder sogar schon schrumpft und die Wettbewerbsposition sich zunehmend verschlechtert.[235] Allerdings ist die strategische Option des Rückzuges für die Sparkassen in vielen Fällen schon wegen des öffentlichen Auftrages nicht so ohne Weiteres zu realisieren. Als Ausweg aus diesem Dilemma bietet sich die radikale Kostenreduzierung, beispielsweise durch strategische Allianzen oder Outsourcing-Maßnahmen (vgl. Abschnitt 4.4.2), sowie der Transfer von Kompetenzen auf alternative Geschäftsfelder an.[236] Für den Kompetenztransfer müssen evtl. Investitionen vorgenommen werden.

Selektive Strategien

Für Geschäftsfelder, die in der Marktattraktivität und hinsichtlich der relativen Wettbewerbsvorteile eine starke und eine schwache bzw. jeweils eine mittlere Ausprägung zeigen, kommen selektive Strategien in Form von Offensiv-, Defensiv- und Übergangstrategien zum Einsatz, welche in Tabelle 16 ausführlicher beschrieben sind.[237] Ein typisches Beispiel für eine Defensivstrategie stellt der Geschäftsbereich „Kontoführung und Zahlungsverkehr" mit seinem hohen Giropreisaufkommen dar. Allerdings ist dieser durch das zunehmende Angebot von Bankdienstleitungen zum Nulltarif, wie beispielsweise das „Null-Euro-Girokonto", in seiner Ertragskraft gefährdet. Darüber hinaus besteht aufgrund der engen Substitutionsbeziehung die Gefahr des Marktanteilsverlustes durch Abwanderung. Um dieses Geschäftsfeld in der positiven Cash-Flow-Position zu halten, muss dem Kostendruck mit einer geeigneten Differenzierung, beispielsweise mit außergewöhnlichen Serviceleistungen, begegnet werden.

---

[235] Vgl. Jung H.: [Controlling (2003)] S. 318

[236] Vgl. Hinterhuber H.: [Strategische Unternehmensführung, I. Strategisches Denken (2011)] S. 195

[237] Vgl. Hinterhuber H.: [Strategische Unternehmensführung, I. Strategisches Denken (2011)] S. 198

Strategietyp	Offensivstrategien	Defensivstrategien	Übergangsstrategien
Kennzeichen	hohe Marktattraktivität geringe relative Wettbewerbsvorteile	geringe Marktattraktivität hohe relative Wettbewerbsvorteile	mittlere Marktattraktivität mittlere Wettbewerbsvorteile
Cash-Flow	Stark negativ	Stark positiv	Mittel
Normstrategie	Wettbewerbsvorteile ausbauen Outsourcing Ggf. abstoßen und Rückzug	Wettbewerbsvorteile halten Markteintritt von Konkurrenten verhindern Cash-Flow maximieren	Horizontale Portfolioverschiebung in Richtung Wachstum oder Desinvestition anstreben
Maßnahmen	Investieren, um Wettbewerbsvorteile aufzubauen Im Falle des Rückzuges Kompetenzen transferieren	Kosten senken Differenzierung Preispolitische Maßnahmen	Rationalisierungsmaßnahmen durchführen

Tabelle 16: Selektive Strategien

Auf Basis dieser Normstrategien sind nun Wettbewerbsstrategien zu entwickeln, die angesichts der externen Rahmenbedingungen und der internen Stärken und Schwächen geeignet erscheinen, die Geschäftsfelder eines Unternehmens derart im Markt zu positionieren, dass Vorteile gegenüber dem Wettbewerb generiert werden können. Kernbestandteil der Strategieentwicklung auf Geschäftsfeldebene ist das Erzielen und Aufrechterhalten von Wettbewerbsvorteilen.[238]

---

[238] Vgl. Hungenberg, H.: [Strategisches Management in Unternehmen (2004)] S. 172

4.3.2. Wettbewerbsstrategien auf Basis von Wettbewerbsvorteilen

Nach PORTER bestehen zwei Grundtypen von Wettbewerbsvorteilen: Niedrigere Kosten oder Differenzierung. Beide sind das funktionale Ergebnis der Stärken und Schwächen eines Unternehmens.[239] Je nachdem, ob der Wettbewerbsvorteil „niedrigere Kosten" an die Kunden weitergegeben oder für die Erzielung höherer Deckungsbeiträge verwendet wird, ergeben sich die folgenden Wettbewerberprofile:

- Kostenführer: Gleicher Preis wie der Wettbewerb bei geringsten Kosten
- Preisführer: Gleiche Qualität wie der Wettbewerb zum günstigsten Preis
- Qualitätsführer: Beste Qualität zum gleichen Preis

Die Kostenführerschaft stellt einen internen Wettbewerbsvorteil dar, d.h. er wird von den Kunden und vom Wettbewerb nicht unmittelbar als solcher wahrgenommen. Das Resultat liegt demnach in der Erzielung höherer Deckungsbeiträge.[240] Dagegen sind Unterschiede in Preis und Qualität für die Kunden durchaus wahrnehmbar. Damit sich diese als Wettbewerbsvorteile etablieren können, müssen sie für Kunden wichtig und vom Wettbewerb schwer zu imitieren sein.[241]

Die relativen Wettbewerbsvorteile einer Sparkasse wurden im Rahmen der Entwicklung von Normstrategien bereits identifiziert. Um diese zu konkretisieren, müssen die folgenden Fragen beantwortet werden:

- Was können wir besser oder günstiger als der Wettbewerb?
- Ist diese Unterscheidung für unsere Kunden wichtig?
- Ist dieser Wettbewerbsvorteil für uns von Dauer, also vom Wettbewerb schwer zu imitieren?

Bei der Beantwortung dieser Fragen bietet die in Abschnitt 3.4 dargestellte modifizierte Wertkette nach PORTER einen Anhaltspunkt. Diese Wertkette zeigt

---

[239] Vgl. Porter M.: [Wettbewerbsvorteile, Spitzenleistungen erreichen und behaupten (2000)] S. 37

[240] Vgl. Porter M.: [Wettbewerbsvorteile, Spitzenleistungen erreichen und behaupten (2000)] S. 39

[241] Vgl. Hungenberg, H.: [Strategisches Management in Unternehmen (2004)] S. 173

den Gesamtwert eines Produkts oder einer Dienstleistung und setzt sich aus der Summe der Wertaktivitäten sowie der Gewinnspanne zusammen. Jede Wertaktivität setzt zur Erfüllung ihrer Funktion Ressourcen in irgendeiner Form ein, so dass auch die verfügbaren Ressourcen einer Sparkasse zu Wettbewerbsvorteilen führen können.[242] Ein besonderer Wettbewerbsvorteil der Sparkassen liegt beispielsweise in ihrer Infrastruktur begründet. Die Nähe zum Kunden ist – abgesehen von den Genossenschaftsbanken – einzigartig, für die Kunden (noch) wichtig und von den Wettbewerbern schwer zu imitieren.

PORTER leitet die Grundtypen der Wettbewerbsvorteile nun in zwei generische Wettbewerbsstrategien ab:[243] Die Strategie der Kosten-/Preisführerschaft und die Strategie der Differenzierung. Beide Strategietypen lassen sich auch auf Schwerpunkte konzentrieren, so dass als dritter Strategietyp eine Fokussierungsstrategie mit Kosten- oder Differenzierungsvorteilen entsteht. Die folgende Darstellung beschreibt diese Strategietypen etwas detaillierter:

- Die Kosten-/Preisführerstrategie verfolgt das Ziel, eine bestimmte Leistung zu einem günstigeren Preis anzubieten bzw. durch günstigere Kosten höhere Deckungsbeiträge zu generieren und wird durch eine hochgradige Standardisierung, industrialisierte Prozesse sowie hochwirksame Skalen- und Erfahrungskurveneffekte getragen („economies of scale").[244]

- Eine Strategie der Differenzierung ist auf eine hohe Nutzenstiftung durch eine qualitativ hochwertige Leistung ausgerichtet, wobei die Kundenbedürfnisse und die Einzigartigkeit der Produkte bzw. Dienstleistungen im Vordergrund der strategischen Überlegungen stehen um dadurch höhere Preise durchsetzen zu können[245]

- Die Fokussierungsstrategie wählt ein Segment oder mehrere Segmente einer Branche aus und versucht in diesen Zielsegmenten durch die

---

[242] Vgl. Porter M.: [Wettbewerbsvorteile, Spitzenleistungen erreichen und behaupten (2000)] S. 68

[243] Vgl. Porter M.: [Wettbewerbsvorteile, Spitzenleistungen erreichen und behaupten (2000)] S. 37 ff.

[244] Vgl. Hungenberg, H.: [Strategisches Management in Unternehmen (2004)] S. 186 ff.

[245] Vgl. Hungenberg, H.: [Strategisches Management in Unternehmen (2004)] S. 208 ff.

Anwendung von Preis- oder Differenzierungsstrategien Wettbewerbsvorteile zu generieren.[246]

PORTER fordert von Unternehmen eine eindeutige Ausrichtung auf eine dieser generischen Wettbewerbsstrategien, da seiner Ansicht nach der Aufbau einer Differenzierung Kosten verursacht und das Unternehmen daher nicht mehr Kostenführer bleiben kann. Andererseits kann ein Unternehmen nicht Kostenführer werden, wenn es hochgradig differenzierte Produkte oder Dienstleistungen anbietet.[247] Konsequenz dieser Überlegung ist die sogenannte Konvexitätsannahme, wonach ein konvexer Zusammenhang zwischen Rentabilität und Marktanteil existiert (vgl. Abb. 20). Derart positionierte Unternehmen sitzen quasi „zwischen den Stühlen" und operieren nach PORTER unrentabel.[248]

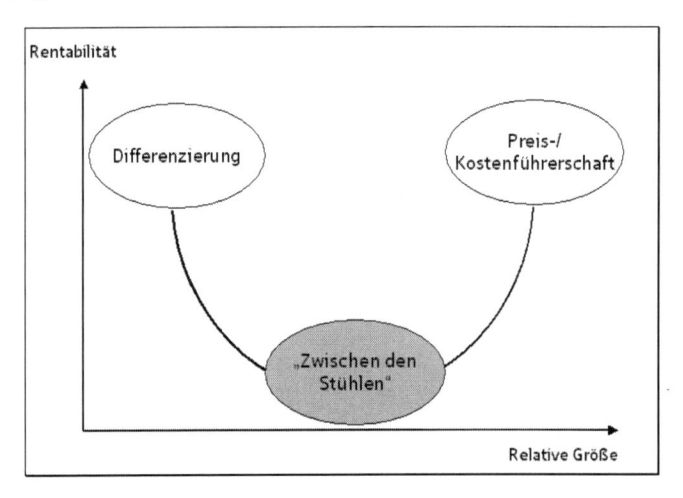

Abbildung 20: Zusammenhang zwischen Rentabilität und relativer Größe (Quelle Hungenberg 2004, S. 180)

---

[246] Vgl. Porter M.: [Wettbewerbsvorteile, Spitzenleistungen erreichen und behaupten (2000)] S. 41 f.

[247] Vgl. Porter M.: [Wettbewerbsvorteile, Spitzenleistungen erreichen und behaupten (2000)] S. 46

[248] Vgl. Porter M.: [Wettbewerbsvorteile, Spitzenleistungen erreichen und behaupten (2000)] S. 44 f.

Für die weiteren Überlegungen muss zunächst festgestellt werden in welcher Position sich die Geschäftsfelder einer Sparkasse im Wettbewerbsumfeld befinden, wofür sich der Einsatz der Preis-/Leistungsmatrix (vgl. Abb. 21) sowie die Gegenüberstellung von Bedürfnisintensität und Vermarktungsstärke anbietet (vgl. Abb. 22). Anhand dieser Matrizen lässt sich gut darstellen, welches Geschäftsfeld sich in dieser Hinsicht in einer starken oder schwachen Position befindet.[249]

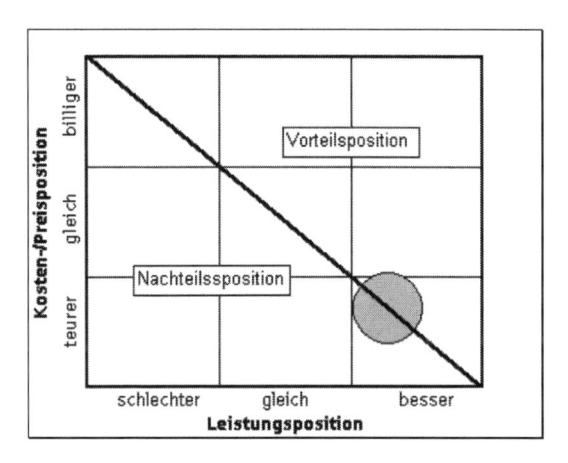

Abbildung 21: Preis-/Leistungsmatrix zur Feststellung der Wettbewerbsposition (eigene Graphik)

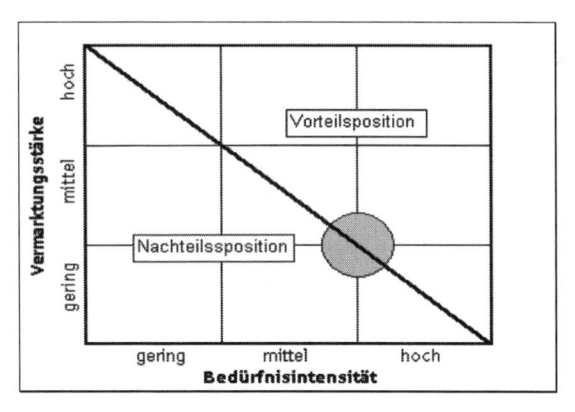

Abbildung 22: Gegenüberstellung der Vermarktungsstärke und der Bedürfnisintensität (eigene Graphik)

---

[249] Vgl. St. Galler Business School: [Lerntext: T 01 013, Strategie-Formulierung (2011)], S. 10

Aufgrund ihrer kostenintensiven Infrastruktur können die Sparkassen, trotz ihrer Marktführerschaft, die Position des Preis- bzw. Kostenführers nicht besetzen, ohne tiefgreifende Veränderungen des Geschäftsmodells vorzunehmen. Hinsichtlich der Differenzierung bleibt festzustellen, dass Finanzdienstleistungen, wie in Abschnitt 3.2. dargestellt, hochgradig substitutiv sind und Differenzierungspotenziale auf Produktebene für die Kunden nur schwer erkennbar sind. In der Leistungsbilanz ergeben sich durch die kundenseitig attestierte Fachkompetenz, gute Erreichbarkeit, Vertrauen und dem guten Image leichte Vorteile für die Sparkassen, die allerdings durch eine negative Preiswahrnehmung relativiert werden. Die hohe Bedürfnisorientierung führt wegen der zu gering ausgeprägten Vertriebsstärke noch nicht ausreichend zum Erfolg. Demzufolge befinden sich die Sparkassen in der Tat in einer Position „zwischen den Stühlen".[250]

Es stellt sich nun die Frage, wie eine Sparkasse diese unwirtschaftliche Position „zwischen den Stühlen" verlassen kann. Dafür kommen die in Abbildung 23 dargestellten strategischen Bewegungsrichtungen in Frage.

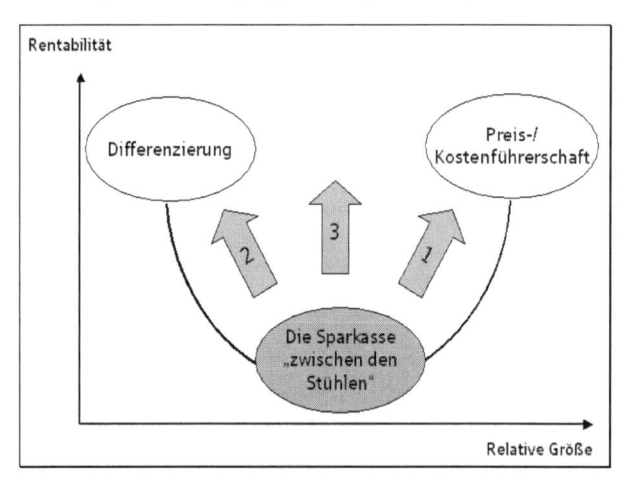

Abbildung 23: Wege aus der „Stuck in the Middle"-Position (eigene Graphik)

---

[250] Vgl. DSGV: [Geschäftsstrategie der Sparkassen (2009)] S. 14 ff.

4.3.2.1. Die Preis-/Kostenführerschaft

Ein Weg aus der „Stuck in the Middle"-Position besteht in der Generierung eines Kostenvorsprungs, der sich dann ergibt, wenn ein Unternehmen bei der Durchführung seiner Wertaktivitäten niedrigere Gesamtkosten als seine Wettbewerber erreicht.[251] Dieser Strategietyp bedarf einer möglichst umfangreichen Marktbearbeitung, um Erfahrungskurveneffekte durch höhere Absatzmengen nutzen zu können.[252] Sparkassen sind aufgrund ihrer kostenintensiven Infrastruktur und ihrer relativ kleinen Betriebsgröße im derzeitigen Wettbewerbsumfeld nicht in der Lage, die Position des Preis-/Kostenführers zu besetzen. Allerdings kann und muss die Forderung erhoben werden, Kosten aktiv zu managen und in Zukunft auch zu senken.[253] Dabei sollte die Kosten- und Leistungsrechnung zum Standard einer Sparkasse gehören und in Zukunft um das Prozesskostenmanagement erweitert werden.[254] Bei der Allokation der Kosten bietet die in Abschnitt 3.4. dargestellte Wertkette einer Sparkasse einen Anhaltspunkt, wobei innerhalb dieser Wertkette Kostentreiber bestehen, die durch ein aktives Kostenmanagement beeinflussbar sind.[255] Die folgenden Ausführungen beinhalten einige Ansatzpunkte für Kostenmanagement in Sparkassen.

Aktives Kostenmanagement

Ziel des Kostenmanagements ist die Beeinflussung von Niveau, Verlauf und Struktur der Kosten einer Sparkasse, so dass eine insgesamt günstigere Wettbewerbsposition erreicht werden kann. Dabei sind folgende Aufgaben zu erfüllen:[256]

---

[251] Vgl. Porter M.: [Wettbewerbsvorteile, Spitzenleistungen erreichen und behaupten (2000)] S. 99

[252] Vgl. Zerres M., Abegglen C.: [Management-Strategien (2011)] S 32 u. 35: Die Erfahrungskurve stellt den Zusammenhang

der kumulierten Ausbringungsmenge und den Stückkosten dar. Danach ist davon auszugehen,

dass dieStückkosten bei einer Verdoppelung der Ausbringungsmenge um 10- 30% sinken.

[253] Vgl. DSGV: [Geschäftsstrategie der Sparkassen (2009)] S. 45 ff.

[254] Vgl. Jung H.: [Controlling (2003)] S. 55 ff.

[255] Vgl. Hungenberg, H.: [Strategisches Management in Unternehmen (2004)] S. 206

[256] Vgl. Hungenberg, H.: [Strategisches Management in Unternehmen (2004)] S. 198 ff.

- Durch das Kostenniveau-Management sollen die Kosten in ihrer relativen Höhe verringert werden. Es bezieht sich auf alle Kostenarten und damit verbundene Produktionsfaktoren.

- Das Kostenverlaufs-Management beeinflusst die Entwicklung von Kosten in Abhängigkeit von bestimmten Bezugsgrößen. In Sparkassen ist beispielsweise eine hohe Korrelation des Sachaufwandes zum Personalaufwand zu beobachten.[257] Eine Reduzierung des Personalaufwandes führt zwangsläufig auch zu einer Senkung des Sachaufwandes, was insbesondere mit den „Pro-Kopf-Kosten" im EDV-Bereich und den Kosten für die Arbeitsplatzausstattung zu begründen ist. Allerdings steigen diese Kosten mit einer Ausweitung der Teilzeitquote, woraus sich die Forderung nach einer möglichst exakten Abstimmung der Teilzeitquote mit den betrieblichen Erfordernissen, beispielsweise den Präsenzzeiten in den Geschäftsstellen, ableitet.

- Das Kostenstruktur-Management optimiert die Zusammensetzung der Kosten nach unterschiedlichen Gesichtspunkten. Hierbei geht es vordergründig um die Analyse und Steuerung der variablen und der fixen Kosten sowie der Einzel- und Gemeinkosten. Sparkassen zeichnen sich aufgrund des permanenten Vorhaltens von Kapazitäten, vor allem in Form von Personal, durch einen hohen Fixkostenanteil aus.[258] Diesem Effekt kann durch die Flexibilisierung von Personalressourcen begegnet werden.

Das Kostenmanagement wird durch die Anwendung von Kostenrechnungssystemen wie die Voll- oder Teilkostenrechnung auf Ist-, Normal-, oder Plankostenbasis, das Zero-Base-Budgeting und die Gemeinkosten-Wertanalyse unterstützt.[259] Auf die Details dieser Systeme wird in dieser Arbeit nicht näher eingegangen.

---

[257] Vgl. Lütke-Uhlenbrock: [Bewertung öffentlich-rechtlicher Sparkassen (2007)] S. 129 f.

[258] Vgl. Lütke-Uhlenbrock: [Bewertung öffentlich-rechtlicher Sparkassen (2007)] S. 125

[259] Vgl. Jung H.: [Controlling (2003)] S. 55 ff.

Prozesskostenmanagement

Im Gegensatz zur traditionellen Kostenrechnung, welche die Kosten auf Basis der Einzelkosten auf die Produkte als Kostenträger verrechnet, orientiert sich die Prozesskostenrechnung an den Prozessen, die für die Erstellung und Vermarktung eines Produktes oder einer Dienstleistung erforderlich sind.[260] Der Vorteil der Prozesskostenrechnung liegt in der Transparenz der Kosten aller Prozessschritte, so dass auch gemeinkostenträchtige Rationalisierungspotenziale transparent gemacht und genutzt werden können.[261] Dabei setzt die Prozesskostenrechnung an der gesamten Wertschöpfungskette an, die in Ergänzung zu den traditionellen Kalkulationsmethoden auf Basis der direkten, wertschöpfenden Marktaktivitäten auch die administrativen Prozesse beinhaltet. Die Prozesskostenrechnung setzt ein Geschäftsprozessmanagement voraus (vgl. Abschnitt 5.2.1.1), d.h. die einzelnen Prozesse müssen im Rahmen einer Tätigkeitsanalyse identifiziert und in eine Prozesshierarchie eingeordnet werden.[262] Durch Zählung oder Schätzung werden die prozessspezifischen Mengentreiber identifiziert und anschließend mit einem Prozesskostensatz multipliziert. Ein funktionierendes Prozesskostenmanagement steuert letztlich die einzelnen Prozessschritte hinsichtlich ihrer Kosten und Effizienz und trägt damit maßgeblich zur Produktivitätssteigerung bei.

Economies of Scale

Sparkassen sind aufgrund ihrer relativ kleinen Größe im Vergleich zu den Wettbewerbern für sich alleine nicht in der Lage, ähnliche Skalen- und Erfahrungskurveneffekte (Economies of Scale) zu entwickeln und zu nutzen, wie dies bei Großbanken mit ihren industrialisierten Prozessen der Fall ist. Dieser Sachverhalt erschwert die Kostensenkung auf Basis der größen- und lernbedingten Kostendegression, die in gewissem Maß in jeder Wertaktivität einer Sparkasse vorzufinden ist.[263] Um in dieser Hinsicht

---

[260] Vgl. Hungenberg, H.: [Strategisches Management in Unternehmen (2004)] S. 200 f.

[261] Vgl. Jung H.: [Controlling (2003)] S. 93 ff.

[262] Vgl. Hilgert/Moormann: Geschäftsprozessmanagement, in: Steffens/Westenbaum (Hrsg.): [Kompendium Management in Banking & Finance, Band 2 (2008)] S. 148 f.

[263] Vgl. Porter M.: [Wettbewerbsvorteile, Spitzenleistungen erreichen und behaupten (2000)] S. 107 f.

Kostendegressionseffekte generieren zu können, bedarf es einer Erhöhung der Stückzahlen der einzelnen Wertaktivitäten,[264] was sich für die einzelne Sparkasse als schwierig erweisen dürfte, im Rahmen der Begründung von Kooperationen jedoch durchaus realistisch erscheint (vgl. Abschnitt 4.4.2).

Economies of Scope

Durch ihre relativ kleine Betriebsgröße können die Sparkassen nicht alle Aufgaben eigenständig bewältigen. Daher gilt für die Zusammenarbeit in der Sparkassenorganisation das Subsidiaritätsprinzip, wonach die Marktbearbeitung und die Kundenbetreuung in der Zuständigkeit der einzelnen Sparkassen verbleibt und Aufgaben, die von einer einzelnen Sparkasse nicht mehr effizient durchführbar sind, von den regionalen Verbänden oder vom nationalen Verband übernommen werden.[265] Diese Bündelung der Kräfte kann sich als Wettbewerbsvorteil etablieren, wenn die Sparkassen dem Subsidiaritätsprinzip folgen und die von den Verbänden erarbeiteten und landesweit zur Verfügung gestellten Konzepte, Verfahren und Instrumente nutzen, statt diese in Eigenregie teuer und aufwendig selbst zu entwickeln. Der Verbundgedanke in der Sparkassenorganisation führt zu Verbundeffekten (Economies of Scope) in Form von Synergien.[266] Darüber hinaus wird auch die interne Zusammenführung von Abteilungen oder Segmenten zu Verbundeffekten führen. Beides trägt letztlich zur Kostenreduzierung bei. Demnach hat auch das Organisationsstrukturmanagement (vgl. Abschnitt 5.2.1.1) die Effekte der Economies of Scope entsprechend zu würdigen.

Kapazitätsmanagement

Einen Kostentreiber besonderer Art stellt für die Sparkassen die Struktur der Kapazitätsauslastung dar, da mit den Wertaktivitäten aufgrund der Personalintensität hohe Fixkosten verbunden sind. Bei mangelnder Auslastung der Mitarbeiter wirken sich die Fixkosten negativ auf das Gesamtergebnis einer

---

[264] Vgl. Bleicher K.: [Das Konzept integriertes Management (2004)] S. 311 ff.

[265] Vgl. Lütke-Uhlenbrock: [Bewertung öffentlich-rechtlicher Sparkassen (2007)] S. 15

[266] Vgl. Hungenberg, H.: [Strategisches Management in Unternehmen (2004)] S. 190 f.

Sparkasse aus.[267] Im Falle der Sparkassen ist die Kapazitätsauslastung meist eine Funktion saisonaler Schwankungen. So ist während der Sommermonate und insbesondere in der Ferienzeit eine deutlich geringere Frequentierung der Geschäftsstellen als zur Winterzeit zu beobachten. Diese Feststellung erhebt die Forderung nach einer aktiven Kapazitätssteuerung in Form eines Personaleinsatzmanagements, welches die Mitarbeiter dann einsetzt, wenn sie benötigt werden. Darüber hinaus sollte insbesondere in den Geschäftsstellen auf eine möglichst hohe Auslastung der Kapazitäten geachtet werden.

Komplexitätsmanagement

Ein zu umfangreiches Produktsortiment erhöht die Kosten einer Sparkasse durch die sogenannten Komplexitätskosten. Die Komplexitätskosten umfassen einerseits die variantenindizierten Mehrkosten, vor allem im Gemeinkostenbereich, und andererseits die Opportunitätskosten, die aus der Bewältigung der Komplexität resultieren.[268] Ein zu breites Produktangebot kann auch zu Kannibalisierungseffekten innerhalb des Produktsortiments führen. Diese Feststellungen fordern ein aktives Produktportfolio-Management von einer Sparkasse mit dem Ziel, so viele Produkte wie nötig und so wenig wie möglich im Produktportfolio zu halten. Zusätzlich sollte auf eine weitgehende Standardisierung der Prozesse und eine spezialisierende Arbeitsteilung, beispielsweise durch den Einsatz von Spezialisten, die im Bedarfsfall zur Beratung hinzugezogen werden, geachtet werden.[269] Daneben bildet die Dekonstruktion der Wertkette durch die Vergabe von Aktivitäten nach außen (Outsourcing) einen geeigneten Ansatzpunkt zur Komplexitätsreduzierung und zur Fokussierung auf die Kernfähigkeiten einer Sparkasse (vgl. Abschnitt 4.4.2.2).[270]

---

[267] Vgl. Porter M.: [Wettbewerbsvorteile, Spitzenleistungen erreichen und behaupten (2000)] S. 112 f.

[268] Vgl. Schuh G.: [Produktkomplexität managen: Strategien-Methoden-Tools (2005)] S. 45 ff.

[269] Vgl. Zerres M., Abegglen C.: [Management-Strategien (2011)] S. 33

[270] Vgl. Achenbach/Lange/Steffens: Strategisches Management in Finanzinstituten, in: Steffens/ Westenbaum (Hrsg.): [Kompendium Management in Banking & Finance, Band 1 (2008)] S. 366 ff.

Personalkostenmanagement

Der Personalaufwand stellt den größten Teil der Verwaltungsaufwendungen einer Sparkasse dar, dies nicht zuletzt wegen der Erstellung und des Vollzugs von Bankdienstleistungen im persönlichen Kontakt zwischen den Kunden und den Mitarbeitern. Zwar hat der Einsatz moderner technischer Anlagen dazu geführt, dass die Personalaufwandsquote nicht mehr den Raum früherer Jahre einnimmt, dennoch ist der Anteil des Personalaufwandes nach wie vor sehr hoch.[271] Interessant ist in diesem Zusammenhang die Feststellung, dass die Personalaufwandsquoten von Sparkassen im Extrem mehr als 300% auseinanderliegen.[272] Diese Feststellung untermauert die Forderung nach einem Personalkostenmanagement auf Basis einer Personalstrategie, welches die folgenden Controlling-Ebenen umfassen sollte:[273]

- Das Personalkosten-Controlling plant und evaluiert die Personalkosten mit dem Ziel Budgetvorgaben einzuhalten.

- Das Effizienz-Controlling setzt sich mit der Produktivität der Mitarbeiter auseinander und konzentriert sich auf den effizienten Umgang mit Ressourcen.

- Das Effektivitäts-Controlling setzt auf den Erfolgsbeitrag der Personalarbeit zum Unternehmenserfolg durch eine bedarfsgerechte Gestaltung der Personalfunktionen und der Sicherung des Humanpotenzials.

Sachaufwandsmanagement

Der Sach- und Materialaufwand der Sparkassen fällt im Vergleich zu produzierenden Unternehmen relativ gering aus und wird von Kosten im IT- und Gebäudebereich dominiert. Dennoch sind auch diese Kosten aktiv zu managen und in Zukunft zu senken.

---

[271] Vgl. Lütke-Uhlenbrock: [Bewertung öffentlich-rechtlicher Sparkassen (2007)] S. 125

[272] Vgl. DSGV: [Geschäftsstrategie der Sparkassen (2009)] S. 46

[273] Vgl. Wunderer R.: [Führung und Zusammenarbeit (2009)] S. 418

4.3.2.2. Die Differenzierungsstrategie

Eine Entwicklung in Richtung Differenzierung setzt voraus, dass sich eine Sparkasse für Differenzierungsmerkmale entscheidet, die sich deutlich von den Wettbewerbern unterscheiden.[274] Differenzierung entsteht nicht aus dem Unternehmen als Ganzes, sondern aus den Aktivitäten einer Sparkasse und deren Auswirkungen auf die Abnehmer. Demzufolge entsteht Differenzierung aus der Wertkette einer Sparkasse (vgl. Abschnitt 3.4, Abb. 6), wobei jede einzelne Wertaktivität ein Merkmal der Einmaligkeit mit sich führen kann, welches die Leistung des Endproduktes positiv beeinflusst.[275] Derartige Alleinstellungsmerkmale sind im Rahmen des strategischen Managements zu identifizieren, zu entwickeln und zu pflegen.

Für den Aufbau von Differenzierungsmerkmalen kommen die folgenden vier Ansatzpunkte in Betracht, wobei stets zu beachten ist, dass die Bewertung der Differenzierung aus Kundensicht zu erfolgen hat :[276]

1. Differenzierung durch Qualität: Im Bankensektor spielt diesbezüglich die Zuverlässigkeit und die Qualität der Kundenberatung die ausschlaggebende Rolle. Die Sparkassen verfügen durch ihre hochwertige, zentralisierte Bildungsinfrastruktur über sehr gut qualifizierte Mitarbeiter.
2. Differenzierung durch Zeit: Bei diesem Differenzierungsmerkmal geht es weniger um die Geschwindigkeit in der Leistungserstellung als vielmehr um die Geschwindigkeit im Erkennen und Nutzen von Innovationen und unternehmensexternen Chancen. In diesem Bereich werden die Sparkassen von den Verbandsorganisationen und den Verbundpartnern maßgeblich unterstützt.
3. Differenzierung durch die Marke: Hier verfügt die Sparkassenorganisation über einen klaren Wettbewerbsvorteil. Keine andere Marke im deutschen

---

[274] Vgl. Porter M.: [Wettbewerbsvorteile, Spitzenleistungen erreichen und behaupten (2000)] S. 41

[275] Vgl. Porter M.: [Wettbewerbsvorteile, Spitzenleistungen erreichen und behaupten (2000)] S. 168 ff.

[276] Vgl. Hungenberg, H.: [Strategisches Management in Unternehmen (2004)] S. 210 ff.

Kreditgewerbe genießt eine so hohe Bekanntheit, so viel Sympathie und so viel Vertrauen wie die Marke Sparkasse.[277]

4. Differenzierung durch Kundenbeziehungen: Sparkassen verfügen durch ihr dichtes Geschäftsstellennetz über eine ausgeprägte persönliche Nähe zum Kunden. Wenn es ihnen gelingt, intern für eine langfristige Beraterkontinuität zu sorgen, kann sich auch dieses Differenzierungsmerkmal zu einem Wettbewerbsvorteil entwickeln.

Die Betrachtung dieser Differenzierungsmerkmale zeigt, dass die Sparkassen eigentlich über beste Voraussetzungen zur Realisierung einer Differenzierungsstrategie verfügen. Es stellt sich nun die Frage, warum es ihnen nicht gelingt, diese Wettbewerbsvorteile dauerhaft erfolgswirksam zu nutzen. Der DSGV führt diesen Sachverhalt auf Mängel in der nachhaltigen Verkaufskultur im dezentralen, kundennahen Geschäftsmodell und auf Defizite in der Mitarbeiterführung sowie im Anreizsystem zurück.[278] Daraus leiten sich folgende Forderungen ab:[279]

- Intensive Steuerung und Führung im Vertrieb, d.h. Vertriebserfolg stärker zum Gegenstand der Führung machen und die Transparenz über den Vertriebserfolg erhöhen.

- Erhöhung der verkaufsspezifischen Fähigkeiten der Mitarbeiter vor Ort, d.h. stärkere Berücksichtigung der Eignung als Verkäufer bei der Personalauswahl und Hinwendung der Führung zu einem intensiveren Training und Coaching der Mitarbeiter.

- Ausbau und Pflege der im vorigen Abschnitt genannten Differenzierungspotenziale mit dem Ziel, die Qualitätsführerschaft zu erreichen. Hierfür bedarf es einer Intensivierung des ganzheitlichen Beratungsansatzes nach dem S-Finanzkonzept und der Entwicklung verbesserter Servicestandards.

---

[277] Vgl. http://www.sparkasse.de/s_finanzgruppe/financial-market-relations/faq.html (Anhang 20)

[278] Vgl. DSGV: [Geschäftsstrategie der Sparkassen (2009)] S. 20 f.

[279] Vgl. DSGV: [Geschäftsstrategie der Sparkassen (2009)] S. 38 ff.

- Darüber hinaus sind Systeme zu entwickeln und zu installieren, die überdurchschnittliche Leistungen im Vertrieb finanziell angemessen entlohnen.

Diese Ansatzpunkte müssen zum Gegenstand einer Vertriebsstrategie gemacht werden, die zum Standard jeder Sparkasse gehören sollte. Die verbandsseitig zur Verfügung gestellten Konzepte und Strategieansätze unterstützen die einzelne Sparkasse bei der Entwicklung und Implementierung einer wirksamen Vertriebsstrategie.

4.3.2.3. Die Hybrid-Strategie als Mittelweg

Die neuere empirische Strategieforschung zeigt, dass es Unternehmen durchaus gelingen kann, beide Dimensionen der generischen Wettbewerbsstrategien erfolgreich zu vereinbaren. Strategien, welche die Merkmale beider generischen Strategietypen vereinbaren, werden als Hybrid-Strategien bezeichnet.[280] Der Vorteil dieses Strategietyps liegt in der Addition der Vorteile der einzelnen generischen Wettbewerbsstrategien und in der Konsequenz in der Erzielung höherer Gewinne.[281] Entscheidend für die hybride Wettbewerbsstrategie ist nicht der tatsächliche Preis- bzw. Qualitätsvorsprung gegenüber dem Wettbewerb, sondern die Bewertung dieser Kriterien durch die Kunden, d.h. deren Preis- bzw. Qualitätswahrnehmung. Die Erfolgsformel für die Hybrid-Strategie lautet also: (Wahrgenommene) Qualität steigern und (wahrgenommene) Preise oder die internen Kosten senken.

Was auf den ersten Blick vielversprechend erscheint, erweist sich bei näherer Betrachtung als schwierig, da die beiden Strategien Elemente beinhalten, die sich zumindest teilweise widersprechen. Ein erfolgversprechender Ansatz ist ein sequenzieller Weg, der entweder von der Kosten-/Preisführerschaft oder der Differenzierung ausgeht und diese im Zeitverlauf mit der jeweiligen anderen Wettbewerbsposition verbindet.[282] Die Sparkassen verfügen – wie oben erwähnt – über ein hohes Differenzierungspotenzial und haben demnach für diesen

---

[280] Vgl. Hungenberg, H.: [Strategisches Management in Unternehmen (2004)] S. 181

[281] Vgl. Porter M.: [Wettbewerbsvorteile, Spitzenleistungen erreichen und behaupten (2000)] S. 46

[282] Vgl. Hungenberg, H.: [Strategisches Management in Unternehmen (2004)] S. 181

Strategietyp eine gute Ausgangsposition. Mit Verweis auf die Feststellungen in Abschnitt 4.3.2 muss allerdings gefordert werden, dass diese Differenzierungsmerkmale den Kunden gegenüber erlebbar gemacht werden, damit sie sich als Wettbewerbsvorteile etablieren können und die Sparkassen als Qualitätsführer wahrgenommen werden.[283]

Die teilweise deutlichen Einbußen bei der Entwicklung der Betriebsergebnisse deutscher Sparkassen seit 2005 sind primär auf die starken Rückgänge des Zinsüberschusses bei fast unveränderter Aufwandsstruktur zurückzuführen.[284] Dieser Entwicklung können und müssen die Sparkassen mit den Elementen einer hybriden Wettbewerbsstrategie in Form von zwei strategischen Ansatzpunkten begegnen:[285]

- Kosten durch ein stringentes Kostenmanagement und intensiveres Nutzen der Verbundeffekte senken (vgl. Abschnitt 4.3.2.1)
- Erträge durch Nutzen der Differenzierungspotenziale steigern (vgl. Abschnitt 4.3.2.2)

Eine Sparkasse generiert ihre Erträge jedoch nicht nur aus dem Kundengeschäft, sondern je nach strategischer Positionierung auch aus dem Eigen(handels)geschäft also der Investition von Vermögenswerten. In der Vergangenheit spielte das Handelsergebnis wegen des Enumerationsprinzips[286] nur eine untergeordnete Rolle für das Gesamtbetriebsergebnis. Heute trägt es weit mehr zum Gesamtergebnis bei, woraus sich die Forderung nach einem aktiven Eigenhandelsmanagement und einem Investmentprozess als Grundlage der Asset Allocation ableitet.[287] Das Eigenhandelsmanagement hat die Aufgabe, einen angemessenen „Fit" zwischen Performance und Risiko im Eigengeschäftsportfolio sicherzustellen. Dabei sind aufsichtrechtliche

---

[283] Vgl. Hungenberg, H.: [Strategisches Management in Unternehmen (2004)] S. 173

[284] Vgl. DSGV: [Geschäftsstrategie der Sparkassen (2009)] S. 14 f.

[285] Vgl. DSGV: [Geschäftsstrategie der Sparkassen (2009)] S. 38 ff.

[286] Vgl. Lütke-Uhlenbrock: [Bewertung öffentlich-rechtlicher Sparkassen (2007)] S. 16 f.
Das Enumerationsprinzip verbietet den Sparkassen bestimmte Geschäfte, z.B. spekulative Derivate- und Devisengeschäfte.

[287] SVB, Keller G.: Seminar Integrierte Ergebnis- und Risikosteuerung, 06./07.07.2011, Folie 88 (Anhang 21)

Bestimmungen zur Eigenkapitalunterlegung des Eigengeschäftsportfolios zu beachten, die diesem Geschäftsfeld klare Grenzen setzen. Wegen der starken Abhängigkeit von der Entwicklung der Kapitalmärkte zeichnen sich die Ergebnisse aus dem Handelsgeschäft natürlich durch eine hohe Volatilität aus. Das Ausmaß dieser Volatilität wird im Wesentlichen durch die institutsinterne Risikoneigung bestimmt, wobei zu beachten ist, dass Häuser mit hoher Aktivität im Handelsgeschäft einen höheren Risikozuschlag der Eigenkapitalkosten einkalkulieren müssen.[288] Für das Eigengeschäftsmanagement sollte auf die bestehenden zentralen Konzepte und Steuerungsinstrumente, die von den Verbänden zur Verfügung gestellt werden, zurückgegriffen werden.[289]

4.4. Die Strategieentwicklung auf Unternehmensebene

Während das strategische Management auf Geschäftsfeldebene Normstrategien auf Basis der Portfolioposition des einzelnen Geschäftsfelds formuliert, befasst sich die Strategieentwicklung auf Unternehmensebene mit dem Gesamtportfolio einer Sparkasse. Ausgangspunkt für diesen Prozess sind die Vision, die Mission und die langfristigen Ziele einer Sparkasse.[290] Die wesentlichen Aufgaben innerhalb dieses Prozesses bestehen in der Segmentierung der Geschäftsfelder, ggf. der Untergliederung in Business-Units, der Bestimmung der aktuellen Portfoliopositionen und der Entwicklung eines ausgewogenen Portfolios. Dafür sind unter Umständen Veränderungen im Portfolio vorzunehmen, für die im Regelfall Ressourcen aufzubringen sind. Der Strategieentwicklung auf Unternehmensebene kommt demnach auch die Aufgabe zu, personelle, finanzielle und materielle Ressourcen zu allokieren, welche die einzelnen Geschäftsfelder je nach Positionierung im Portfolio des Unternehmens für eine nachhaltige Wertsteigerung benötigen.[291] Dabei sollen die Stoßrichtungen der Geschäftsfelder durch Funktional- und Netzwerkstrategien unterstützt werden.

---

[288] Vgl. Lütke-Uhlenbrock: [Bewertung öffentlich-rechtlicher Sparkassen (2007)] S. 123

[289] Vgl. DSGV: [Geschäftsstrategie der Sparkassen (2009)] S. 45

[290] Vgl. Hungenberg, H.: [Strategisches Management in Unternehmen (2004)] S. 411

[291] Vgl. Hinterhuber H.: [Strategische Unternehmensführung, I. Strategisches Denken (2011)] S. 213

Alle diese Teilstrategien werden schlussendlich zu einer Unternehmensstrategie verdichtet.[292]

4.4.1. Die Portfolioplanung bestimmt die Stoßrichtung der strategischen Geschäftsfelder bzw. Business-Units

Ausgangsbasis für die Planung des Gesamtportfolios ist die in Abschnitt 4.3 beschriebene Portfolio-Analyse. Jedes einzelne strategische Geschäftsfeld bzw. Business-Unit wird mit seiner Ausgangsposition in ein Gesamtportfolio eingetragen, wodurch ein Ist-Portfolio entsteht, das als Ausgangspunkt für Positionsveränderungen mit dem Ziel der Erreichung einer Ausgewogenheit im Portfolio dienen soll. Als ausgewogen gilt ein Portfolio, wenn in der Zone der Mittelfreisetzung ausreichend Geschäftsfelder bzw. Business-Units mit Abschöpfungspotenzial zur Finanzierung von Investitions- und Wachstumsstrategien in der Zone der Mittelbindung zur Verfügung stehen (vgl. Abb. 24).[293]

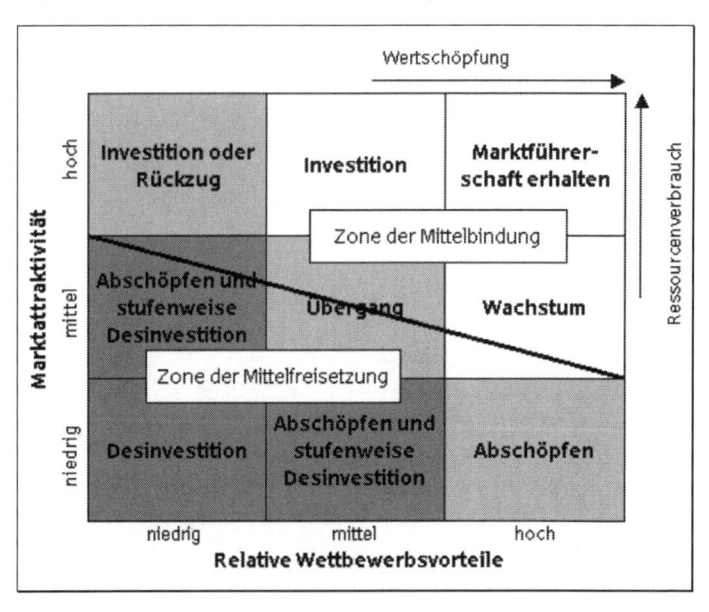

Abbildung 24: Stoßrichtung der Geschäftsfelder (eigene Graphik)

---

[292] Vgl. Wahr/Siekmann: [Strategisches Management und Controlling (2008)] S. 36

[293] Vgl. Jung H.: [Controlling (2003)] S. 324 und Hungenberg, H.: [Strategisches Management in Unternehmen (2004)] S. 428

Die Ausgewogenheit ist insofern wichtig, als bei einer übermäßigen Mittelbindung die Gefahr besteht, dass die für die Investitions- oder Wachstumsstrategien benötigten finanziellen Mittel nicht ausreichend zur Verfügung stehen. Bei einer übermäßigen Positionierung in der Zone der Mittelfreisetzung stehen der Sparkasse zwar hohe Erträge zur Verfügung, die jedoch nicht in den Aufbau neuer oder erfolgsversprechender Geschäftsfelder investiert werden können, weil diese ja noch gar nicht bestehen. Durch die Verschiebungen der Positionierungen entsteht ein Sollportfolio mit strategischen Stoßrichtungen, auf dessen Basis die Allokation der personellen, finanziellen und materiellen Ressourcen vorgenommen wird. Die Position eines Geschäftsfelds muss jedoch nicht zwingend verändert werden. Soll ein Geschäftsfeld bzw. eine Business-Unit auf seiner derzeitigen Position verbleiben, kommt die jeweilige Normstrategie zur Anwendung (vgl. Abschnitt 4.3, Tab. 10 und 12). Neben der Allokation von Ressourcen sind auch strategische Allianzen und Kooperationen Gegenstand der Portfolioplanung.[294]

4.4.2. Die Veränderung des Unternehmensportfolios

Veränderungen im Portfolio einer Sparkasse entstehen oft aus der strategischen Forderung nach einer Diversifikation (vgl. Abschnitt 4.3.1.3, Tab. 14). Dabei sind folgende Arten zu unterscheiden:[295]

- Horizontale Diversifikation: Aufnahme neuer Geschäftsfelder, die durch eine enge Substitutions- und Komplementärbeziehung gekennzeichnet sind, beispielsweise die Aufnahme von Versicherungsprodukten in das Produktportfolio einer Sparkasse.

- Vertikale Diversifikation: Vor- oder rückwärtsgerichtete Integration von Wertschöpfungsstufen (Insourcing), zum Beispiel die Integration von Kompetenzen der Verbundpartner.

---

[294] Vgl. Hinterhuber H.: [Strategische Unternehmensführung, I. Strategisches Denken (2011)] S. 231

[295] Vgl. Achenbach/Lange/Steffens: Strategisches Management in Finanzinstituten, in: Steffens/Westenbaum (Hrsg.): [Kompendium Management in Banking & Finance, Band 1 (2008) S. 362 ff. und Hinterhuber H.: [Strategische Unternehmensführung, I. Strategisches Denken (2011)] S. 226

Daneben entstehen Veränderungen im Unternehmensportfolio durch Kooperationen oder Outsourcing-Maßnahmen, auf die im Folgenden vertiefend eingegangen werden soll.

Die Kooperation

Eine Kooperation ist dadurch gekennzeichnet, dass zwei oder mehrere Unternehmen Teile ihrer Aktivitäten zusammenlegen, ohne dass die beteiligten Unternehmen dabei ihre rechtliche Selbständigkeit verlieren.[296] Durch diese Form der Zusammenarbeit lassen sich Kostensenkungspotenziale in Form von Skalen- und Erfahrungseffekten, einer verbesserten Auslastung der Kapazitäten, des Erreichens kritischer Massen, einer höheren Einkaufsmacht und Verwaltungsvereinfachungen erschließen.[297] So führt beispielsweise die Zusammenlegung der Kreditproduktion mehrerer Sparkassen in sogenannte „Kreditfabriken" allein durch das höhere Stückaufkommen zu Skalen- und Erfahrungseffekten, die letztlich in niedrigeren Kosten resultieren.[298] Je nach Intensität der Zusammenarbeit werden Kooperationen als strategische Allianzen mit oder ohne Vertragsbindung, als Kapitalbeteiligung oder als Joint Venture geführt.[299] Zur Begründung einer Kooperation bedarf es einer grundlegenden Übereinstimmung der Kooperationspartner auf fundamentaler, strategischer und kultureller Ebene. Der fundamentale Fit legitimiert die Kooperation durch die Existenz einer rechtlichen, taktischen oder rationalen Situation, die den Kooperationsbedarf begründet.

Auf strategischer Ebene ist auf die Übereinstimmung der strategischen Zielsetzungen und Stoßrichtungen der Partner zu achten. In kultureller Hinsicht bedarf es der gegenseitigen Bereitschaft, die Unternehmenskultur des Partners zu akzeptieren.[300]

---

[296] Vgl. Jung H.: [Controlling (2003)] S. 266 f.

[297] Vgl. Bleicher K.: [Das Konzept integriertes Management (2004)] S. 320

[298] Vgl. Porter M.: [Wettbewerbsvorteile, Spitzenleistungen erreichen und behaupten (2000)] S. 144 ff.

[299] Vgl. Achenbach/Lange/Steffens: Strategisches Management in Finanzinstituten, in: Steffens/ Westenbaum (Hrsg.): [Kompendium Management in Banking & Finance, Band 1 (2008)] S. 366

[300] Vgl. Zerres M., Abegglen C.: [Management-Strategien (2011)] S 25 ff.

Outsourcing

Im Falle des Outsourcings werden einzelne Aktivitäten aus der Wertkette, die nicht zu den Kernkompetenzen oder den Wettbewerbsvorteilen einer Sparkasse gehören, bewusst nach außen vergeben.[301] Outsourcing-Potenziale erschließen sich bei Prozessen mit geringer Häufigkeit, bei kompetenzfernen Aktivitäten (z.b. das Fuhrparkmanagement), oder bei sekundären Prozessen, welche die Kernprozesse einer Sparkasse unterstützen (z.b. die Marktfolgeprozesse). Die wesentlichen Vorteile des Oursourcings sind die Verkleinerung der Sparkasse, die Fokussierung auf die Kernkompetenzen und die damit einhergehende höhere Schlagkraft. Ziele des Outsourcings sind die vollständige Ausgliederung bestimmter Prozesse an externe Unternehmen, die Auslagerung von Risiken und die Variabilisierung der Kosten.[302] Outsourcing erfolgt entweder durch Vergabe von Aktivitäten an bereits bestehende Unternehmen oder durch die Neugründung eines Outsourcing-Unternehmens durch eine oder mehrere Sparkassen (Kooperation). Allerdings sind dem Outsourcing auch Grenzen gesetzt. So regelt das Kreditwesensgesetz und die Bundesanstalt für Finanzdienstleistungsaufsicht, welche Funktionen eine Bank erfüllen muss, um als solche auftreten zu dürfen.[303] Danach kann alles ausgelagert werden, was nicht als „wesentlich" im Sinne des Gesetzes bzw. der Bankaufsicht anzusehen ist. Als wesentlich gelten insbesondere die Steuerungsprozesse, die demzufolge nicht ausgelagert werden können.

4.4.3. Die Entwicklung der Unternehmensstrategie

Die Stoßrichtungen der Geschäftsfelder und die unterstützenden Funktions- bzw. Netzwerkstrategien werden schlussendlich in einer Unternehmensstrategie zusammengeführt, deren Zweck in der nachhaltigen Wertsteigerung der Sparkasse besteht, so dass der Gesamtwert des Unternehmens höher ist als die Summe der Einzelwerte der strategischen Geschäftsfelder. Die wesentlichen Inhalte der Unternehmensstrategie sind:[304]

---

[301] Vgl. Bleicher K.: [Das Konzept integriertes Management (2004)] S. 319 f.

[302] Vgl. Achenbach/Lange/Steffens: Strategisches Management in Finanzinstituten, in: Steffens/ Westenbaum (Hrsg.): [Kompendium Management in Banking & Finance, Band 1 (2008) S. 366

[303] Vgl. § 25a, Abs. 2 KWG und Rundschreiben 11/2001 der BaFin (Anhang 22)

[304] Vgl. Hinterhuber H.: [Strategische Unternehmensführung, I. Strategisches Denken (2011)] S. 229 ff.

- Die geplanten Stoßrichtungen der bestehenden Geschäftsfelder
- Die Veränderungen im bestehenden Portfolio (Desinvestitionen, Diversifikationen, Kooperationen und Outsourcing-Maßnahmen)
- Das Kernkompetenzmanagement
- Die Beschaffung und Allokation der personellen, finanziellen und materiellen Ressourcen
- Die Formulierung von strategischen Zielen auf Unternehmensbasis

In der Unternehmensstrategie soll zu den folgenden wesentlichen Unternehmensaspekten Stellung genommen werden:[305]

1. Zukünftige Marktleistungen	➢ Grundsätze zur Produktion (Marktfolge)
2. Märkte und Zielgruppen	
3. Anvisierte Marktstellung	➢ Grundsätze zur Vertriebspolitik
4. Grundsätze zum zukünftigen Wachstum	➢ Grundsätze zur Kommunikationspolitik
5. Grundsätze zur Innovationspolitik	➢ Grundsätze zur Finanzierung
6. Grundsätze zur Preis-/Leistungspolitik	➢ Grundsätze zur Personalpolitik
7. Grundsätze zur Entwicklungspolitik	➢ Grundsätze zur Führung & Organisation
8. Grundsätze zur Beschaffungspolitik	➢ Grundsätze zur Kooperation
	➢ Grundsätze zur Risiko- und Gewinnpolitik

Tabelle 17: Wesentliche Elemente der Unternehmensstrategie

Bei der Entwicklung der Unternehmensstrategie ist zu beachten, dass sich normative und strategische Elemente durchaus wechselseitig beeinflussen, woraus sich ein iteratives Vorgehen bei der Strategieentwicklung ableitet (vgl. Abb. 25). Darüber hinaus muss die Unternehmensstrategie den Geschäftsfeldstrategien genügend Freiraum für deren Entfaltung einräumen.[306]

---

[305] Vgl. St. Galler Business School: [Lerntext: Einführung in das strategische Management (2011)], S. 15 f.

[306] Vgl. Bleicher K.: [Das Konzept integriertes Management (2004)] S. 325 f.

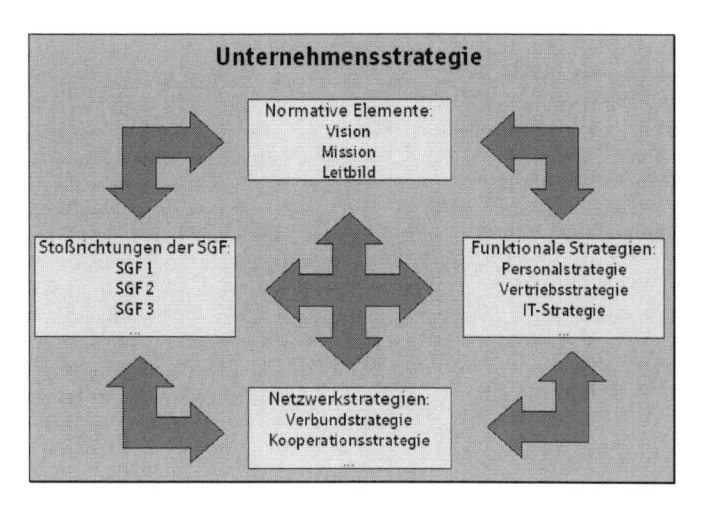

```
                    Unternehmensstrategie
                    ┌─────────────────────┐
                    │ Normative Elemente: │
                    │       Vision        │
                    │       Mission       │
                    │      Leitbild       │
                    └─────────────────────┘

┌──────────────────────┐                   ┌──────────────────────┐
│ Stoßrichtungen der SGF│                  │ Funktionale Strategien:│
│         SGF 1         │                  │    Personalstrategie  │
│         SGF 2         │                  │   Vertriebsstrategie  │
│         SGF 3         │                  │      IT-Strategie     │
└──────────────────────┘                   └──────────────────────┘

                    ┌─────────────────────┐
                    │ Netzwerkstrategien: │
                    │    Verbundstrategie │
                    │ Kooperationsstrategie│
                    └─────────────────────┘
```

Abbildung 25: Die Entwicklung der Unternehmensstrategie als iterativer Prozess (eigene Graphik)

Den Abschluss dieses Prozesses bildet die Formulierung der Unternehmensstrategie als Fließtext (Story of Strategy), idealerweise auf Basis der in der Balanced Scorecard formulierten strategischen Stoßrichtungen (vgl. Abschnitt 5.2.1.2). Sie ist für alle Geschäftsbereiche einer Sparkasse gültig und bildet die Grundlage für alle anstehenden Entscheidungen und den damit verbundenen Handlungen. Gegenüber den normativen Gesetzmäßigkeiten einer Sparkasse verfügt die Unternehmensstrategie über einen erheblich höheren Detaillierungsgrad und dient damit als richtungsweisende Orientierung für die Mitarbeiter.[307] Allerdings ist die Unternehmensstrategie in ihrem Abstraktionsgrad zu oberflächlich formuliert, um den Mitarbeitern eine konkrete Orientierung für ihr tägliches Denken und Handeln zu vermitteln. Dafür muss die Unternehmensstrategie operationalisiert und in konkrete Zielvorgaben für die Mitarbeiter transformiert werden, was als Gegenstand des folgenden Kapitels vertiefend behandelt wird.

---

[307] Vgl. Wahr/Siekmann: [Strategisches Management und Controlling (2008)] S. 160 ff.

4.4.4. Zusammenfassung: Der Weg zum optimalen Portfolio

Zum Abschluss dieses Kapitels soll der Weg zum optimalen Portfolio übersichtsartig in logischer Reihenfolge dargestellt werden.[308]

1. Definition der strategischen Geschäftsfelder
2. Bestimmung der Kriterien und der Gewichtung für die Marktattraktivität und die relativen Wettbewerbsvorteile
3. Bewertung der Kriterien und Ermittlung der Ist-Position aller Geschäftfelder
4. Prognose der zukünftigen Marktattraktivität der Geschäftsfelder
5. Festlegung der künftigen Soll-Position der Geschäftsfelder
6. Priorisierung im Gesamtportfolio und Formulierung der Unternehmensstrategie
7. Formulierung der Geschäftsfeldstrategien und Konkretisierung durch operative Maßnahmen
8. Zuteilung der für die Strategierealisierung benötigten Ressourcen

5. Die Bewertung, Auswahl und Implementierung der Strategiealternativen

5.1. Die Bewertung und Auswahl von Strategiealternativen

Nach der Strategieentwicklung liegen im Ergebnis häufig mehrere Strategiealternativen vor, die eine Sparkasse grundsätzlich verfolgen könnte. Die Strategiebewertung und –auswahl verfolgt nun das Ziel, die Alternative auszuwählen, die eine Sparkasse tatsächlich verfolgen und implementieren will. Im Rahmen des Bewertungsprozesses sind die folgenden Fragestellungen zu beantworten:[309]

---

[308] Vgl. Kutz O.: [Portfolio-Management (2011)], S. 14

[309] Vgl. Hungenberg, H.: [Strategisches Management in Unternehmen (2004)] S. 246 ff. und Achenbach/Lange/Steffens: Strategisches Management in Finanzinstituten, in: Steffens/ Westenbaum (Hrsg.): [Kompendium Management in Banking & Finance, Band 1 (2008) S. 384 f.

- Plausibilität der Strategie: Sind die Grundannahmen nachvollzieh- und begründbar?
- Akzeptanz: Ist die Strategiealternative konsistent mit den Anforderungen der Unternehmensumwelt?
- Machbarkeit der Strategie: Verfügen wir über die Ressourcen und Fähigkeiten, die wir für die Umsetzung benötigten?
- Wertbeitrag der Strategie: Welchen finanziellen Beitrag leistet die Strategie zum Unternehmenswert?
- Flexibilität der Strategie: Verfügt die Strategiealternative über die nötige Flexibilität um auf Umweltveränderungen reagieren und Chancen zu nutzen bzw. Risiken beherrschen zu können?
- Ethische Vertretbarkeit: Entspricht die Strategie unserem Wertesystem?

In den folgenden Überlegungen befassen wir uns mit der Bewertung des Wertbeitrages von Strategiealternativen und der ergänzenden Chancen- und Risikoabschätzung.

5.1.1. Die wertorientierte Bewertung der Strategiealternativen

Die wertorientierte Bewertung von Strategiealternativen setzt auf deren Wertbeitrag zum Unternehmenswert an. Es ist diejenige Strategiealternative auszuwählen, welche den höchsten Wertbeitrag zum Gesamtunternehmenserfolg verspricht.[310]

Eines der bekanntesten Verfahren zur wertorientierten Strategiebeurteilung ist die Discounted-Cash-Flow-Methode, die als Entity- oder Equity-Verfahren durchgeführt werden kann.[311] Für die Sparkassen eignet sich wegen ihrer fremdkapitalspezifischen Besonderheiten[312] allerdings nur der Equity-Ansatz für

---

[310] Vgl. Hungenberg, H.: [Strategisches Management in Unternehmen (2004)] S. 249

[311] Vgl. Hungenberg, H.: [Strategisches Management in Unternehmen (2004)] S. 250

[312] Im Unterschied zu Unternehmen anderer Branchen ist das Fremdkapital einer Sparkasse Teil des operativen Geschäftes.
Die Fremdkapitalkosten sind in der Berechnung des Cash-Flows bereits enthalten, so dass die Diskontierung mit einem gewichteten Gesamtkapitalkostensatz nicht sinnvoll erscheint.

die Strategiebeurteilung.[313] Dieser Bewertungsansatz wurde in Abschnitt 3.4.2.1 bereits ausführlich behandelt.

Eine weitere Möglichkeit der Strategiebewertung auf Basis des Wertbeitrages bietet der EVA-Ansatz (Economic-Value-Added), der in Abschnitt 3.4.2.2 bereits beschrieben wurde. Es ist diejenige Strategiealternative auszuwählen, welche den höchsten EVA als Beitrag zum Unternehmenswert leistet.

Neben diesen Verfahren können auch die Auswirkungen einer Strategiealternativen auf die Eigenkapitalrentabilität (Return on Equity, RoE, vgl. Abschnitt 3.4.2.1) und die Cost-Income-Ratio[314] für die Beurteilung und Bewertung herangezogen werden. Der RoE-Ansatz stellt die Rentabilität der Strategiealternativen in den Mittelpunkt der Bewertung. Es wird diejenige Strategiealternative ausgewählt, welche die höchste Rendite in Bezug auf das Eigenkapital verspricht. Die Cost-Income-Ratio (CIR) bringt die Kosteneffizienz einer Sparkasse eindrucksvoll zum Ausdruck, indem betriebliche Aufwendungen ins Verhältnis zu betrieblichen Erträgen gesetzt werden.[315] Mit dieser Kennzahl lassen sich Ertragssteigerungs- und/oder Kostensenkungsstrategien besonders gut bewerten. Die Cost-Income-Ratio lässt sich wie folgt berechnen:[316]

$$CIR = \frac{VA \times 100}{Z\ddot{U} + P\ddot{U}}$$

VA = Verwaltungsaufwand

ZÜ = Zinsüberschuss

PÜ = Provisionsüberschuss

---

[313] Vgl. Lütke-Uhlenbrock: [Bewertung öffen tlich-rechtlicher Sparkassen (2007)] S. 52 f.

[314] Vgl. Mugler A.: [Neue Wege für das deutsche Bankensystem (2008)] S. 84 ff.

[315] Vgl. Achenbach/Lange/Steffens: Strategisches Management in Finanzinstituten, in: Steffens/ Westenbaum (Hrsg.): [Kompendium Management in Banking & Finance, Band 1 (2008)] S. 387 f.

[316] Vgl. Mugler A.: [Neue Wege für das deutsche Bankensystem (2008)] S. 84

5.1.2. Die ergänzende Chancen- und Riskoabschätzung

Neben der wertorientierten Bewertung sind die einzelnen Strategiealternativen auch hinsichtlich der mit ihnen verbundenen Chancen und Risken zu bewerten.[317] Sparkassen unterliegen neben dem allgemeinen unternehmerischen Risiko speziellen bankspezifischen Risiken, die bei der Strategiebewertung zu berücksichtigen sind (vgl. Abb. 26).

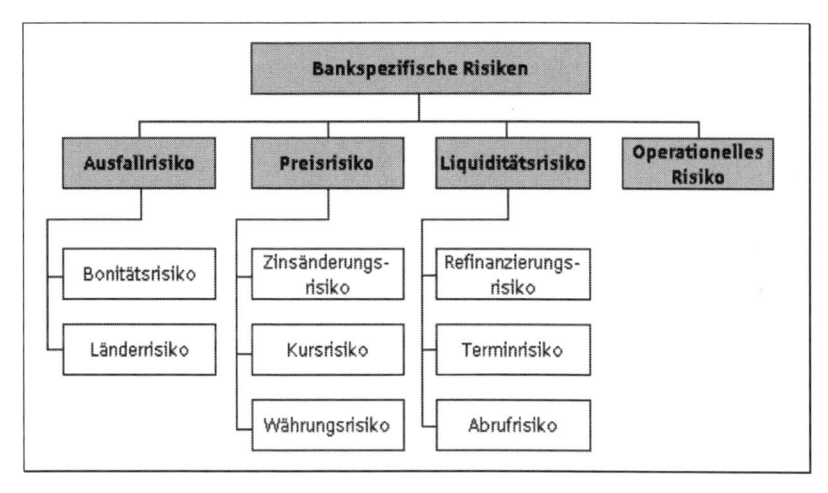

```
                        Bankspezifische Risiken
            ┌───────────────┬──────────────┬──────────────────┐
       Ausfallrisiko   Preisrisiko   Liquiditätsrisiko   Operationelles
                                                            Risiko
       ├ Bonitätsrisiko  ├ Zinsänderungs-  ├ Refinanzierungs-
       │                 │   risiko        │   risiko
       └ Länderrisiko    ├ Kursrisiko      ├ Terminrisiko
                         └ Währungsrisiko  └ Abrufrisiko
```

Abbildung 26: Die Entwicklung der Unternehmensstrategie als iterativer Prozess (eigene Graphik)

Eine geeignete Kennzahl zur Beurteilung des Risikogehalts einer Strategiealternative ist der Value-at-Risk (VaR), der angibt, welchen Wert der Verlust einer bestimmten Risikoposition mit einer gegebenen Wahrscheinlichkeit in einem festgelegten Zeitraum nicht übersteigen wird.[318] Der VaR fasst unterschiedliche Risikoarten in einer vergleichbaren Kennzahl zusammen und eignet somit sich gut für die Bewertung von Risiken in verschiedenen Assetklassen, die je nach Strategiealternative unter Umständen unterschiedlich gewichtet sind. So können auf Basis des VaR beispielsweise die Risiken aus dem Eigenhandel gut mit denen des Kreditgeschäftes verglichen werden.

---

[317] Vgl. Hungenberg, H.: [Strategisches Management in Unternehmen (2004)] S. 270

[318] Vgl. http://wirtschaftslexikon.gabler.de/Archiv/296390/value-at-risk-var-v2.html (Anhang 23)

Wird das Risiko einer Strategiealternative in Relation zu ihrer Performance gesetzt, entsteht der Return-on-Risk-adjusted-Capital (RORAC) als Kennzahl zur Beurteilung einer Strategiealternative. Der RORAC beschreibt, wie viel zusätzliche Performance je eingegangener Risikoeinheit mit einer bestimmten Strategiealternative erwartet werden kann. Bei diesem Ansatz wird der Gewinn einer Periode, den eine Strategiealternative erwarten lässt, ins Verhältnis zum notwendigen Risikokapital gesetzt und damit eine Risikobereinigung des Wertbeitrages für eine bessere Vergleichbarkeit der Strategiealternativen vorgenommen.[319] Das notwendige Risikokapital wird dabei mit Hilfe des Value-at-Risk bestimmt. Es ist diejenige Strategiealternative auszuwählen, die den höchsten RORAC verspricht. Der RORAC wird wie folgt ermittelt:[320]

$$Rorac\% = \frac{Performance}{VaR} \times 100$$

Performance = prognostizierter Ertrag − Kosten in der Strategiealternative

VaR = Value at Risk

Ein weiteres Medium zur Einschätzung von Risiken ist die Sensitivitätsanalyse, mit deren Hilfe ermittelt werden kann, wie stark sich das Ergebnis einer Strategiealternative verändert, wenn einzelne zugrundeliegende Parameter verändert werden. Hierfür bietet sich der in Abschnitt 3.4.2.2 dargestellte Wertbeitragsbaum an, der die rechnerischen Beziehungen zwischen einzelnen operativen Erfolgsfaktoren und deren Auswirkungen auf den EVA verdeutlicht.[321]

5.2. Die Implementierung und operative Umsetzung der Strategie

Die wesentliche Aufgabe der Strategieimplementierung besteht in der Transformation der strategischen Entscheidungen, Ziele und Pläne in konkretere Vorgaben für das operative Management.[322] Das operative Management hat eine

---

[319] Vgl. http://wirtschaftslexikon.gabler.de/Archiv/296452/return-on-risk-adjusted-capital-rorac-v2.html
(Anhang 24)

[320] SVB, Keller G.: Seminar Integrierte Ergebnis- und Risikosteuerung, 06./07.07.2011, Folie 78
(Anhang 25)

[321] Vgl. Hungenberg, H.: [Strategisches Management in Unternehmen (2004)] S. 271 ff.

[322] Vgl. Hungenberg, H.: [Strategisches Management in Unternehmen (2004)] S. 340

auftragsbezogen lenkende, gestaltende und entwickelnde Funktion,[323] die im Ergebnis zu funktionalen, faktorbezogenen und monetären Planungen für die Operationalisierung der Strategie führt. Die operative Führung hat letztlich dafür zu sorgen, dass die in einer Sparkasse aktiven Menschen nach Maßgabe der ausgewählten Strategie handeln und ihr Verhalten den strategischen Veränderungen entsprechend anpassen. Untersuchungen über die Wirksamkeit von Strategien belegen, dass diese oft an einer nachlässigen Implementierung und Umsetzung scheitern. Demnach ist die Implementierung der Strategie ein eminent wichtiger Prozess, der sein Ergebnis in einem umfassenden Implementierungskonzept finden muss. Dabei sind folgende Teilaspekte zu berücksichtigen:[324]

- Absicherung der Strategie durch die Einbildung in Organisationsstrukturen und Managementsysteme
- Operationalisierung der Strategie in einem operativen Maßnahmenplan mit konkreten Vorgaben für das operative Management
- Durchsetzung der Strategie durch die Beeinflussung des Mitarbeiterverhaltens zur Durchsetzung der angestrebten Veränderungen

5.2.1. Die Einbindung von Strategien in Organisationsstrukturen und Managementsysteme

Die erste Aufgabe im Rahmen der Strategieimplementierung besteht in der Ausrichtung der Strukturen und Systeme auf die gewählte Strategiealternative. Unter Strukturen versteht man in diesem Zusammenhang grundlegende Regelungen zur Bestimmung der Zusammenarbeit von Menschen,[325] die in der Regel in Form einer Aufbau- und Ablauf-/Prozess-organisation gestaltet und dokumentiert werden.[326] Bei der Entwicklung der Organisationsstrukturen ist

---

[323] Vgl. Bleicher K.: [Das Konzept integriertes Management (2004)], S. 451

[324] Vgl. Hungenberg, H.: [Strategisches Management in Unternehmen (2004)] S. 294

[325] Vgl. Hungenberg, H.: [Strategisches Management in Unternehmen (2004)] S. 296

[326] Vgl. Hungenberg, H.: [Strategisches Management in Unternehmen (2004)] S. 298

darauf zu achten, dass sich die Struktur an den Prozessen orientiert und die Prozesse der Strategie folgen (vgl. Abb. 27).[327]

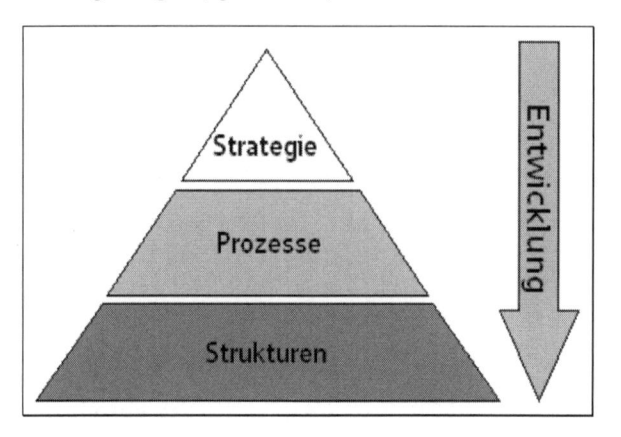

Abbildung 27: Entwicklung von Prozessen und Strukturen (eigene Graphik)

5.2.1.1. Die Ausrichtung der Organisationsstrukturen an der Strategie

Im Rahmen der Strategieimplementierung sind strategiekonforme Geschäftsprozesse zu entwickeln und zu gestalten, die durch ein Geschäftsprozessmanagement gesteuert und gemanagt werden. Das Geschäftsprozessmanagement ist ein integriertes Konzept von Führung, Organisation und Controlling zur Steuerung der Geschäftsprozesse, welches auf die Erfüllung der Bedürfnisse der Stakeholder einer Sparkasse ausgerichtet ist.[328] Dabei hat das Geschäftsprozessmanagement die für die gewählte Strategie erforderlichen Geschäftsprozesse zu identifizieren, zu entwickeln, zu gestalten und zu lenken.[329] Die zentralen Ziele des Geschäftsprozessmanagements sind die Erhöhung der Kundenzufriedenheit und die Steigerung der Produktivität. Das Geschäftsprozessmanagement beginnt zunächst mit der Identifikation der Geschäftsprozesse. Als Geschäftsprozess wird

---

[327] Vgl. Schmelzer/Sesselmann: [Geschäftsprozessmanagement in der Praxis (2008)] S. 170 f.

[328] Vgl. Hilgert/Moormann: Geschäftsprozessmanagement, in: Steffens/Westenbaum (Hrsg.): [Kompendium Management in Banking & Finance, Band 2 (2008)] S. 113

[329] Vgl. Bleicher K.: [Das Konzept integriertes Management (2004)] S. 461

die zielgerichtete, zeitlich-logische Abfolge von Aufgaben verstanden, die arbeitsteilig von mehreren Organisationseinheiten ausgeführt werden. Es sind die folgenden Geschäftsprozessarten zu unterscheiden: [330]

- Kernprozesse mit erfolgskritischer Bedeutung für die Sparkasse, beispielsweise der Vertriebs- oder der Investmentprozess
- Unterstützungsprozesse, wie beispielsweise das HR-Management, die Marktfolgeprozesse oder das IT- und Facility-Management
- Managementprozesse, zum Beispiel der Strategieprozess oder Planungs- und Controllingprozesse

In einem nächsten Schritt sind die Geschäftprozesse in Hauptprozesse und Teilprozesse zu untergliedern, so dass eine hierarchische Prozessstruktur entsteht (vgl. Abb. 28).[331] Auf dieser Basis lassen sich die einzelnen Prozessschritte detailliert entwickeln, gestalten und lenken.

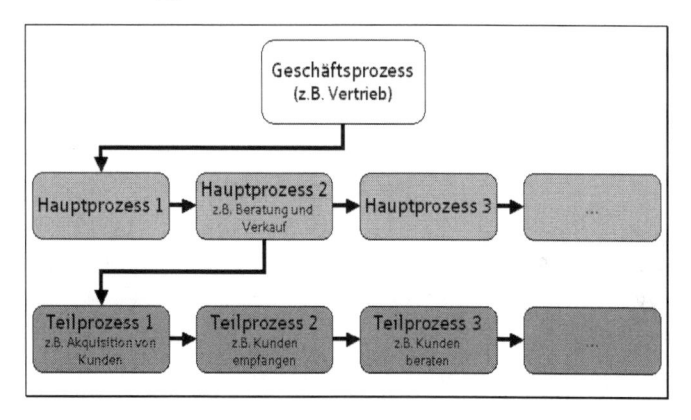

Abbildung 28: Hierarchische Porzessarchitekturen (eigene Graphik)

Der letzte Schritt des Geschäftsprozessmanagements legt die Verantwortlichkeiten für die einzelnen Prozessschritte bzw. ganze Geschäftsprozesse fest und verteilt die einzelnen Aufgaben auf die

---

[330] Vgl. Hilgert/Moormann: Geschäftsprozessmanagement, in: Steffens/Westenbaum (Hrsg.): [Kompendium Management in Banking & Finance, Band 2 (2008)] S. 113 ff.

[331] Vgl. Hungenberg, H.: [Strategisches Management in Unternehmen (2004)] S. 321

Aufgabenträger, wobei darauf zu achten ist, dass dabei möglichst wenig Schnittstellen entstehen oder diese zumindest klar in Form einer Schnittstellenvereinbarung geregelt sind.[332]

Auf Basis der Prozessorganisation wird nun die Organisationsstruktur entwickelt. Dabei ist darauf zu achten, dass die Organisationsstruktur einer Sparkasse den Geschäftsprozessen folgt und nicht umgekehrt. Die Aufgabe der Organisationsstruktur besteht in der Regelung der Arbeitsteilung und Koordination, wobei zwischen den folgenden Idealtypen der Organisation zu unterscheiden ist:[333]

- Funktionale Organisation
- Divisionale Organisation
- Matrixorganisation

Die funktionale Organisation stellt die funktionale Aufgabenspezialisierung in den Mittelpunkt. Dabei folgt die Aufbauorganisation meist der Prozesshierarchie, so dass sich die Führungsstruktur oft an Geschäfts-, Haupt-, oder Teilprozessen orientiert. Bei einer divisionalen Organisation steht eine objektspezifische Aufgabenspezialisierung im Vordergrund. Diese kann sich an Regionen oder Produkt- sowie Kundengruppen orientieren. Prozesse werden redundant in den jeweiligen Divisionen ausgeführt. Die Matrixorganisation vereint zwei Organisationsformen zu einer mehrdimensionalen Organisationsstruktur. Meistens werden die funktionale und die divisionale Aufgabenspezialisierung in einer Matrixorganisation vereint.

Im Zuge der Gestaltung einer Organisationsstruktur ist zu entscheiden, welcher Hierarchietyp die Sparkasse prägen soll. Dabei ist zwischen den folgenden Ausprägungen zu unterscheiden:[334]

- Steile Hierarchien als Ergebnis einer monolithischen Unternehmenskonfiguration

---

[332] Vgl. Hungenberg, H.: [Strategisches Management in Unternehmen (2004)] S. 322

[333] Vgl. Hungenberg, H.: [Strategisches Management in Unternehmen (2004)] S. 305 ff.

[334] Vgl. Bleicher K.: [Das Konzept integriertes Management (2004)] S. 355

- Flache Hierarchien und Netze als Folge einer polyzentrischen Konfiguration

Beide Hierarchietypen bringen spezifische Vor- und Nachteile mit sich. Allerdings unterstützt die polyzentrische Organisationsform die Implementierung einer veränderungsorientierten Organisationsstruktur[335], die in Zeiten eines zunehmend dynamischeren Umfeldes letztlich anzustreben ist. Moderne Unternehmen sehen für die Organisationsstruktur nur noch drei Ebenen vor:336 Die Geschäftsführungsebene, eine kleine Ebene mit „Nur-Führungskräften" und die Ebene der Mitarbeiter.

5.2.1.2. Managementsysteme als Infrastruktur des Managements

Das Managementsystem umfasst das unternehmenspolitische System, das Planungssystem und die dispositiven Systeme.[337] Es dient dem Controlling im Rahmen des Führungsprozesses[338] und wird nach seiner Funktion in Diagnose-, Planungs- und Kontrollsysteme unterteilt.[339] Das unternehmenspolitische System stellt sicher, dass auf Unternehmensebene die grundlegenden und dauerhaften Entscheidungen getroffen werden, die sich auf die Sparkasse als Ganzes beziehen. Diese Entscheidungen stellen den Input für das Planungssystem dar. Das Planungssystem transferiert den Output des unternehmenspolitischen Systems in konkrete Vorgaben, die auf Basis dispositiver Systeme und Planungen im Rahmen des operativen Managements umgesetzt werden sollen.

Eine wirksame Methode die Funktionen des Managementsystems in einer übersichtlichen und vollständigen Struktur darzustellen, ist der Einsatz der Balanced Scorecard, die neben der traditionellen Betrachtungsperspektive Finanzen auch die Perspektiven Kunden, Geschäftsprozesse sowie Lernen und

---

[335] Vgl. Bleicher K.: [Das Konzept integriertes Management (2004)] S. 358 ff.

[336] Vgl. Biermann T.: Organisatorischer Wandel – der Weg zur lernenden Organisation, in Steffens/ Westenbaum (Hrsg.): [Kompendium Management in Banking & Finance, Band 2 (2008)] S. 372

[337] Vgl. St. Galler Business School: [Lehrbrief Einführung in die allgemeine Managementlehre (2011)] S. 30 f.

[338] Vgl. Jung H.: [Controlling (2003)] S. 549

[339] Vgl. Bleicher K.: [Das Konzept integriertes Management (2004)] S. 361 ff.

Entwicklung in das strategische Controlling integriert (vgl. Abb.29).[340] Die Perspektive Lernen und Entwicklung wird oft durch die Perspektive Mitarbeiter oder Ressourcen ersetzt.[341] Letztlich muss jedes Haus für sich entscheiden, welche Perspektive es in diesem Fall einnehmen möchte, wobei die Perspektive Ressourcen für die Sparkassen am ehesten zutreffen dürfte. Wichtig bei der Arbeit mit der Balanced Scorecard ist die Konzentration auf die wesentlichen, erfolgskritischen Faktoren einer Sparkasse. Es sollen insgesamt nicht mehr als 20 strategische Ziele in die Balanced Scorecard aufgenommen werden, wobei auf eine gleichmäßige Verteilung der Ziele auf die einzelnen Perspektiven zu achten ist.[342] Darüber hinaus werden auch nur jene Kennzahlen aufgenommen, die hochgradig strategierelevant und somit wettbewerbsentscheidend sind. Durch diese Limitierungen wird Komplexität vermieden und die Konzentration auf das Wesentliche gefördert.[343]

Die Arbeit mit der Balanced Scorecard hat den Vorteil, dass Ursache-Wirkungsketten einer Strategie eindrucksvoll dargestellt werden können. Finanzielle Ziele werden nur erreicht, wenn die Kunden der Sparkasse zufrieden gestellt bzw. die Markchancen für den Eigenhandel genutzt werden, wofür optimale Prozesse benötigt werden, die von qualifizierten Mitarbeitern mit Hilfe optimaler Ressourcen umgesetzt werden.[344] Bei der Befüllung der Balanced Scorecard ist demnach darauf zu achten, dass die einzelnen strategischen Ziele in einer Ursache-Wirkungsbeziehung zueinander stehen, deren Kette sich durch alle vier Perspektiven der Scorecard zieht.[345] Durch den Ursache-Wirkungszusammenhang lassen sich finanzielle Zielverfehlungen auch gut diagnostizieren und gezielte Maßnahmen einleiten. Derart gestaltet ist die

---

[340] Vgl. Wahr/Siekmann: [Strategisches Management und Controlling (2008)] S. 26 ff.

[341] Vgl. beispielsweise Wahr/Siekmann: [Strategisches Management und Controlling (2008)] S. 28 und Wunderer R.: [Führung und Zusammenarbeit (2009)] S. 444

[342] Vgl. Wahr/Siekmann: [Strategisches Management und Controlling (2008)] S. 32

[343] Vgl. Böckmann/Gotta: [Balanced Scorecard (2011)], S. 7

[344] Vgl. Hungenberg, H.: [Strategisches Management in Unternehmen (2004)] S. 279

[345] Vgl. Bleicher K.: [Das Konzept integriertes Management (2004)] S. 384

Balanced Scorecard also Planungs-, Kontroll- und Diagnosemedium zugleich und demzufolge das ideale Managementsystem für eine Sparkasse.

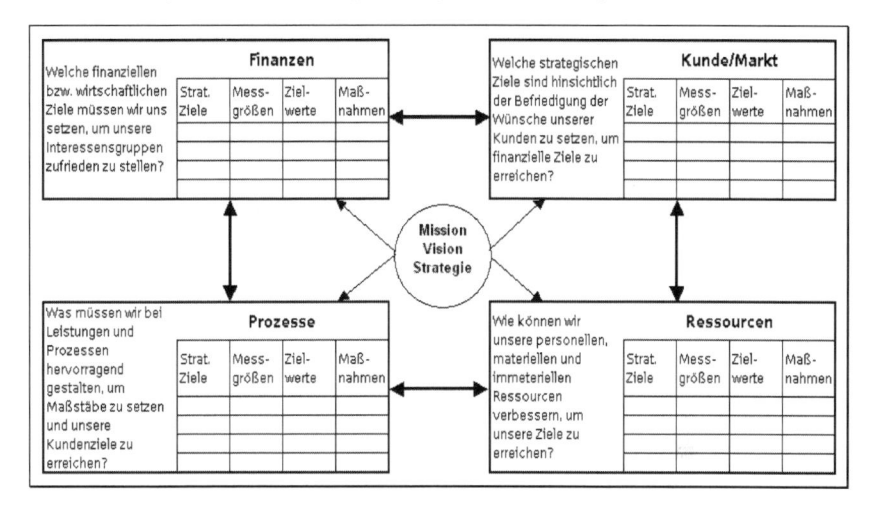

Welche finanziellen bzw. wirtschaftlichen Ziele müssen wir uns setzen, um unsere Interessensgruppen zufrieden zu stellen?	Finanzen					Welche strategischen Ziele sind hinsichtlich der Befriedigung der Wünsche unserer Kunden zu setzen, um finanzielle Ziele zu erreichen?	Kunde/Markt			
	Strat. Ziele	Mess- größen	Ziel- werte	Maß- nahmen			Strat. Ziele	Mess- größen	Ziel- werte	Maß- nahmen

Mission Vision Strategie

Was müssen wir bei Leistungen und Prozessen hervorragend gestalten, um Maßstäbe zu setzen und unsere Kundenziele zu erreichen?	Prozesse					Wie können wir unsere personellen, materiellen und immateriellen Ressourcen verbessern, um unsere Ziele zu erreichen?	Ressourcen			
	Strat. Ziele	Mess- größen	Ziel- werte	Maß- nahmen			Strat. Ziele	Mess- größen	Ziel- werte	Maß- nahmen

Abbildung 29: Balanced Scorecard (Quelle: Wahr/Siekmann 2008, S. 28)

Ein weiterer wesentlicher Bestandteil des Managementsystems ist ein funktionierendes Frühwarnsystem. Als spezielles Informationssystem hat dieses die Aufgabe, mit zeitlichem Vorlauf auf Ereignisse aufmerksam zu machen, welche die Entwicklung der Sparkasse mit hoher Wahrscheinlichkeit signifikant beeinflussen werden. Dabei sollen nicht nur die zukünftigen Risiken, sondern auch die Chancen identifiziert werden, die für künftige Planungsprozesse zu berücksichtigen sind. Im Rahmen der strategischen Frühwarnung werden dafür eher qualitative Einflussgrößen analysiert, während quantitative Kennzahlen Gegenstand der operativen Früherkennung sind. Dabei wird der Blick sowohl nach innen, als auch nach außen gerichtet. Die Früherkennung von Chancen und Risiken ist als permanenter Prozess zu vollziehen, wofür geeignete Prozesse und Systeme zu installieren sind. Um die Komplexität in Grenzen zu halten, bietet es sich an, einen Katalog mit Frühwarnindikatoren zusammenzustellen, die für den Erfolg der jeweiligen Sparkasse zutreffend sind. [346]

---

[346] Vgl. Zerres M.: [Lerntext: Management-Instrumente – Die Toolbox des Managers (2011)] S. 58 ff.

Auf dispositiver Ebene sind Systeme für das Management der Sach- und Nominalpotenziale sowie der Personalressourcen zu entwickeln und zu implementieren. Letzteres befasst sich neben quantitativen Aspekten des Personalmanagements auch mit der qualitativen Dimension in Form von Anreiz-, Personalbeurteilungs- und Personalentwicklungssystemen.[347] Derartige Systeme allokieren die für die Strategieumsetzung benötigten Ressourcen in Form einer faktorbezogenen Planung und werden in der Regel von funktionalen Strategien getragen (vgl. Abschnitt 4.4).[348] So wird aus den Stoßrichtungen der strategischen Geschäftsfelder beispielsweise eine Personalstrategie abgeleitet, die durch eine Personalplanung operationalisiert wird. Auf die gleiche Weise wird mit der Planung der Sachressourcen verfahren. Letztlich ist stets darauf zu achten, dass die funktionale, die faktorbezogene und die monetäre Planung an den Stoßrichtungen der Geschäftsfelder ausgerichtet wird.[349]

Ein weiteres Instrument für das Controlling im Rahmen des Führungsprozesses auf Unternehmensebene bietet das Qualitätsmodell der European Foundation for Quality Management (EFQM), das auf Basis des Total-Quality-Management-Ansatzes (TQM-Ansatz) einen offenen Kriterienrahmen für die ganzheitliche Bewertung einer Sparkasse bietet. TQM setzt bereits auf der normativen Ebene an und fordert die Qualitätsorientierung und -verantwortung von allen Mitarbeitern einer Sparkasse. Diese Qualitätsorientierung basiert auf drei Dimensionen, die in allen Unternehmensbereichen gleichermaßen hochwertig umzusetzen sind: Auf der Prozessorientierung, der Kundenorientierung und dem Führungsverhalten. Im Ergebnis führt der TQM-Ansatz zu einer integrierten Qualitätsplanung, einem größeren Kundennutzen und einer verbesserten Prozessqualität.[350] Insofern stellt der TQM-Ansatz eher eine Geisteshaltung denn eine Qualitätsnorm (beispielsweise ISO 9000) dar.[351]

---

[347] Vgl. Bleicher K.: [Das Konzept integriertes Management (2004)] S. 379 ff.

[348] Vgl. Hungenberg, H.: [Strategisches Management in Unternehmen (2004)] S. 345

[349] Vgl. Hungenberg, H.: [Strategisches Management in Unternehmen (2004)] S. 340 f.

[350] Vgl. Wunderer R.: [Führung und Zusammenarbeit (2009)] S. 449 ff.

[351] Vgl. Freisl J.: EFQM als Steuerungsinstrument auf strategischer Ebene, in: Riekeberg M./Utz E. (Hrsg.): [Strategische Gesamtbanksteuerung (2009)] S. 61

Das EFQM-Modell transferiert den TQM-Ansatz in ein praxistaugliches Führungsinstrument, das aus drei ineinandergreifende Komponenten besteht:[352]

- Die Grundkonzepte der Excellence, also die Grundprinzipien auf denen Excellence basiert
- Das EFQM-Excellence-Modell mit fünf Befähiger- und vier Ergebniskriterien als Grundstruktur (vgl. Abb. 30)
- Die RADAR-Logik als einfach anzuwendendes und effizientes Bewertungsinstrument

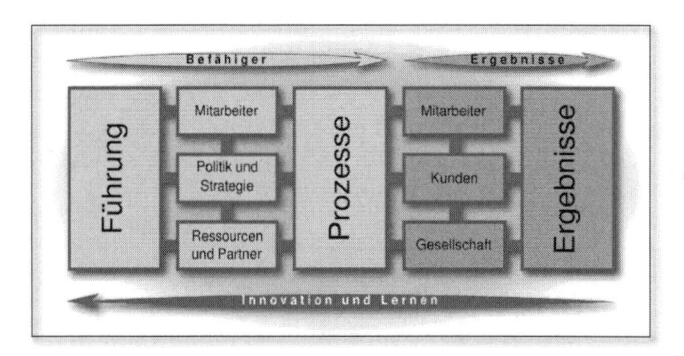

Abbildung 30: EFQM-Excellence-Modell (Quelle: EFQM)

Die Befähiger-Kriterien behandeln die Aktivitäten einer Sparkasse, während sich die Ergebnis-Kriterien mit den durch die Aktivitäten erreichten Ergebnisse auseinandersetzen. Jedes der neun Kriterien besteht aus Teilkriterien (insgesamt 32), in denen sich detaillierende Ansatzpunkte befinden, wobei die Selbstbewertung in erster Linie anhand der Teilkriterien vorgenommen wird. Die in den Teilkriterien gelisteten Ansatzpunkte stellen eine Empfehlung dar und haben eher einen Checklistencharakter, sie müssen also nicht zwingend in einer Sparkasse zur Anwendung kommen.

Den Kern der Bewertung bildet die sogenannte „RADAR-Logik", welche die Selbstbewertung in Punktwerten darstellt und dadurch Vergleiche im Zeitverlauf ermöglicht. Im Rahmen dieses Prozesses werden die erzielten Ergebnisse (Results), das Vorgehen (Approach), die Umsetzung (Deployment) sowie die

---

[352] Vgl. EFQM Publications: [EFQM Excellence Modell (2009)] S. 3

Bewertung und Überprüfung des Vorgehens (Assessment and Review) einer Bewertung unterzogen.[353]

Der Vorteil dieses Modells liegt in der systematischen Betrachtung und Bewertung erfolgswirksamer Kriterien zur Standortbestimmung im Total Quality Management.[354] Es eignet sich gut für die regelmäßige Selbstbewertung einer Sparkasse, wodurch eine kontinuierliche Qualitätsverbesserung erreicht werden soll. Die Anwendung des Modells ist anfangs etwas komplex und sollte von entsprechend qualifizierten Beratern begleitet werden.

5.2.2. Die Operationalisierung der Strategie

Im Mittelpunkt der Strategieoperationalisierung steht die Ableitung von operativen Zielen aus der Unternehmensperspektive für die einzelnen Abteilungen, Bereiche bzw. Mitarbeiter und die Planung der für die operative Umsetzung benötigten Ressourcen. Ausgehend von einer Balanced Scorecard auf Unternehmensebene können auf sehr einfache Weise Scorecards auf Bereichs- bzw. Abteilungsebene abgeleitet werden, wobei konsequent auf den Top-Down-Ansatz zu achten ist. Durch das hierarchische Scorecard-System[355] wird sichergestellt, dass ein Bereich oder eine Abteilung auf Basis einer Delegation einen konzentrierten Wertbeitrag zur Gesamtstrategie leistet. Dieser Delegationsprozess wird durch das Management by Objectives unterstützt, welches die folgenden Grundprinzipien beinhaltet:[356]

- Zielorientierung anstelle von Verfahrensorientierung
- Regelmäßige Zielüberprüfung und -anpassung
- Partizipation der Betroffenen bei der Zielvereinbarung

---

[353] Vgl. Freisl J.: EFQM als Steuerungsinstrument auf strategischer Ebene, in: Riekeberg M./ Utz E. (Hrsg.): [Strategische Gesamtbanksteuerung (2009)] S. 60 ff.

[354] Vgl. Wunderer R.: [Führung und Zusammenarbeit (2009)] S. 452

[355] Vgl. Achenbach/Lange/Steffens: Strategisches Management in Finanzinstituten, in: Steffens/ Westenbaum (Hrsg.): [Kompendium Management in Banking & Finance, Band 1 (2008)] S. 478.

[356] Vgl. Wunderer R.: [Führung und Zusammenarbeit (2009)] S. 230 f.

- Kontrolle und Beurteilung der Managementleistung anhand von Soll-/Ist-Vergleichen

Dem operativen Management obliegt die Aufgabe die Bereichs- bzw. Abteilungsscorecard zu erstellen und deren Umsetzung durch die Lenkung des operativen Vollzugs, die verändernde Gestaltung des Vollzugs sowie die laufende Verbesserung der konzipierenden und vollziehenden Prozesse sicherzustellen.[357]

5.2.3. Die Durchsetzung der Strategie

Die Durchsetzung der Strategie umfasst die Information, die Schulung und die Motivation der Mitarbeiter sowie die strategische Kontrolle.[358] Diese Maßnahmen dienen der Beeinflussung des Mitarbeiterverhaltens zur Durchsetzung der angestrebten Veränderungen, während die operative Führung für die nachhaltige Umsetzung der strategiekonformen Aktivitäten zu sorgen hat.

Die Information der Mitarbeiter dient in erster Linie der Beitragsorientierung.[359] Dabei sollen die Mitarbeiter den persönlichen Beitrag erkennen, den sie zur Erreichung der strategischen Ziele leisten können. Für die Information der Mitarbeiter ist ein ausführliches Kommunikationskonzept zu erarbeiten, das Klarheit darüber verschaffen muss, wer, wann, wo, wie, über was und von wem zu informieren ist. Zu diesem Zweck werden die beschlossenen Strategien oft in Leitbilder strategischer Programme mit unterschiedlichen Vertraulichkeitsstufen überführt.[360]

Die Schulung der Mitarbeiter soll das Qualifikationsniveau generieren, dass für die Erreichung der strategischen Ziele erforderlich ist.[361] Eine evtl. vorhandene Qualifikationslücke ist bereits im Rahmen der strategischen und operativen Planung bei der Befüllung der Balanced Scorecard zu berücksichtigen, wofür die genaue Kenntnis der individuellen Mitarbeiterqualifikation erforderlich ist.

---

[357] Vgl. Bleicher K.: [Das Konzept integriertes Management (2004)] S. 450 f.

[358] Vgl. Hungenberg, H.: [Strategisches Management in Unternehmen (2004)] S. 296

[359] Vgl. Malik F.: [Führen – Leisten - Leben (2000)] S. 88 ff.

[360] Vgl. Bleicher K.: [Das Konzept integriertes Management (2004)] S. 431 f.

[361] Vgl. Hungenberg, H.: [Strategisches Management in Unternehmen (2004)] S. 296

Neben der Befähigung zu einem strategiekonformen Handeln ist auch die Motivation der Mitarbeiter und die Bereitschaft zur Veränderung eine wichtige Voraussetzung für eine erfolgreiche Strategieimplementierung.

Die für die Durchsetzung der Strategie erforderliche Motivation der Mitarbeiter erfolgt in hohem Maß über die operative Führung. Der MbO-Ansatz unterstützt die operative Führung durch eine individuelle Zielvereinbarung mit den Mitarbeitern, welche die abteilungs- bzw. bereichsspezifischen Ziele aus der Balanced Scorecard auf Mitarbeiterebene personalisiert. Dadurch wird sichergestellt, dass jeder Mitarbeiter in der Sparkasse seinen persönlichen Beitrag zur Erreichung der strategischen Ziele kennt und leistet. Regelmäßige Zielerreichungsgespräche der Führungskräfte mit den Mitarbeitern lassen Schwächen in der Umsetzung rechtzeitig erkennen. Auf diese Weise können Gegensteuerungsmaßnahmen auf individueller Ebene zeitnah eingeleitet werden. Darüber hinaus ist darauf zu achten, dass die Stärken und Schwächen der Mitarbeiter systematisch aggregiert und durch zentrale Personalentwicklungsprogramme und –maßnahmen behoben werden.[362]

Aus diesem ergebnisorientierten Ansatz entsteht die Forderung nach einer konsequenten Führung aller Mitarbeiter mit strategiekonsistenten Zielen, wobei darauf zu achten ist, dass dabei keine Systembürokratie entsteht und die Konzentration auf das Wesentliche erhalten bleibt.[363] Die Ableitung von Zielen aus der Balanced Scorecard unterstützt diese Forderung. Bei der Zielvereinbarung ist weniger die „Gleichmacherei" als vielmehr die Stärkenorientierung, also die Nutzung der Mitarbeiterpotenziale anzustreben.[364] Führungskräfte sind gut beraten, die Potenziale und Stärken ihrer Mitarbeiter zu erkennen und zu steuern, wofür die Präsenz der Führungskräfte am Ort des Geschehens unbedingt erforderlich ist. Inwieweit Zielvereinbarungen mit monetären Anreizsystemen verknüpft werden sollen, muss kritisch diskutiert werden, da Anreizsysteme nicht unumstritten sind.[365] Meiner Meinung nach ist

---

[362] Vgl. Malik F.: [Führen – Leisten - Leben (2000)] S. 73 ff.

[363] Vgl. Malik F.: [Führen – Leisten - Leben (2000)] S. 174 ff.

[364] Vgl. Malik F.: [Führen – Leisten - Leben (2000)] S. 114 ff.

[365] Vgl. z.B. Sprenger R.: [Mythos Motivation (2005)] S. 67 ff.

bei der Führung von Mitarbeitern weniger auf die extrinsische Motivierung, beispielsweise in Form eines Anreizsystems, als vielmehr auf die Erhaltung der intrinsischen Motivation der Mitarbeiter zu achten.

5.2.4. Die Umsetzung der Strategie am Markt

Im Rahmen der Strategieimplementierung ist auch darauf zu achten, dass die strategischen Pläne, Programme und Maßnahmen in konkrete operative Maßnahmen überführt werden. Die Umsetzung der Strategie am Markt erfolgt in folgenden Schritten:[366]

1. Formulierung konkreter Marketingziele (Wachstum im bilanzwirksamen Geschäft, Zinsüberschuss, Provisionsüberschuss, etc.)

2. Gestaltung des Produktportfolios unter dem Primat der Komplexitätsvermeidung

3. Erstellung des Marktkonzeptes (Markt- und Kundensegmentierung, Filialkonzept, etc.)

4. Überprüfung der Marktbearbeitung, der Vertriebsmaßnahmen und der Preispolitik im Rahmen eines Absatzkonzepts

5. Anpassung des Werbekonzeptes unter Berücksichtigung der verbandsseitigen Aktivitäten

6. Überprüfung des Verkaufsleistung der Berater und der Führungsleistung der Vertriebsführungskräfte

7. Integration eines Marketing-Informationssystems (Daten zu Kunden, Kundenbedürfnisse, Konkurrenten, Wirksamkeit von Vertriebsmaßnahmen, etc.)

6. Schlussbemerkungen

Mit dieser Arbeit wird der Versuch unternommen einen Überblick über das ganzheitliche und integrierte Management einer Sparkasse in einem überschaubaren Rahmen zu vermitteln. Es ist hoffentlich nachvollziehbar, dass

---

[366] Vgl. St. Galler Business School: [Lerntext: Einführung in das Strategische Management (2011)], S. 20 ff.

dabei nicht im Detail auf einzelne Teilstrategien eingegangen werden kann. Darüber hinaus können strategische Empfehlungen nur auf stark abstrahierter Ebene erteilt werden, da sich die Ausgangspositionen der einzelnen Häuser stark voneinander unterscheiden können. Allerdings ist die Erteilung strategischer Empfehlungen auch nicht das primäre Anliegen dieser Arbeit. Vielmehr soll diese Arbeit eine Anleitung zur Durchführung von Managementprozessen in einem integrierten Gesamtkontext darstellen. Dies nicht zuletzt vor dem Hintergrund, dass die ständig wachsende Komplexität und die zunehmende Dynamik in der deutschen Finanzdienstleistungsbranche das Management in Sparkassen heute schnell an die Grenzen der Beherrschbarkeit stoßen lässt. Die Unternehmensführung heute mehr denn je gefordert, mit klaren Richtungsentscheidungen Orientierung in einem turbulenten, kaum prognostizierbaren und sich rasch wandelnden Umfeld zu bieten. Bislang durchaus erfolgreiche analytische Denkmuster genügen diesem Anspruch heute nicht mehr. Für die Führung und Steuerung einer Sparkasse bedarf es vielmehr eines ganzheitlichen und integrierten Managementansatzes, der als iterativer Prozess zu den Kernaufgaben des Top-Managements in Sparkassen gehören muss. Eines der bekanntesten Management-Modelle, das dem Anspruch der Ganzheitlichkeit und Integration in geeigneter Weise entspricht, ist das St. Galler Management-Modell, an dem sich diese Arbeit stark orientiert. Das St. Galler Management-Modell bietet bewusst keine Patentlösungen, sondern einen Gestaltungsrahmen, mit dem das Top-Management einer Sparkasse dank tieferer Kenntnis der Gesamtzusammenhänge die Probleme selbst identifizieren und lösen kann.

Den Ausgangspunkt für strategische Überlegungen bildet das in Kapitel 2 behandelte normative Management, das von der Unternehmensverfassung, der Unternehmenskultur und der Unternehmenspolitik maßgeblich geprägt und in Form von Visionen, Missionen und Leitbildern konkretisiert und kommuniziert wird. Diese normativen Grundlagen bilden den konstitutiven Gestaltungsrahmen für das strategische Management und dienen als richtungsweisende Verhaltensmaximen für alle Mitarbeiter einer Sparkasse.

Der integrative Ansatz des Managements verlangt nach einer gebührenden Berücksichtigung der komplexen und dynamischen Unternehmensumwelt im Kontext mit den Stärken und Schwächen einer Sparkasse gegenüber den relevanten Wettbewerbern. Die in Kapitel 3 skizzierte strategische Analyse soll diesem Anspruch gerecht werden und im Ergebnis eine integrative Betrachtung von Chancen und Risiken sowie Stärken und Schwächen einer Sparkasse ermöglichen.

In Kapitel 4 wurde die Entwicklung von strategischen Optionen für die Geschäftsfelder und für die Sparkasse als Ganzes vorgestellt. Bei der Betrachtung der strategischen Geschäftsfelder wurde festgestellt, dass diese in der gängigen Praxis oft zu eng abgegrenzt sind und die gängige Abgrenzungspraxis demnach zu überarbeiten ist. Auf Basis einer Portfolio-Analyse wurden Normstrategien für die strategischen Geschäftsfelder vorgestellt und mit Beispielen aus der Sparkassenpraxis unterlegt. Im Hinblick auf die Wettbewerbsstrategien wurde festgestellt, dass die Sparkassen die Position des Preis-/Kostenführers wegen ihrer kostenintensiven Infrastruktur nicht erreichen können und statt dessen auf die bereits vorhandenen Differenzierungspotenziale setzen müssen um auf diesem Weg höhere Erträge generieren zu können. Gleichzeitig müssen die Kosten nachhaltig reduziert werden, was in erster Linie durch eine Reduzierung der im Vergleich zu den Wettbewerbern relativ hohen Personalaufwandsquote erreicht werden kann.

Auf Unternehmensebene ist der Gesamtwert einer Sparkasse durch das Management des Gesamtportfolios im Sinne von Veränderungen der Portfoliopositionen der Geschäftsfelder zu erhöhen. Dieser Prozess führt zu strategischen Stoßrichtungen für die Geschäftsfelder, für die Ressourcen einzusetzen und unterstützende funktionale Strategien sowie Netzwerkstrategien zu entwickeln sind. In diesem Kontext sind auch Outsourcingmaßnahmen und strategische Allianzen zu diskutieren. Die Entwicklung einer Unternehmensstrategie rundet diesen Prozess ab.

Kapitel 5 befasst sich letztlich mit der Bewertung und der Auswahl von Strategiealternativen und deren Implementierung in die tägliche Praxis. Für die Bewertung sind die erwarteten Wertbeiträge und potenzielle Risiken gleichermaßen zu berücksichtigen, da die Risikokomponente für Sparkassen immer auch eine aufsichtrechtliche Relevanz beinhaltet. Die Implementierung der selektierten Strategiealternative erfolg durch die Modellierung der benötigten Prozesse und die darauf folgende Entwicklung der Organisationsstruktur.

Managementsysteme in Form von Frühwarnsystemen, der Balanced Scorcard und/oder des europäischen Qualitätsmodells nach EFQM stellen ein systematisches und strukturiertes Controlling auf Unternehmensebene sicher.

Die Operationalisierung der Strategie erfolg durch die Ableitung der Ziele aus der Unternehmensscorecard in Abteilungs- bzw. Bereichsscorecards mit konsistenten Zielen, wobei stets auf die Ursache-/Wirkungskorrelationen zu achten ist. Das operative Management sorgt durch die Gestaltung und die Lenkung des Vollzugs und die Entwicklung dispositiver Systeme für die Durchsetzung der Strategie in der täglichen Praxis. Der Management-by-Objectives-Ansatz auf Mitarbeiterebene und eine professionelle, wirksame Mitarbeiterführung unterstützen die Führungskräfte bei der Durchsetzung.

Abschließend sei noch bemerkt, dass das ganzheitliche Management einer Sparkasse ursächlich in der Verantwortung des Vorstandes liegt. Von einer Delegation dieser Verantwortung an Stäbe oder externe Berater ist genauso abzuraten wie von der Ausgrenzung von Führungskräften mit Schlüsselfunktionen. Diese Führungskräfte müssen zum integrativen Bestandteil eines Management-Teams gemacht werden.

Literaturverzeichnis

Achenbach W./Lange T./Steffens U.: Strategisches Management in Finanzinstituten, in: Steffens U./Westenbaum A. (Hrsg.): Kompendium Management in Banking & Finance, Band 1 – Grundlagen und Strategische Positionierung, 6. Auflage, Frankfurt am Main 2008

Baseler Ausschuss für Bankenaufsicht: Basel III: Internationale Rahmenvereinbarung über Messung, Standards und Überwachung in Bezug auf das Liquiditätsrisiko, http://www.bis.org/publ/bcbs188_de.pdf (Zugriff 15.11. 2011)

Biermann T.: Organisatorischer Wandel – der Weg zur lernenden Organisation, in: Steffens U./Westenbaum A. (Hrsg.): Kompendium Management in Banking & Finance. Band 2 – Prozesssteuerung und Führungsverhalten, 6. Auflage, Frankfurt am Main 2008

Bleicher K.: Das Konzept Integriertes Management. Visionen – Missionen – Programme, 7. Auflage, Frankfurt/New York 2004

Böckmann D./Gotta A.: Lesetext: Balanced Scorecard. Ein Werkzeug zur Umsetzung von Strategien, St. Galler Business School 2011

Buchholz L.: Strategisches Controlling. Grundlagen – Instrumente – Konzepte, 1. Auflage, Wiesbaden 2009

Bundesanstalt für Finanzdienstleistungsaufsicht: Rundschreiben 11/2010 (BA) - Mindestanforderungen an das Risikomanagement – MaRisk, http://www.bafin.de/cln_110/nn_724304/SharedDocs/Veroeffentlichungen/DE/Service/ Rundschreiben/2010/rs__1011__ba__marisk.html#doc2028716bodyText45 (Zugriff 15.11. 2011)

Bundesanstalt für Finanzdienstleistungsaufsicht: Solvabilitätsverordnung (SolvV) - Verordnung über die angemessene Eigenmittelausstattung von Instituten, Institutsgruppen und Finanzholding-Gruppen, http://www.bafin.de/cln_235/nn_721188/SharedDocs/Aufsichtsrecht/DE/Verordnungen/ SolvV.html?__nnn=true (Zugriff 15.11. 2011)

Deutsche Bundesbank: Universalbank, http://www.bundesbank.de/bildung/bildung_glossar_u.php

Deutscher Sparkassen- und Giroverband: Heft zur Geschäftsstrategie der Sparkassen. „Deutschlands Nummer 1: Wenn´s um Geld geht, Sparkasse!", Berlin 2009

Deutscher Sparkassen- und Giroverband: Heft zur Philosophie der Sparkassen. http://www.dsgv.de/_download_gallery/GUT/Sparkassen_Philosophiebroschuere.pdf (Zugriff am 23.11.2011)

Deutscher Sparkassen- und Giroverband: Publikationen zur Nachhaltigkeit der Sparkassen http://www.dsgv.de/de/nachhaltigkeit/publikationen/index.html (Zugriff am 23.11.2011)

Deutscher Sparkassen- und Giroverband: Jahresbericht 2010, http://jahresbericht2010.dsgv.de/profil/fuer-das-gemeinwohl-engagieren/sparkassen-gut-fuer-deutschland.html (Zugriff 15.11. 2011)

Dubs R.: Normatives Management. Ein Beitrag zu einer nachhaltigen Unternehmensführung, und –aufsicht, 1. Auflage, Bern – Stuttgart – Wien 2010

Duderstadt S.: Wertorientierte Vertriebssteuerung durch ganzheitliches Vertriebscontrolling. Konzeption für das Retailbanking, 1. Auflage, Wiesbaden 2006

EFQM: EFQM-Publications, Heft „EFQMExcellence Modell", 2009

Freisl J.: EFQM als Steuerungsinstrument auf strategischer Ebene, in: Riekeberg M./Utz E. (Hrsg.): Strategische Gesamtbanksteuerung, 1. Auflage, Stuttgart 2009

Grill H./Perczynski H.: Wirtschaftlehre des Kreditwesens, 33. Auflage, Bad Homburg vor der Höhe 1999

Hilgert M./Moormann J.: Geschäftsprozessmanagement, in: Steffens U./Westenbaum A. (Hrsg.): Kompendium Management in Banking & Finance. Band 2 – Prozesssteuerung und Führungsverhalten, 6. Auflage, Frankfurt am Main 2008

Hinterhuber H.: Strategische Unternehmensführung. I. Strategisches Denken, 8. Auflage, Berlin 2011

Horsch A./Bonn J.: Wertorientiertes Finanzmanagement, in: Steffens U./Westenbaum A. (Hrsg.): Kompendium Management in Banking & Finance, Band 1 – Grundlagen und Strategische Positionierung, 6. Auflage, Frankfurt am Main 2008

Hungenberg H.: Strategische Management in Unternehmen. Ziele – Prozesse – Verfahren, 3. Auflage, Wiesbaden 2004

Jung H.: Controlling, München Wien, 2003

Kary H.: Strategieeckpunkte und Strategieentwicklung, in: Kary H. (Hrsg.): Strategische Neuausrichtung einer Sparkasse. Ziele · Prozesse Instrumente, Stuttgart 1999

Keller G., Sparkassenverband Bayern: Seminar Integrierte Ergebnis- und Risikosteuerung, Landshut 06./07.Juli 2011

Kese V.: Unternehmensethik in Banken, in: Steffens U./Westenbaum A. (Hrsg.): Kompendium Management in Banking & Finance, Band 1 – Grundlagen und Strategische Positionierung, 6. Auflage, Frankfurt am Main 2008

Krüger W. / Homp C.: Kernkompetenz-Management. Steigerung von Flexibilität und Schlagkraft im Wettbewerb, Wiesbaden 1997

Kutz O.: Lerntext: Portfolio-Management, St. Galler Business School 2011

Kutz O.: Lesetext: Strategische Geschäftsfeld- und Branchenanalyse, St. Galler Business School 2011

Lütke-Uhlenbrock C.: Bewertung öffentlich-rechtlicher Sparkassen, 1. Auflage, Wiesbaden 2007

Malik F.: Führen – Leisten – Leben. Wirksames Management für eine neue Zeit, 8. Auflage, Stuttgart 2000

Meffert H. / Bruhn M.: Dienstleitungsmarketing. Grundlagen – Konzepte – Methoden, 6. Auflage, Wiesbaden 2006

Michaeli R.: Competitive Intelligence. Strategische Wettbewerbsvorteile erzielen durch systematische Konkurrenz-, Markt- und Technologieanalysen, Berlin Heidelberg New York 2006

Mugler A.: Neue Wege für das deutsche Bankensystem. Die Performance des deutschen Bankensystems im internationalen Vergleich, 1. Auflage, Norderstedt 2008

Ostdeutscher Sparkassenverband: Sparkassen-Finanzkonzept http://www.osv-online.de/fachthemen/markt/sparkassen-finanzkonzept.html (Zugriff 15.11.2011)

Pfeiffer R.: Strategische Repositionierung, in: Steffens U./Westenbaum A. (Hrsg.): Kompendium Management in Banking & Finance, Band 1 – Grundlagen und Strategische Positionierung, 6. Auflage, Frankfurt am Main 2008

Riekeberg Marcus Erfolgsfaktoren bei Sparkassen. Kausalanalytische Untersuchung mittels linearer Strukturgleichungsmodelle, 1. Auflage, München 2003

Riekeberg M.: Institutsgröße – kommentiert. Zwischen den Stühlen, http://www.snc-bayern.de/index.php?option=com_docman&task=doc_download&gid=5&Itemid= (Zugriff 20.11. 2011)

Rose P.: Marketingorientiertes Kernkompetenzcontrolling, in: Zerres C./Zerres M. (Hrsg.): Handbuch Marketing Controlling, 3. Auflage, Berlin Heidelberg New York 2006

Schleef M./Kanzler T./Kraus W./Fuchs O.: Vertriebsmanagement in Finanzinstituten, in Steffens U./Westenbaum A. (Hrsg.): Kompendium Management in Banking & Finance. Band 2 – Prozesssteuerung und Führungsverhalten, 6. Auflage, Frankfurt am Main 2008

Schmelzer H./Sesselmann W.: Geschäftsprozessmanagement in der Praxis. Kunden zufrieden stellen, Produktivität steigern, Wert erhöhen, 6. Auflage, München 2008

Schober H.: Integrative Strategie- und Unternehmensentwicklung, in: Steffens U./Westenbaum A. (Hrsg.): Kompendium Management in Banking & Finance, Band 1 – Grundlagen und Strategische Positionierung, 6. Auflage, Frankfurt am Main 2008

Schuh G.: Produktkomplexität managen. Strategien – Methoden – Tools, 2. Auflage, München Wien 2005

Sparkassen-Finanzgruppe: Fragen und Antworten, http://www.sparkasse.de/s_finanzgruppe/financial-market-relations/faq.html (Zugriff 15.11. 2011)

Sparkassen-Finanzgruppe: Sparkassen-Finanzkonzept http://www.sparkasse.de/privatkunden/finanzkonzept/sparkassen-finanzkonzept.html (Zugriff: 15.11.2011)

Sprenger R.: Mythos Motivation. Wege aus einer Sackgasse, Limitierte Sonderausgabe, Frankfurt/New York 2005

St. Galler Business School: Lerntext: Einführung in das strategische Management, St. Gallen 2011

St. Galler Business School: Lerntext: Einführung in die allgemeine Managementlehre, St. Gallen 2011

Thum W./Semmler M.: Kundenwert in Banken und Sparkassen. Wie Berater Ertragspotenziale erkennen und ausschöpfen, 1. Auflage, Wiesbaden 2003

Porter M.: Wettbewerbsvorteile (Competitive Advantage). Spitzenleistungen erreichen und behaupten, 6. Auflage, Frankfurt/New York 2000

Van Someren Taco C.R.: Strategische Innovation. So machen Sie Ihr Unternehmen einzigartig, 1. Auflage, Wiesbaden 2005

Wahr R./Siekmann A.: Strategisches Management und Controlling. Ein Handbuch für die Praxis, Stuttgart 2008

Wirtschaftslexikon Gabler: Value at Risk, http://wirtschaftslexikon.gabler.de/Archiv/296390/value-at-risk-var-v2.html (Zugriff 10.11. 2011)

Wirtschaftslexikon Gabler: Return on Risk Adjusted Capital (RORAC), http://wirtschaftslexikon.gabler.de/Definition/return-on-risk-adjusted-capital-rorac.html (Zugriff 10.11. 2011)

Wunderer R.: Führung und Zusammenarbeit. Eine unternehmerische Führungslehre, 8. Auflage, München/Neuwied 2009

Zerres M.: Lerntext: Management-Instrumente – Die Toolbox des Managers, St. Galler Business School 2011

Zerres M., Abegglen C.: Lerntext: Management-Strategien, St. Galler Business School 2011

Z-Punkt.de: Megatrends http://www.z-punkt.de/fileadmin/be_user/D_Publikationen/D_Arbeitspapiere/Die_20_wichtigsten_Megatrends_x.pdf (Zugriff 12.01.2012)

Kurzprofil – Thomas Grün

Thomas Grün
thomas.gruen@vereinigte-sparkassen.de

Berufspraxis:

Seit 01.04.2013	Direktor der Firmenkundenabteilung
Seit 01.07.2012	Stellvertretendes Vorstandsmitglied
01.03.2006 – 31.03.2013	Vertriebsdirektor Privatkunden
01.01.2005 – 28.02.2006	Leiter Vorstandsservice und Leiter Vertriebsservice
Seit 2006	Ehrenamtlicher Assessor für die Initiative "Ludwig-Erhard-Preis"
1997 – Dezember 2004	Leiter Privatkunden und Leiter Vertriebsservice
1994 – 1997	Vermögensberater
1993 – 1994	Stellv. Geschäftsstellenleiter
1992 – 1993	Kreditsachbearbeiter
1990 – 1992	Kundenberater
1988 – 1990	Ausbildung zum IHK Bankkaufmann

Alle Stationen bei den Vereinigten Sparkassen im Landkreis Weilheim i.OB

Ausbildung:
- IHK-Bankkaufmann
- Sparkassenfachwirt
- Sparkassenbetriebswirt
- Ausbildung zum European Assessor (EFQM)
- Ausbildung für die Geschäftsleitereignung nach § 33 Abs. 2 KWG
- St. Galler Management Diplom

Reorganisations in the European Commission. Lessons learned from the past and strategic considerations for the future

Ingrid Schwaiger

Foreword

This paper is an important part of the diploma on "Leadership and Human Resource Management" which I started in September 2011.

I have been asked repeatedly why I chose the topic of reorganisations in the European Commission although I am not working in human resources. The choice was influenced by the fact that the Directorate General (DG) I work for had undergone a major reorganisation in June 2011. However, the main reason is that - in the current context- the topic is of utmost relevance for the Commission. This explains the positive interest and the reactivity of the different services I was in contact with.

I was surprised to see how many reflections are ongoing to improve the way reorganisations are managed in the European Commission. They range from the work of the planning unit in the Directorate General for Human Resources (DG Human Resources), the efforts of the Internal Communication Network, critical contributions by the trade unions, up to reflection papers prepared by individual colleagues. These reflections focused on specific aspects, such as internal communication or the role of human resource management in reorganisations. My contribution was to integrate these different parts into one comprehensive view.

I want to thank all those who took time to be available for interviews and contributed with ideas and information. In the Commission, this concerns colleagues from the Human resource department and from the departments which I used as case studies. My particular thanks go to Matthias Will and to Carlo Dorlo whose valuable research work I have integrated into this diploma paper. Georg Kodydek from the Institute of Change Management at the Wirtschaftsuniversität Wien pointed me to State-of-the-Art literature focusing on human reactions to change. I also want to thank the team from the St.Galler Business School who encouraged me to use their management model and thus combine ideas from two very different worlds: the business community and an EU institution. Suffice to say that I found this lateral thinking very useful to gain new insights.

Finally my thanks go to my private support team: Kathrin, Traude and Klaus.

Table of contents

Foreword 240

List of Figures 242

List of Tables 243

List of Abbreviations 244

1. Introduction 245
   1.1. Problem analysis 245
   1.2. Objective 247
   1.3. Target audience 247
   1.4. Methodology used 247

2. A brief summary of key concepts related to reorganisations 250
   2.1. Change management 250
      2.1.1. The causes of change 250
      2.1.2. Typology of change 252
      2.1.3. The management of change: phases and factors 253
      2.1.4. A shift in management philosophy in times of change 256
   2.2. The individual at the coure of change 258
      2.2.1. Emotions and uncertainty 258
      2.2.2. Human reaction to change 260
      2.2.3. Resistance to change 261
      2.2.4. Strategies for overcoming resistance 263

3. The European Commission and ist characteristics: a systemic view 265
   3.1. Normative management 267
      3.1.1. The corporate mission of the Commission 267
      3.1.2. The corporate constitution of the Commission 268
      3.1.3. The corporate culture of the Commission 270
   3.2. Strategic management in the European Commission 272
      3.2.1. Strategic definition of EU policies and legislation 272
      3.2.2. Medium-term planning, annual planning, reporting and controlling 272
      3.2.3. Organisation structure 274
      3.2.4. Management systems 274
   3.3. The European Commission and change 276
      3.3.1. The type of change in the Commission 277
      3.3.2. The drivers for change in the European Commission 277
      3.3.3. The current context of change 280
   3.4 Strengths and weaknesses at a systemic level 282

4. Reorganisations in the European Commission **284**

    4.1. The Commission framework for reorganisations **284**
        4.1.1. The objectives of reorganisations 285
        4.1.2. The process of reorganisations... 286
        4.1.3. The actors at horizontal level: DG Human Resources and SG 287
        4.1.4. The actors at sector level: the different DGs 288
    4.2. Strengths and weaknesses of the Commission framework for reorganisations **289**
    4.3. Case studies of recent reorganisations **291**
        4.3.1. The DG for Transport and Energy (DG TREN): one becomes two 292
        4.3.2. The DG for Development Cooperation (DG DEVCO): two become one 294
        4.3.3. The DG for Information Society and Media (DG INFSO): innovation 297
    4.4. Lessons learned from past reorganisations **299**

5. Strategic considerations for the future **302**

    5.1. Recommendations at the level of the Commission **303**
    5.2. Recommendations at the level of the Directorates General **305**
    5.3. Outline for an Action Plan **309**
    5.4. Outlook for future research **310**

Sources of literature **312**

Annex **314**

List of Figures

Figure 1: Integrated Implementation-Oriented Management Model 248
Figure 2: External Causes of Change 251
Figure 3: Human Reaction to Change 260
Figure 4: Adjusted Integrated Implementation-oriented Management Model 266
Figure 5: Proposed timeframe for large-scale reorganisations 287

List of Tables

Table 1: The Scale of Change 252
Table 2: The Eight Steps for Successful Change 253
Table 3: Different Management Philosophies 257
Table 4: Cause of Resistance and Strategies for Overcoming Resistance 262
Table 5: Strengths and Weaknesses of the European Commission 283
Table 6: Strengths and Weaknesses of the Commission framework for reorganisations 291
Table 7: Action plan for reorganisations in the Cimmission 309

List of Abbreviations

DG	Directorate General
DG AIDCO	Directorate General Europe Aid Cooperation Office
DG BUDG	Directorate General for Budget
DG CLIM	Directorate General for Climate Change
DG DEVCO	Directorate General for Development Cooperation
DG ECFIN	Directorate General for Economic and Financial Issues
DG ELARG	Directorate General for Enlargement
DG INFSO	Directorate General for Information Society and Media
DG HR	Directorate General for Human Resources
DG MOVE	Directorate General for Transport
DG TREN	Directorate General for Transport and Energy
EEAS	European External Action Service
EU	European Union
HR	Human resources
NGOs	Non Governmental Organisations
OIB	Office for Infrastructure and Logistics Brussels
SG	Secretariat General
SYSPER	System for Personnel management

1. Introduction

1.1. Problem analysis

Change is happening in ever shortening cycles. To remain successful in the long-run, organisations have to adapt their structures, processes and strategies to new circumstances. In open flexible systems reactions to change can take the form of a continuous process. In systems with a strong legal orientation and a less flexible administrative structure, change happens in the form of reorganisations.

Reorganisations are almost a permanent feature of public organisations. The European Commission is no exception to this trend. Only over the past five years, at least seven large reorganisations of its different Directorates General (DGs) have occurred, involving thousands of staff.

State-of- the-Art literature underlines the importance to understand how people react to change. Resistance to change may lead to disengagement of staff and loss of productivity. Approaches where change is ordered from top-down do not work well in complex situations. Involvement of staff at all levels of the institution helps to mobilize people for change processes and to find more comprehensive and better responses to change.

Looking at experience over the last few years, it seems that reorganisations in the European Commission have successfully tackled the "hard" factors of reorganisations to adapt structures and organisation charts, but often neglected the "soft" factors which refer to values, culture, behaviour, and processes at the level of the individual, in short the human face of change. Processes of internal restructuring often happened without sufficient time to consult and fully involve staff.

This is also a reflection of the normative culture prevailing in the Commission which pays less attention to the human factor. While external processes concerning EU policies are well prepared by the Commission and widely discussed with expert groups and stakeholders, often over several years, to accommodate different views, no comparable efforts are made for internal processes.

This being said, considerable progress has been made to render human resource management in the Commission more professional. Also, reflections are ongoing to improve the way how reorganisations are carried out.

The current context of profound financial and political crisis in the European Union will bring deeper and more radical change to the European Commission than ever before. Signals are already very clear: as the European Commission is negotiating the next seven year financial perspectives, pressures is mounting from the Member States to reform the statutes of public service, cut personnel, outsource activities, and reduce the overall budget available to the European Commission, while at the same time adding new tasks and responsibilities to the institution. In this context, a number of questions will need to be addressed:

- How does the Commission respond effectively to the shifting external context?
- How can the Commission deliver higher quality services with a reduced budget?
- How does it mobilize the right people, with the right set of skills, expertise and motivation to deliver services optimally?
- What are best ways to plan and implement reorganisations?
- And most importantly, how can the Commission ensure that its staff is on board to face these challenges?

This paper makes the argument that - in the current situation of radical external change - a more comprehensive approach to reorganisations in the Commission is necessary. Comprehensive in the sense that particular attention is paid to the missing dimension of "peoples´ issues". This paper does not seek to formulate something radically new but proposes to better integrate this human dimension into the current existing practices.

Case studies from recent large-scale reorganisations in the European Commission are used to distil best practice and to enrich reflections. Based on past experience with Commission reorganisations, the paper will make strategic recommendations for the future.

1.2. Objective

The objective of this diploma paper is to improve the ways how reorganisations are managed in the European Commission by proposing a comprehensive approach which puts the attention on the human dimension.

1.3. Target audience

Target audiences can be seen at two levels: at a strategic level this paper is addressed at those who shape reorganisations within the European Commission, in particular DG Human Resources and the Secretariat General. At a more operational level this paper is addressed at those who are actively involved in reorganisations. Typically reorganizations involve the top management of the respective DG, its human resources unit, its unit in charge of internal communication and other actors.

1.4. Methodology used

As a background for this diploma paper I integrated ideas from two sides: the management model used in my studies at the St. Galler Business School as well as concepts which are relevant for my topic "reorganisations in the European Commission", in particular change management and human reactions to change.

These are themes where a large body of literature is available. Research involved the review of externally available literature, including articles of specialized magazines to capture latest thinking on change management and organisational change, where possible already narrowed down to public organisations. It turns out that State-of-the-Art literature puts an overriding emphasis on the human dimension of change. This was completed by documents from the European Commission.

Since the overall orientation of my thesis lies on the practical application of these concepts to the European Commission and less on the academic debate itself, I used a pragmatic approach. Wherever possible, I used research which itself already provides an overview of existing literature and summarizes latest findings and points of consensus, so as to not get lost in too wide a theoretical debate.

As a conception basis I used the Integrated Implementation-oriented Management Model of the St. Galler Business School.[1] Adapted to questions of leadership, the systemic implementation-oriented model distinguishes between different actors in a corporation: the overall organization, the level of the team/business unit and finally the level of the individual.

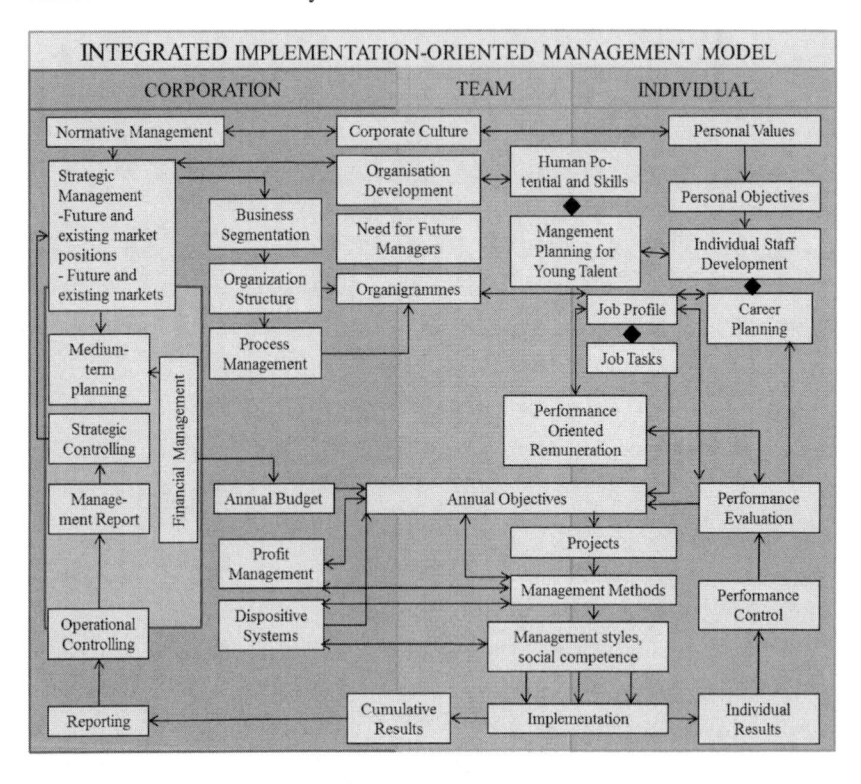

Figure 1: Integrated Implementation-Oriented Management Model

Although the model was initially developed for private corporations, it can - with some adaptations - also be applied to public organisations. I have thus transposed the reflections behind the model to the European Commission and use it as a basis for further analysis.

---

[1] St.Galler Business School: Modul 1 – Psychologie der Führung, St. Gallen 2012, pp 4

For this, several assumptions were necessary:

- The three different actors which in the original model are defined as "corporation", "team" and the "individual" were labelled "Commission", "Directorate General" and "individual" instead. At the level of the Commission, the organisation as a whole is being analyzed. It is here that normative management and corporate culture come into play.

- The original model refers to existing and future markets which determine the products and services a corporation provides. Since the Commission is not commercially oriented, the concept of markets does not apply. Also the notion of competition does not fit to the unique role of the Commission. I therefore propose to replace the concept of markets by policies and legislation at EU level. One can argue that it is the core responsibility of the Commission to propose policies and legislation for the European Union and to oversee their implementation. In other words it is the constant evolution of new policies which determines what actions the Commission needs to focus on and which services it needs to provide.

- The level of the team could also have been defined more narrowly, for example at the level of a Directorate or a Unit within a Directorate General. However, for the topic of reorganisations it is more interesting to look at the larger structure of a Directorate General,

- In order to simplify I focus on the normative and strategic dimensions of the model, leaving deliberately the details of operational aspects aside as they were not relevant for my research.

I also need to clarify the limits of my research. It is obvious that carrying out a thorough systemic analysis of an organisation as complex as the European Commission would require substantial efforts, a whole team of researchers and a long-term process over many months. This clearly cannot be achieved within this paper. For the sake of my research, the model served mainly as a source of inspiration which I took the liberty to interpret quite freely.

It helped me to conceptualize the wider framework in which reorganisations happen in the European Commission. It also was instrumental in putting the perspective of the individual at the core of the research, and to develop recommendations at the level of the Commission and at the level of the Directorate Generals how to best integrate this human dimension.

Research focused on three case studies of recent reorganisations in different Directorate Generals. I chose three case studies which involve large-scale organisational change with a certain level of complexity. They were carried out over the period of the past three years and reflect a range of different situations.

One reorganisation concerns the split of the former Directorate General for Transport and Energy (DG TREN) into two Directorates General in 2010. The second case study concerns my own Directorate General for Development Co-operation (DG DEVCO) and a merger in June 2011. The third reorganisation which is ongoing in 2012 concerns the Directorate General for Information Society and Media (DG INFSO) where innovative elements were applied to the reorganisation process.

In order to collect additional information about the processes underlying the selected reorganisations, I had interviews with those who had been closely involved: the top managers, the human resource departments and the communication departments. This was done on a selective basis, not with the intention to collect statistical information but qualitative data to enrich the research. The method used was semi-structured interviews which provide a loose framework for conversations on a defined subject. The majority of questions are fixed and used as a "red thread" but the interviewer remains flexible to explore specific issues which arise during the course of the interview.

2. A brief summary of key concepts related to reorganisations

2.1. Change management

A large body of literature is available on change management. However, many authors converge on the concepts of causes of change and the different forms change can take. Understanding and managing change are the dominant themes of management today.

2.1.1. The causes of change

There are many causes which trigger change in an organisation. Since organisations can be seen as systems which receive inputs from their external environment and release outputs back into it, changes in the external environment have a direct impact on the organisation. They influence its performance, strategy, structure, the services it offers, and its way of operating, including its human resource management.

Some analysts found it useful to group these external triggers for change into different categories: political, legal, economic, technological, and socio-cultural[2] (PLETS).

Political and legal factors
- Government legislation
- Government ideology
- International law
- Universal rights
- Wars
- Local regulations
- Taxation
- Trade union activities

Economic factors
- Globalization
- Suppliers
- Currency exchangerates
- Employment rates
- Wage rates
- Government economic policies
- Other countries' economic policies
- Lending policies of financial institutions
- Changes from public to private ownership

Organisation

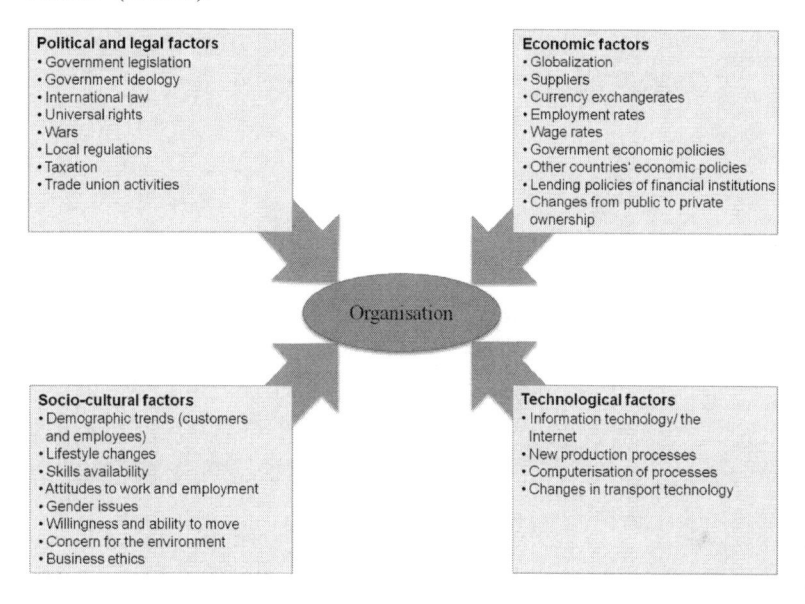

Socio-cultural factors
- Demographic trends (customers and employees)
- Lifestyle changes
- Skills availability
- Attitudes to work and employment
- Gender issues
- Willingness and ability to move
- Concern for the environment
- Business ethics

Technological factors
- Information technology/ the Internet
- New production processes
- Computerisation of processes
- Changes in transport technology

Figure 2: External Causes of Change

Causes of change are multi-dimensional, happen simultaneously, and often interact one with another.

Beyond these external causes of change, there are also internal ones, such as changes in management or organisational strategy. External and internal causes for change are often interdependent. It is important to understand the different drivers for change and to analyze how they affect the prosperity and survival of the organisation.

---

[2] See Senior, B.: Organisational Change, London 1997, p.15

2.1.2. Typology of change

Change divides broadly into gradual and radical forms. Gradual change occurs slowly over a prolonged period, at a steady rate or with minor fluctuations of intensity. In contrast, radical change is a sudden, dramatic change with marked effects on strategy, structure and culture of an organisation. Within these two extremes, a wide variety of types and combinations occur, each of them with a different scale of change. A useful model is presented by Dunphy and Stace:[3]

Type 1: Finetuning
• Refining policies, methods, and procedures • Developing personnel especiallysuited to the present strategy (improved training and development; tailoring award systems to match strategic thrusts) • Fostering individual and group commitment to the company mission and the excellence of one's own department • Promoting confidence in the accepted norms, beliefs, and myths • Clarifying established roles (with their associated authorities and posers), and the mechanisms for allocating resources
Type 2: Incremental adjustment
• Expanding sales territory • Shifting the emphasis among products • Articulating a modified statement of mission to employees
Type 3: Modular transformation
• Major restructuring of particular department/ divisions • Changes in key executives and managerial appointments in these areas • Work and productivity studies resulting in significantly reduced or increased workforce numbers • Reformed departmental/ divisional goals
Type 4: Corporate transformation
• Reformed organizational mission and core values • Altered power and status affecting the distribution of power in the organization • Reorganization – major changes in structures, systems, and procedures across the organization • Revised interaction patterns – new procedures, workflows, communication networks, and decision-making patterns across the organization

Table 1: The Scale of Change

The type of change depends on the intensity of external and internal drivers for change. For instance, if the external political, legal, economic, technological and social environments are relatively stable, organisations can change in an incremental gradual manner or focus on specific initiatives. Typically, they do not fundamentally alter the overall organisation. However, periods of external shocks and uncertainty will translate into radical shifts in strategy and wide-reaching changes throughout the whole organisation.

---

[3] Dunphy. D and Stace D.: The Strategic Management of Corporate Change, in Human Relations, Vol 45, 1993, No 8, pp 917 - 18

2.1.3. The management of change: phases and factors

Change needs to be managed. The key task of management is to respond to pressures from the external and internal environments through adapting strategy, structure and operational processes of the organisation. Organisations that do not respond to change such as increasing competition, new legislation or the expectations of stakeholders, will decline or in the worst case cease to exist.

There are many models and methods about change management in literature. Most change models suggest a series of phases to go through and steps to be taken by management.

The change process can be treated as a project cycle with preparing, planning, designing, implementing, evaluating and where necessary adjusting the outcome of the change process. It can also be simplified into three phases of planning, implementing and consolidating change.

Another well-known model by John P. Kotter[4] which became a classic in change management distinguishes eight different steps which are considered necessary for successful large-scale change.

Step	Action	New Behavior
1	Establishing a Sense of Urgency	People start telling each other, "Let's go, we need to change things!"
2	Creating the Guiding Coalition	A group powerful enough to guide a big change is formed and they start to work together well.
3	Developing a ChangeVision	The guiding team develops the right vision and strategy for the change effort.
4	Communicating the Vision for Buy-In	People begin to buy into the change, and this shows in their behavior.
5	Empowering Broad-Based Action	More people feel able to act, and do act, on the vision.
6	Generating Short-Term Wins	Momentum builds as people try to fulfill the vision, while fewer and fewer resist change.
7	Never letting up	People make wave after wave of changes until the vision is fulfilled.
8	Incorporating Changes into the Culture	New and winning behavior continues despite the pull of tradition, turnover of change leaders, etc.

Table 2: The Eight Steps for Successful Change

---

[4] Kotter, John.P: Leading Change, Boston 1996, Harvard Business School Press

While Kotter's focus is on private corporations, research carried out by S. Fernandez and H.G Rainy in 2006[5] provides an overview of literature on organisational change in public organisations. They bring some order to the literature by focusing on points of consensus and argue that change leaders and change participants in public organisations should pay special attention to eight factors. In many ways this resembles the research carried out on corporations, however with some key differences. The change process is seen less as a linear progression of successive steps, but rather as different factors which influence the outcome of change initiatives at different stages of the process. Also the factors differ somehow from Kotter's model as they are specific to public sector organisations.

- **Factor 1: Ensure the Need**

Implementation of change generally requires that leaders verify the need for change and persuade other members of the organisation and important stakeholders that it is necessary. Effective public managers verify the need for change through "listening and learning" and then communicate those needs in ways that build support for change. Often, public sector leaders take advantage of mandates, political windows of opportunity and external influences to verify and communicate the need for change.

- **Factor 2: Provide a Plan**

The new vision of how the organisation should look like needs to be translated into a strategy with goals and a plan for achieving them. This strategy serves as a road map for the organisation, offering direction on how to arrive at the preferred end state. It ensures that change does not disintegrate into a set of unrelated and confusing actions.

- **Factor 3: Overcome Resistance and Build Internal Support for Change**

Successful public leaders understand that they need to overcome resistance. For decades, researchers have emphasized the importance of a participatory approach

---

[5] Fernandez S., Rainey H.G.: Managing Successful Organizational Change in the Public Sector, in Public Administration Review, April 2006, pp 168 - 176

to build internal support. Participation should be widespread and span all phases of the change process. Successful implementation of organisational change often combines elements of lower-level participation with direction from top management.

- **Factor 4: Ensure Top Management Support and Commitment**

Some studies for organisational change stress the importance of having a single change agent lead the transformation. Others suggest the need to have a guiding coalition, for instance a group of people lending legitimacy to the effort and mobilizing the resources and emotional support necessary for change. Whether it occurs in the form of a single change agent or in form of a guiding coalition, support and commitment of top management is essential.

- **Factor 5: Build External Support**

Organisational change depends on the degree of support from political overseers and other key external stakeholders. Public organizations often have multiple political masters pursuing different objectives. They have the ability to impose statutory changes and control the flow of resources to public organization and thus can have an important influence on the outcome of planned change.

- **Factor 6: Provide Resources**

A fairly consistent finding in literature is that change is not cheap or without trade-offs. Sufficient funding is necessary to adequately staff public organisations, train employees in new skills, develop new processes and provide them with the administrative and technical capacity to achieve the change objectives.

- **Factor 7: Institutionalize Change**

To make change enduring employees must learn new behaviours in the short-term and leaders must institutionalize them over the long run so that new patterns replace old ones. This is the most critical part of the change process. Managers need to collect data and monitor the implementation process. Evaluation and monitoring efforts should continue even after the change is fully adopted to ensure that organisational members do not fall back into old patterns of behaviour.

- **Factor 8: Pursue Comprehensive Change**

Management must develop an integrative comprehensive approach to change, which includes structural changes to the subsystems of their organisation, paying attention to how subsystems are interlinked. For instance it is fruitless to attempt to change behaviours towards more teamwork if the organisational structure remains strictly hierarchical and staff evaluation systems reward individual progress.

2.1.4. A shift in management philosophy in times of change

Knut Bleicher argues in his latest edition of "The Concept of Integrated Management"[6] that we live in an era of highly complex change which calls into question all previous forms of management.

The complexity of change and its increasing speed make it much more difficult to "manage" in the traditional sense by applying causal analytical thinking in a linear manner. A shift in established management paradigms is taking place. Two opposing versions of management philosophy can be compared with different views on human nature, leadership, structures and employee relations.[7] In times of radical and complex change, adaptations in structure, processes and systems alone are not sufficient. Rather than analysing smaller parts in a reductionist view, a holistic world view is necessary.

---

[6] See Bleicher, K.: Das Konzept Integriertes Management. Visionen-Missionen-Programme. 8th Edition, Frankfurt/New York 2011, pp 31

[7] See Bleicher, K.: Das Konzept Integriertes Management. Visionen-Missionen-Programme. 8th Edition Frankfurt/New York 2011, pp 584

	Reductionist World View	Holistic World View
	The world can be rationally explained and analysed.	The World can be intuitively understood
View on human nature	Economic-rational	Social-complex
View on space	Distance seeking	Seeking to be near
	Centralised	Decentralised
	Written and distant transmission of information (IT, email)	Face to face meetings
View on time	Linear, short time	Circular, long-term
View on structures	Stability	Flexibility
	Structured, division of tasks	Connected, integrated
	Inward oriented	Outward/environment oriented
	Depends on mono interests	Relates to multiple interests
View on employees	Hierarchical	Professional, connected
	Repetitive/standardized	Innovative, differentiated
	Seeks material incentives	Sense-seeking
	Works in isolation	Social contacts
	Specialization (vertical)	Generalization (horizontal)
	Employee as a means/factor	Employee as intelligent actor
	Control	Confidence
Understanding of leadership	Orientation towards "hard" factors (instruments and tools)	Orientation towards "soft" factors (values, culture)
	Authoritarian	Participatory
	Direction by a few	Agreement by many
	Reactive approch to problems	Pro-active approach to problems
	Intervention	Moderation/facilitation

Table 3: Different Management Philosophies

Of particular interest are the underlying views on employees and the understanding of leadership.

For organisations to remain successful in times of complex and radical change, they need to recognize that the individual employee and his motivation are at the core of implementing the corporate vision and missions. His knowledge and capacity for learning and critical reflection become key elements for the success of an organisation. This requires a much more intensive consideration of human and personal factors. Motivation, understanding the driving factors behind the individual's behaviour, and providing sense and fulfilment at work become new notions of management.

It changes the character of management tasks: "hard" factors of management focusing on structures and processes will lose importance while "soft" factors focusing on behaviour will gain. Managers should consider motivation and mechanisms of their own personality, the personality of staff members as well as the behaviour of their teams. High importance is given to understanding emotions and values of staff.

Acknowledging the role of the individual makes leadership not easier but more difficult. It implies a completely different management philosophy on staff as partners with relevant experience and access to valuable information. It also means that managers do not need to do and decide everything themselves. In situations of complex change, solutions cannot be found and directed by a few but need the expertise and the agreement by many. Directive management gives way to a moderating/facilitating role of management which treats staff at an equal basis.

Change can only be successful if it is accompanied by changing reflection patterns, values and attitudes towards staff which goes far beyond increasing efficiency and effectiveness.

2.2. The individual at the coure of change

State-of-the-Art literature on change clearly puts the emphasis on the individual. As an alternative to the macro systems-based approach focused on change in the organisation, these researchers have adopted a micro-level perspective that focuses on the individual within the organisation.

2.2.1. Emotions and uncertainty

While earlier literature focuses on the description of change processes, the timing and the different steps, more recent research puts emotions and feelings at the core. Interestingly, J. Kotter arrived at a similar conclusion when updating his initial research in cooperation with D. Cohen with another publication in 2002.[8]

---

[8] Kotter, J. P, Cohen D.: The Heart of Change, Boston USA 2002, p. 1

"The single most important message in this book is very simple. People change what they do less because they are given analysis that shifts their thinking than because they are shown a truth that influences their feelings."

"Our main finding, put simply, is that the central issue is never strategy, structure, culture, or systems. All those elements, and others, are important. But the core of the matter is always about changing the behaviour of people, and behaviour change happens mostly by speaking to people´s feelings".

A key concept that leads to emotions of fear and anxiety is uncertainty. Uncertainty has been identified as a major consequence of change for employees. A recent research distinguished three types of uncertainty during change typically experienced by employees:[9]

- Strategic uncertainty: Employees experience uncertainty regarding the rationale for change and the future direction of their organisation. This is particularly relevant during the initial stage of change when employees first hear about the change, and is typically reduced once the change process is further advanced and more information becomes available.

- Implementation uncertainty: This form of uncertainty is focused on the implementation of proposed changes, on how the change will affect the inner structure of the organisation, staffing levels, and the quality of services. It is most prominent once the change is already underway.

- Job-related uncertainty: This is reportedly the most commonly felt uncertainty which relates to issues such as work load, job role and job security. Employees want to know what exactly the change means for their individual job and responsibilities. It is experienced throughout the implementation of the change process. A particular change may be about power and control, whose access to resources will be enlarged or reduced, who can stay and who has to go, questions of personal interests and career aspirations.

In such situations, people as themselves the following questions:

---

[9] See Allen.J, Jimmieson.N et al.: Uncertainty during Organizational Change: Managing perceptions through communication, in Journal of Change Management, Vol 7, June 2007, No 2, pp 187 - 210

- What is in this change for me?
- What will I have to give up?
- Will I get credit for past achievements?
- Will I be able to do what is expected from me in the new job?
- How does this affect my career prospects?
- Do I have the skills to make this change?

2.2.2. Human reaction to change

Human reaction to change can come from individuals or from groups, from staff or from managers. Depending how positively or negatively people are affected by change, they will differ in their reaction to change – passively or actively support or resist change.[10]

Support active	**Resistance active**
Support passive	**Resistance passive**

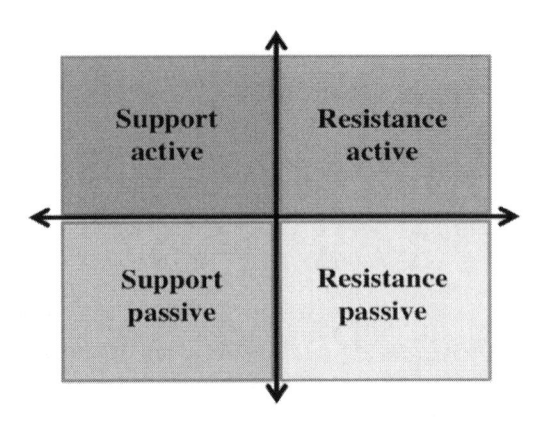

Figure 3: Human Reaction to Change

- Active support: some people, in particular if they have something to gain from the new situation, for instance because they have skills and profiles which are required by the future organisation, enthusiastically embrace change. They actively support the direction change is taking and are valuable change agents who can play a key role in meetings, keep

---

[10] See Heller, R.: Managing Change, Essential Manager, London, New York 1998, pp.52

discussions going, take the initiative over suggestions and planning and act as the conduits for delegation and feedback from those undergoing change.

- Passive support: passive support is less openly expressed, but means that people understand the need for change and do not object to the change process. This concerns the large group of followers.

- Active resistance: active opposition is openly stated and clearly visible. Opposition to the content of changes will surface in argument and criticism; this may be exaggerated but deeper objections often lie beneath the surface. Personal and emotional resistance often combine to reinforce an aggressive attitude. This may appear in active confrontation in discussions, unofficial opposition meetings, angry emails, threats of actions via trade associations etc.

- Passive resistance: passive resistance during change can be just as effective as strident opposition. It can appear in different forms: people do not participate in meetings or do not contribute, delay messages and hold back information. It can also show itself in implicit ways, from increased leave for sickness up to cases of serious work incapability because of burn out.

2.2.3. Resistance to change

The phenomenon of resistance has been widely studied, as it is the most important factor determining the success or failure of change programmes.

Kotter and Schlesinger[11] suggest that there are four major reasons why people resist change: they are afraid of losing something of value; they misunderstand change and its implications; they believe that change does not make sense; or simply they have a low tolerance for change.

More recent studies show that other reasons needs to be included, such as the emotions created by earlier change programmes.[12] If past experience in being

---

[11] Kotter, J.P, Schlesinger, LA.: Choosing Strategies for Change", in Harvard Business Review, April 1979, pp 106-113

[12] Eriksson, C.: The effect of change programs on employees' emotions, in Personnel Review, Vol. 33, 2004, No 1, pp 110-126

involved in change processes was negative, people have lost their trust on an emotional level and develop cynicism. They draw upon learned lessons that change does not bring them any advantages and this in turn has effects on their willingness to mobilize for the future. Organisational change thus cannot be separated from an organisation´s history.[13] Rather it should be regarded as a continuous process that occurs in a given context.

Research from Eric B.Cent and Susan Galloway Goldberg provides the most complete overview of the different causes for resistances to change which are quoted most often by literature and the most frequent strategies recommended.[14]

Causes of resistance	Strategies for overcoming resistance
Uncertainty	Participation
Threat to job status/security	Communication
Inertia	Facilitation
Misunderstanding	Education and Training
Lack of trust	Negotiation
Fear of personal failure	Discussion
Fear of work overload	Financial benefits/career benefits
Fear of poor outcome	Coercion
Personality conflicts	Manipulation
Break up of groups working together	Political support

Table 4: Cause of Resistance and Strategies for Overcoming Resistance

Knowledge about the causes of resistance helps to choose the best response. For instance, particular attention can be paid to staff members who will lose their position or who radically have to change their profile. Resistance is not necessarily misguided or unreasonable and should be taken seriously. It is best met with sympathy without letting the situation become too emotional.

---

[13] Choi M.: Employees´ attitudes towards organizational change: a literature review, in Human Resource Management, Vol 50, No 4, August 2011, pp 479 - 500

[14] Bent E, Goldberg G.S.: Challenging Resistance to Change, in The Journal of Applied Behavioral Science, Vol 35, March 1999, pp 25 - 40

2.2.4. Strategies for overcoming resistance

A variety of strategies is recommended to overcome resistance, such as participation, education and training, facilitation, negotiation, communication and discussion. Two strategies are selected for closer analysis: participation and communication.

Participation is perhaps the most effective way to achieve change because it capitalizes on self-discovery. This can range from observing and learning from others, successive involvement and practice to participation in decision-making. Research findings confirm that employees who were allowed to participate in the design and the development of the changes have much lower resistance than those that do not. It is therefore advisable to solicit employee involvement in the planning of change.

Several principles govern participative management in change situations:[15]

- It is easier to motivate staff by means of positive attitude and participative structures than by authoritarian and sometimes arbitrary practices;
- All forms of delegation of authority imply more trust and responsibility. Problem can be resolved at the level where they occur;
- Adhesion to change is greatly favoured when staff has taken part in defining values and objectives and staff motivation grows;
- Participation in defining processes and future action is itself a form of training which improves participants' knowledge and capacity;
- Staff's practical experience allows elements to be injected into decision-making, in particular for workplace organisation, which very often are unknown to higher levels of management, the lack of which leads to costly failures of reorganizations,
- Mobilization of the intelligence and competence of staff as a whole increases productivity, often to a large degree, by identifying necessary improvements and implementing processes which allow a guarantee of quality;

---

[15] Near You, Renouveau et Democratie: Towards a Participative Management of Change, Information Leaflet, Brussels June 2012

Communication: Researchers are in agreement that communication and the provision of information are key tools to reduce the uncertainties created by change. In the context of organisational change, it is mainly internal communication which matters. It can be defined as all formal and informal communication taking place internally at all levels of an organisation.[16] The role of internal communication is to build employee relation, establish trust, provide timely and reliable information and thereby contribute to general motivation, particularly in times of change and stress. Internal communication should ensure that any employee is able to understand the change, what it means for their part of the organisation, their team and themselves personally, so that they know what they need to do to deliver it.

- Principles of communication: Communication should be comprehensive, transparent and two-way. Leaving staff in the dark may create a divide between those who know and those who do not, thus creating an atmosphere of distrust and anxiety. Letting people learn of a major change plan from rumours is the worst possible introduction to the change process. Literature also pleads for giving a full picture whenever possible. If management tells staff only what they need to know in order to fulfil their own particular role in a change plan they may not see the wider significance of their tasks or feel commitment to the plan as a whole.

- Sources of communication: Research indicates that trust influences which source of information employees seek information from. Information on strategic issues is typically provided by top management, often as one-way communication. While this is important during the initial stages of the change process, employees also like to receive more specific implementation-oriented and job-oriented information from sources they know and trust. In this context, direct supervisors play an important role. Employees perceive information they receive from their supervisors as more accurate, timely and useful than general information. This type of communication is usually two-way, allowing for questions, discussions and suggestions. These findings were confirmed by supervisors who

---

[16] Dorlo C. : A critical view on the internal communication process in Directorate general for the Information Society and Media

Research paper for Post Graduate Certificate, Brussels June 2012

described their role as a filter of information in which they ensured that staff received information regarding change but in a way that was relevant and understandable.

- Methods of communication: People have to be drawn in using a range of communication methods[17] starting from personal communications, written notification, presentations, team meetings, workshops, staff meetings, training to trouble shooting meetings to using all means of information technology (websites, blogs, videos etc). In large organisations groups are often informed in sequence: top management briefs department managers who brief unit managers who brief unit members.

This suggests a comprehensive approach when developing communication strategies for change. Specifically it means ensuring that senior management provide the more strategic component of change communication, whilst ensuring that supervisors are provided with more practical information they can disseminate to employees. The communication of practical information should be done in a way that allows questions from employees, ensuring that job-relevant issues are clearly articulated. Participative strategies should establish two-way communication between employees and management, using supervisors who have the trust of their employees, as facilitators in this process.

3. The European Commission and ist characteristics: a systemic view

It is a real challenge to capture the characteristics of an organisation as complex as the European Commission describing the different dimensions in a few phrases. While this analysis could fill hundreds of pages, the following is an attempt to distil the core characteristics, even at the risk of over-simplification.

My intention is to look at the European Commission as an overall system which is based on the human element. Dynamics in the organization are shaped not only by rational elements but are a result of a multitude of social, inter-human processes and constellations. The social and human dimension, and therefore also the role Human Resource Management is considered key. The St. Galler Management Model which I have adapted to the European Commission with the

---

[17] See Heller R.: Managing Change, Essential Managers, London 1998, pp 42

assumptions described in the introduction chapter is used as a basis. It represents a comprehensive approach which combines the level of the Commission at large, the level of Directorate Generals as well as the level of individual staff.

| INTEGRATED IMPLEMENTATION-ORIENTED MANAGEMENT MODEL |||
THE COMMISSION	THE DIRECTORATE GENERAL	THE INDIVIDUAL
Normative Management →	Corporate Culture ←	→ Personal Values and Emotions
Strategic Management -Future EU policies and legislation -Existing EU policies and legislation	Organisation Development ← Business Segmentation Organisation Structure	Human Potential and Skills → Personal Objectives Job Profile → Individual Staff Development Functions and Tasks → Career Planning Organigrammes
Medium-term planning	Management Systems	
Strategic Controlling		
Management Reporting	Annual Budget ← → Annual Objectives ←	Performance Evaluation

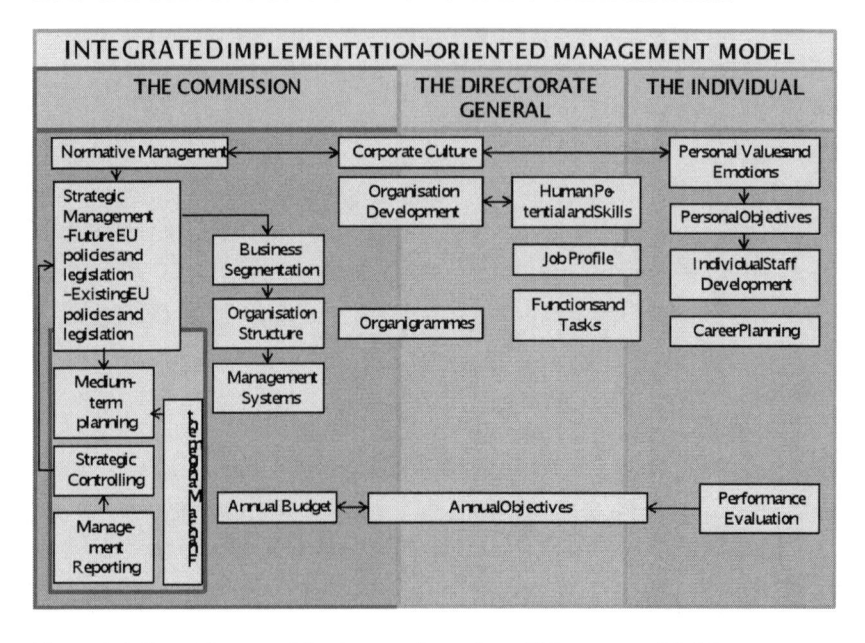

Figure 4: Adjusted Integrated Implementation-oriented Management Model

In line with the systemic approach of the St. Galler Business School the normative (corporate mission, corporate constitution and corporate culture) and strategic dimensions (organization structure, management systems, organization development) of management need to be seen in integration. The different dimensions are interdependent and mutually influence each other.

While normative management deals with the general objectives, the principles, norms and "rules of the game" shaping the European Commission, strategic management identifies potential for success, plans for the future and allocates the necessary financial and human resources. At the core of strategic considerations are organisational structure, organisation development and management systems. Together they constitute the framework in which "day to day" business is carried out.

Applying a "helicopter view", all aspects of the European Commission have been subject to a systemic screening, in particular its normative and strategic dimensions which ultimately shape the behaviour of management and staff. This overview uses a list of questions taken from K. Bleicher´s book on integrated management.[18]

3.1. Normative management

When describing the normative management of the European Commission, one needs to have a look at corporate mission, corporate constitution and corporate culture.

3.1.1. The corporate mission of the Commission

Corporate mission:

- What is the vision of the institution?
- In what business are we really in? Which are the key problems we want to resolve?
- Who are the key stakeholders?
- Which corporate philosophy do we pursue in the long run?

The Commission does not really allow for any form of comparison with national administrations given its unique powers and nature.

At its origin, when the predecessor organisation, the European Community for Coal and Steel was established through the Paris Treaty in 1951, there was a clear vision to prevent further wars and to unite former enemies by political and economic integration among European countries.

While the vision of preventing war in Europe has lost its initial relevance and rather serves as a historic reference these days, the concepts of political and economic integration are still at the core of the Commission´s corporate mission. Over time, the European Commission has evolved into the focal point of the EU system and has become the law-making and executive bureaucratic arm of the

---

[18] See Bleicher, K.: Das Konzept Integriertes Management. Visionen-Missionen-Programme, 8th Edition Frankfurt, New York, 2011, pp 123

European Union. Put simply, the Commission is charged with thinking, acting and delivering European solutions to address national policy problems.[19]

This does not happen in a vacuum but in a closely-knit network of stakeholders. When preparing new policy initiatives for the European Union, the Commission needs to balance external and internal interests. It listens to the other EU institutions, in particular the European Council and the European Parliament, national governments, policy think tanks, interest groups and public opinion. Thus, its key stakeholders are the 27 European Member States and ultimately the more than 500 million European citizens.

3.1.2. The corporate constitution of the Commission

Corporate constitution:

- What is the legal basis and structure?
- What legal preconditions are in place?
- Which statutes prevail, how do top organs look like?

The European Union can be described as a complex system with a multitude of political interactions involving a variety of actors, including Member States governments. Although Member States still control the bulk of the power of negotiation and bargaining, legal authority has been transferred through the Treaties from the Member States to the European Commission for a number of key responsibilities:[20]

- Powers of initiation: The Commission has the sole right of initiative within the EU. In this respect it is sometimes described as a think tank and policy formulator and is expected to provide leadership for the EU. The Commission can also be prompted into action by other institutions. Although neither the European Parliament nor the Council of Ministers can formally initiate the lawmaking process, they can bring informal influence to bear on the Commission;

---

[19] See Hardacre, A.: How the EU institutions work, UK 2011, pp.12 - 46

[20] See McGormick, J.: The European Union "Politics and Policies"; 4 th Edition, pp 109

- Powers of implementation: Once a law or policy has been accepted, the Commission is responsible that it is implemented by the Member States. The Commission has the right to collect information from Member States so that it can monitor their progress on implementation; to take to the Court of Justice any Member State, corporation, or individual that does not conform to the spirit of the Treaties; and if necessary impose sanctions. Every Member State is legally obliged to report to the Commission on the progress it is making in meeting deadlines and incorporating EU law into national law;

- Managing EU Finances: The Commission ensures that all EU revenues are collected, plays a key role in drafting and guiding the EU budget through the Council of Ministers and the European Parliament, and administers EU spending, especially under the Common Agricultural Policy and the Structural Funds, jointly with the Member States. The administration of EU funding is undertaken with oversight by the Court of Auditors; the Commission is involved in authorizing spending, ensuring that it has gone for the purposes intended, and evaluating the effectiveness of spending.

- External Relations: The Commission acts as the EU's main external representative in dealings with the World Trade Organization, and the Organization for Economic Cooperation and Development. Discussions on global trade are overseen by the Commission acting on behalf of EU Member States.

In terms of corporate structure and key organs, the following comparison can be drawn for easier understanding: Based in Brussels, the Commission consists of a college of twenty seven appointed Commissioners who function collectively much like a national government cabinet, and several thousand full-time European bureaucrats assigned to one of the Commission's Directorates General (DGs), the functional equivalent of national government departments.

The college of Commissioners represents the highest political level of the Commission, and formally takes decisions, leads the Commission and gives political guidance to DGs and services. It is headed by the President of the Commission who has to find the balance between external and internal interests. His role is focused on effective chairmanship, reaching consensus between the different Commissioners, and leadership of the policy orientation of the Commission.

The President is supported by a Secretariat General with about 600 staff. It is in charge of the administration of the Commission and ensures the coherence in Commission actions, thus tying the DGs to the centre. The Secretariat General coordinates, advises, and arbitrates to ensure that coherence, quality, and delivery of policy, legislation and implementation occur in accordance with the Commission rules and procedures. It also is the contact point for external stakeholders as well as the general public.

Below this political level, comes the technical and administrative level of Commission services. There is a DG for each of the major policy areas in which the EU is active and their respective size varies according to the importance of their task.

3.1.3. The corporate culture of the Commission

Corporate culture:

- Which social objectives prevail in the organization?
- How does the corporate climate look like?
- Which are the most important motivating factors?

It is interesting to note that the Commission´s corporate culture is rather implicit than explicit.

From the little research carried out on this topic one can conclude that there is no one cohesive corporate culture in the Commission but there exists a plethora of competing cultures at times built around departmental identities. This is partly due to the relative autonomy of the different DGs which shape the respective cultures at their level.

Partly this can also be explained by the large cultural diversity of staff in the Commission, especially since the last waves of enlargement, with staff from 27 different European Member States speaking 23 official languages. The European Commission is the largest institution of the EU, in terms of human resources with about 33.0000 staff in January 2012.[21] In a nutshell, the Commission is characterized by staff coming from very varied cultural and national backgrounds dealing with complex legal and policy issues.

Comparatively little efforts have been devoted over the past eight years to define and discuss more widely a corporate culture within the institution. Indeed, the last comprehensive reform effort was carried out by Commissioner Neil Kinnock in 2004 before the enlargement of the European Union from 15 to 27 Member States. It reformed the entire spectrum of staff policy from recruitment to retirement with the ambition to create an efficient, permanent, transparent and independent European civil service. Some reform elements were a direct reaction to the financial scandals of the previous Commission, putting emphasis on concepts of accountability and sound financial management. This has created a strong rules-based culture.

The implicit culture of the Commission as an institution shows a clear policy and legal orientation which is coherent with its corporate mission. Because of its policy orientation and the large number of different stakeholders with whom it has to interact, Commission culture is described as a consensus and compromise culture at every next level up. Due to its sheer size, it has a strong administrative culture with formalized hierarchical structures.

At the same time and in parallel to the formal administrative structure, the Commission also has an important informal working culture in place.

While considerable information is available on the composition of staff and its structure, little is known at the level of the individual, the values, attitudes and emotions of staff, the social objectives of the Commission vis-à-vis its staff, how to fully exploit the potential of the usually highly qualified staff dealing with highly complex issues and what factors of motivation are in place.

---

[21] European Commission: Human Resources – Key Figures, Brussels 2012

3.2. Strategic management in the European Commission

3.2.1. Strategic definition of EU policies and legislation

The Commission has a strong policy and legislation orientation. The constant evolution of new policies determines what programmes the Commission needs to focus on and which services it needs to provide.

In terms of future EU policies and legislation, the Commission has prepared a comprehensive medium-term strategy, called Europe 2020. It involves a broad range of policy areas, ranging from the economy, finance, employment and social affairs, education, environment, climate change, energy, transport, research and innovation, information society and media, enterprise and industry, internal market, regional cohesion, agriculture, maritime and fisheries policies. This will pilot the direction of work for the years to come with the aim to get Europe´s economy back to growth and employment.

The definition of future priorities is coordinated by the Secretariat General and decided upon by the College of Commissioners.

3.2.2. Medium-term planning, annual planning, reporting and controlling

In terms of forward-looking planning process the Commission prepares the strategic *planning and programming cycle*. This cycle is multi-annual with a seven years horizon to take account of the fact that a significant quantity of Commission work spreads over several years. It is the major planning framework within which the Commission operates and ensures that the broad political objectives of the Commission as laid down in Europe 2020 filter down into the work of every DG.

The triangle of Secretariat General, DG Budget and DG Human Resources are the most important horizontal actors in the Commission to prepare the Commission's strategic resource allocation decisions.

The key planning document in this respect is the *Commission Work Programme* which has the purpose to set political priorities, define and deliver clear objectives and to allocate resources effectively in light of policy priorities. This document is a very important political, technical and practical document which gives a transparent overview of the main actions the Commission plans to implement over the coming years. It is accompanied by a seven year multi-annual financial framework prepared and coordinated by DG Budget to ensure that sufficient financial resources are allocated to the political priorities. The next financial cycle which is currently under preparation concerns the period 2014 to 2020.

The medium-term planning is then broken down in ***annual planning, budgeting and reporting***. The Commission's annual cycle can be summarized as follows:

- The orientation debate held amongst the College of Commissioners initiates the strategic planning and programming cycle and defines priorities and strategic objectives of the Commission for the following year.

- Based on proposals coming from the Commission services, the Commission decides upon its annual policy strategy which provides the framework for the preliminary draft budget and for the Commission's Annual Work Programme. The Annual Work Programme translates policy strategy into a concrete action plan and a set of deliverables.

- At the level of each Directorate General, Annual Management Plans translate the priorities of the Commission into a detailed set of initiatives at sector level. The Annual Management Plan of a Directorate General describes how each department plans their activities and how they contribute to the priorities of the Commission, including the allocation of human and financial resources to the activities. Since the introduction of activity based management these plans have to set out clear, specific, measurable and verifiable objectives for each activity as well as indicators for the monitoring and reporting on progress made and the impact of the activities on EU citizens. The selected indicators allow the Secretariat General and other actors to follow implementation and to monitor any deviations. This de factor corresponds to the function of strategic controlling.

- DG Budget collects the necessary information from all DGs about their financial needs. After their examination and discussions with the DGs, a draft budget is adopted by the Commission, and transmitted to the European Parliament and the Council of Ministers for approval.

- DG Human Resources ensures that the different Directorates General have the right people in the right place at the right time.

- Once the budgetary year has ended, all Directorates General have to report on the degree of achievement of the objectives that were set in their annual management plans. They establish Annual Activity Reports. The Commission collects the main conclusions of the individual activity reports in a synthesis report which is presented to the Parliament and the Council of Ministers.

It is from this broad framework of prioritization and resource allocation that new policies are taken forward within the Commission. This is also the framework within which the Commission can adapt to external and internal changes.

3.2.3. Organisation structure

The Commission has a stable and relatively uniform organisation structure across the whole institution, in the sense that each DG follows the structure of a three-level hierarchy.

The basic operational building block is the Unit, managed by a Head of Unit which varies in size and composition depending on its role. Several units form a Directorate which is headed up by a Director. These Directorates are subdivisions of a Directorate General which is managed by a Director General who is usually supported by a Deputy Director General.

Within the above basic features there is a large variety in terms of size, remit and modus operandi. As already mentioned there is a DG for each of the major policy areas in which the EU is active. Commission DGs take different forms, ranging from functional structures (often in the area of resource management, as is the case for DG Budget and DG Human Resources) to divisional structures with geographic, programme, process or customer focus.

3.2.4. Management systems

- Which systems are in place for staff development and career planning?

- Do human resource management systems improve capacities and performance of staff?
- Which leadership styles prevail (coaching, mentoring etc)?
- Which feedback- and information mechanisms exist?

With the scope of management systems being rather broad, this analysis focuses on human resource management and internal communication in the European Commission.

Human resource management is a particular challenge given the size and complexity of the institution with about 33.000 staff from 27 Member States, organized in different DGs and located in three major sites in Europe, as well as in a number of other locations. Out of total staff, about 68% are permanent officials with the remainder being contracted staff (international contract agents and local agents), the latter mainly working in representations in EU Member States (outside Brussels and Luxembourg) and in EU Delegations in the rest of the world.[22]

In early 2010 the DG has overhauled its way of working to focus more strongly on strategic planning and policy steering, to foster the professionalization and client-orientation of human resource management, and to modernize the Commission's way of working.

DG Human Resources is responsible for all matters that impact Commission staff, ranging from recruitment, career development, performance management, staff rights and obligations, pay systems to working conditions. HR policies are developed at central level with the involvement of local HR expertise in order to ensure overall consistency. Local human resource services exist in all Directorates General (the HR community),

In view of the net reduction of Commission staff, efficiency of staff use has become even more important. Core tasks and new political priorities must be met through the redeployment of staff. The new multiannual financial perspectives may shift strategic objectives, thus having strong implications on redeployment. For this purpose, strategic analytical instruments such as staff screening,

---

[22] European Commission: Annual Human Resources Report, Brussels 2011, 2012

workload assessments and workforce planning are in place. Forecasting future needs in terms of jobs, number of staff and competencies is an essential element of all HR core processes. Good workforce planning is needed, especially in those segments of the workforce which are critical for delivering on the political priorities. In parallel, reporting functions and an integrated information system (SYSPER) have been upgraded. Tools are in place to swiftly shift its human and financial resources in line with the changed strategic objectives.

With these developments on the horizon, there is a risk that staff is left out of the equation. Issues of motivation and staff involvement in decisions concerning their careers need to be seriously considered.

DG Human Resources is also responsible for internal communication. The Commission has a strategic framework for internal communication[23] which aims at strengthening the motivation and commitment of staff and boosting the team spirit through internal communication.

DG Human Resources has also established the Internal Communication Network in which all DGs internal communication functions are represented. The network has developed guidelines tailored to different actors who have a key role in terms of internal communication in the organization: senior managers, middle managers, and internal communication professionals. The guidelines stress in particular the role of managers as communicators and offer a wide range of ideas, tips and approaches for good communication practices at all levels as a way to get staff on board with Commission priorities.

3.3. The European Commission and change

With the key characteristics of the European Commission as an overall system being described, it is now interesting to assess how the system is affected by change, what type of change occurs and which are the drivers for change, especially in the current context. The models introduced in chapter 2 will be used.

---

[23] European Commission: Communication on Internal Communication and Staff Engagement Strategy, Brussels July 2007

3.3.1. The type of change in the Commission

As to the type of change, it is often transformational change which leads to an adaptation of the overall structure of the European Commission and its services rather than incremental change.

Because of the specificities of the European Commission and its normative environment, legal aspects play an overriding role. There is a strong formal administrative culture which provides limited possibilities how the Commission as a system can react to constant change. The Commission - as it is currently organised - does not operate as an open learning structure which could integrate change in a constant evolutive manner without the necessity of transformational change. This being said, some flexibility is provided by the parallel informal structure of the Commission and by the use of Taskforces, working groups, and networks which cut across the formal structures.

One can argue that change management in the Commission takes the form of reorganisations where the overall structure is adapted. In between reorganisations, the situation remains "frozen" or is dealt with informally.

3.3.2. The drivers for change in the European Commission

"Dealing with complexity" are the key words in this context. As the key institution at the core of policy making on the European level, the Commission is subject to a multitude of changes stemming from a variety of different actors. By using the PLETS model for drivers of change, the following factors can be distinguished:

Political factors play an extremely important role for the European Commission. This is very complex as there is not one policy agenda prepared by one actor, but a variety of different influences and policy agendas which have to be taken into account. With a system in the EU where power is less clearly defined than in national political systems and where more actors compete with each other, political change stems from various political agendas:[24]

- the institutional agendas of the other core European institutions, such as the European Parliament and the Council of Ministers;

---

[24] See McCormick, John: The European Union "Politics and Policies", 4 th Edition, pp. 248

- policy agendas pursued by several Member States with common interests or by a national Member State (for instance highly indebted Member States, such as Greece and Spain have other policy priorities than traditional net payers such as Germany).

- thematic agendas pursued by numerous well established interest groups or movements across Europe, such as the environmental pressure groups, the industrial lobby, farmers or multinational corporations.

- political pressure coming from society at large and public opinion such as ongoing concerns about unemployment or the need to control crime;

- global policy agendas such as climate change (this for instance prompted the establishment of a separate Directorate General for Climate Change – DG CLIM) and international crisis which require a response at European level (for instance the financial crisis in Greece which led to a rise in importance and new tasks for the Directorate General for Economic and Financial Issues – DG ECFIN).

Legal factors: Reflecting its role as the Guardian of the Treaties, legal factors are also important drivers for change which strongly influence the work of the European Commission. In this context, pressure comes from several sources, such as:

- Treaty obligations;

- Pressures to harmonize national laws and policies so as to avoid economic and social variation among the Member States and to remove obstacles to free trade;

- Requirements of international law – many EU laws and policies have been responses to international obligations and the requirements of international treaties that the EU has signed.

Economic factors have always been at the core of change in the European Commission but the recent financial and political crisis has more than exacerbated this factor for change. As will be argued in more detail, the current context will bring deeper and more radical change to the European Commission than ever before, so that it deserves a separate subchapter.

Technological factors completely change the way we work together, although this has not yet been fully applied in the Commission. It may lead to an explosion of the channels of communication internally but also towards external actors and citizens (use of face book, twitter, blogs; establishment of social networks), it changes the ways of dealing with knowledge and expertise, and on a deeper level it may change the way of thinking about hierarchies as information is less and less linked to expert positions or to a post at a certain level of hierarchy.

Social factors such as the age composition of Commission permanent staff play a key role. Many retirements will occur in the next years, in particular from middle and senior management. At the same time the retirement age will most likely be extended by several years. Several questions arise: How to reconcile the fact that people have to work longer years with the concept of a civil service? The Commission will need to think about new working concepts, such as more flexible working patterns and how to provide interesting work profiles which can capture knowledge .

Internal drivers for change: Change often also comes from internal sources, in particular from the arrival of a new Commission with new Commissioners, where thematic portfolios are newly distributed or the arrival of a new Director General who wishes to shape his service according to his policy vision. Since each Commission has a mandate for five years, and Director Generals as top civil servants are subject to mobility after five years, this type of change happens very regularly and is among the most frequent triggers for change. It often coincides with thematic change in different Directorate Generals as they analyze external trends affecting their sector or seek ways to improve efficiency of their work.

The key point to make is that the European Commission like any other international actor or any corporation is subject to many drivers for change. However, due to its sheer size and the complexity of its environment, I argue that some drivers, such as political factors and legal factors are much more strongly pronounced than in the corporate world. Also, in the current context which puts an extremely strong emphasis on economic and financial factors, change with far reaching consequences for the institutions goes deeper than ever before.

3.3.3. The current context of change

Different internal and external circumstances will coincide over the coming years. They all will result in a situation where changes go deeper and are more radical than the European Commission has experienced before.[25]

The Commission is currently negotiating the new multi-annual financial framework for the period 2014-2020. However, in the current context of economic recession in the European Union, the acute financial crisis in Greece which risks spreading to other Member States such as Spain and Italy, negotiations are unusually tough. It is a fact that Member States at national level have been subject to deep budget cuts, austerity packages and forced savings in their own national services. Against this background, there is very strong pressure on the Commission to cut personnel and outsource activities while at the same time adding new tasks and responsibilities to the institution.

Moreover, the timing coincides with the expiry of the method how Commission salaries and pension are adjusted, which opens another window for reductions. The new proposals for reform will negatively affect the statute of public service, slow down career development, reduce pension rights, and increase number of working hours and working years. Fewer staff will need to fulfil more tasks and assume more responsibility in the future, with less favourable working conditions.

Already now against the background of the current financial crisis it has been decided that the administrative budget of the Commission is frozen below inflation, with the result that staff has to be reduced. Starting from 2013, the Commission has to apply the so called "Staff Levy" with the target to reduce staff across all categories by 10% over the next five years. Half of these savings correspond to a net reduction of staff, the other half is meant for redeployment, i.e. Commission staff not needed any longer for certain policy areas is re-affected to new policy priorities. While a percentage of 10% may not sound much, it will affect more than 3000 staff and each single Directorate General.

---

[25] Union Syndicale: What is the Working Party on the Staff Regulations Cooking Up for Us, Information Leaflet, Brussels June 2012

It has to be kept in mind that the internal administrative costs of the Commission are relatively low. The administrative budget corresponds to only about 5% of the overall budget the Commission is managing. Savings achieved through the above reforms will thus be of limited financial importance and represent more a symbolic value for the Member States.

Beyond cuts in the administrative budget it is also likely that the overall budget managed by the European Commission will be reduced in the new financial perspectives, thus forcing Member States and the Commission alike to set clear priorities. In practical terms this could mean that priorities fixed in the Europe 2020 Vision will no longer be valid, and that other themes may emerge instead. This may have in turn an effect on the way the Commission is structured, leading to the creation of new Directorate Generals/Directorates or to their disappearance.

To this should be added that the term of the current Commission ends and a new Commission will arrive in 2014, a milestone which is typically accompanied by new proposal coming from Commissioners, changes in the Cabinet, new appointments at the Top management of the Commission - and reorganisations.

In summary, several changes coincide (financial crisis which for the first time may lead Member States to insist on zero growth or a reduction of the Commission budget, the start of a new 7 year planning cycle, start of a new Commission term of five years) which changes the magnitude and the dimension.

This period of unprecedented change most likely will have several consequences:

- Since the Commission reacts to change mainly by reorganisations, the number and frequency of reorganisations will increase;
- The changes described above put strong pressure on Commission staff, with a potential negative connotation (staff cuts, deterioration in working conditions, more stress etc). The fact that so many staff members will be affected at once, adds another dimension. Staff reaction to change can be contagious, to the positive and to the negative. Even now, at the writing of this thesis in 2012 and long before the bulk of the reform will hit, there are "first writings on the wall". Trade unions mobilize, not only around the issue of staff reform which constitutes their legitimate role and core task,

but – and this is surprising – against reorganisations, or more precisely, the way reorganizations have been done in the Commission in the past and are currently being done.

- In a situation where human resources decrease while increased organisational performance is demanded, staff involvement becomes a priority. Working more and longer hours at less attractive conditions will require high motivation from staff. In this context, participatory management is no longer an "altruistic" form of management but may turn into a necessity to get more out of less staff.

3.4 Strengths and weaknesses at a systemic level

This systemic approach helps to understand the wider framework in which reorganisations happen in the European Commission. Although very schematized, this helicopter view also allows for a first assessment of strengths and weaknesses of the European Commission based on the St.Galler Management Model.

One of the key findings at the normative level is that the Commission´s corporate culture has not been consciously shaped by management. It also does not pay much attention to the human factor. There are no conscious efforts to mobilize this potential and to make it explicitly part of the corporate culture. However, with the radical changes ahead, the Commission will need to rely on fewer people to work more effectively and longer years.

The framework in place to define new policy priorities and to react to them with adequate resource allocation appears relatively elaborated and solid. However, what seems to be missing is a permanent reflection on how these external developments will affect the Commission internally. Internal change is being addressed when it happens rather than by structured forward-oriented thinking. The part of strategic management which should orient and guide the business segmentation is less developed (which major policy themes will emerge in the future? What will that mean for the Commission? How will this affect the number and composition of Directorate Generals? How should future Directorate Generals look like?).

On the level of strategic management, a lot has happened in the field of human resource management. Efforts over the past years have focused on upgrading its strategic planning function and introducing professional tools and instruments. This has ensured that the "hard" factors are in place for human resources management (instruments, IT, statistics, reporting systems). However, the more difficult "soft" factors of human resource management (values, attitudes, motivation strategies etc) have not yet been addressed.

The link of staff engagement with internal communication seems too narrow. Motivation and commitment of staff cannot be seen in relation to communication only.

The key findings are summarized in the following table:

Strengths	Weaknesses
Corporate mission Commission's corporate mission has evolved over time, but still provides a sense of direction.	**Corporate culture** Commission's corporate culture does not pay much attention to the human factor. No conscious efforts to mobilize this potential and to make it explicitly part of the corporate culture. However, with the changes ahead, the Commission will need to rely on fewer people to do more.
Corporate constitution Commission corporate constitution is clearly established. Some parts (role and statute of the civil service) are affected by the current context of change.	
Strategic identification of future EU policies Framework to define new policy priorities is solid and elaborated; Resource allocation is adequate; Identification of future priorities for EU policies and legislation is taken care of (Vision Europe 2020).	**Reflection how external future priorities will impact the Commission's internal structure** No permanent strategic reflection how external developments will affect the Commission internally; Little forward-oriented thinking to guide business segmentation
Planning, reporting and controlling Planning, reporting and controlling processes are well developed and linked to policy priorities; Human Resources planning has become more strategic and introduced professional tools and instruments; "Hard" factors are in place (instruments, IT, statistics, reporting systems)	**Further development of human resource management** Human Resource management has not yet tackled the more difficult "soft" factors (values, attitudes, motivation strategies etc). Focus on staff engagement within Internal Communication is too narrow: motivation and commitment of staff are not only a result of communication.

Table 5: Strengths and Weaknesses of the European Commission

4. Reorganisations in the European Commission

4.1. The Commission framework for reorganisations

The Commission has laid down a framework for reorganisations in a policy document called Communication[26] and in implementing guidelines in 2007. The documents are still valid and constitute the basis for all reorganisations which have happened since 2007.

This Communication addresses the issue of reorganisation with a focus on organisation charts. The term reorganisation is defined as "an organisation chart change which requires the creation, elimination, move or adaptation of one or more organisational entities (Directorate General, Directorate, Unit) as from a specific starting date".

It sets rules for sound administration and benchmarks for all DGs and services, for instance benchmarks defining the number of hierarchical management levels, a manager's span of control (i.e. the number of staff a Commission manager oversees directly), the number of middle management functions, as well as minimum and average staffing. These are adapted according to the business complexity of tasks being performed by a given DG. The benchmarks are monitored by DG Human Resources and used for annual reporting and analysis.[27]

The Communication also recognizes that the Commission's traditional hierarchical line of command is not always best suited to the promotion of lateral thinking, the management of projects, the professionalism of scattered specialist communities or the coordination of matrix-like constellations in some of the DGs. In general, there are no strong incentive systems for pro-active networking and sharing functional knowledge within the Commission from the bottom-up and across the confines of organisational entities. It is therefore not easy to set up common ways of working on a larger scale. Ways to make working arrangements and organisational structures more flexible without obscuring the line of command are therefore needed. In this context, the Communication proposes

---

[26] European Commission: Communication on Organisation Charts of Commission DGs and Services and Implementing Guidelines (SEC 2006/ 1702), Brussels 2007

[27] European Commission: Annual Human Resources Report , Brussels 2012

more frequent use of temporary Taskforces, outsourcing of resource management to larger DGs, and functional reporting, for instance in the context of a matrix organisation.

4.1.1. The objectives of reorganisations

The Communication establishes the following objectives for reorganisations:

- The overarching objective is to improve the Commission's overall organisational efficiency and effectiveness.

- Other objectives concern increasing transparency of decision-making, ensuring a global view for the College, coherence with its strategic planning and resource allocation decisions, and simplification of administrative processes.

It makes a clear linkage to change, arguing that the Commission is operating in a dynamic environment with frequent changes. To be effective, the Commission as a whole as well as its individual DGs and Services must be able to adapt organisational structures and management teams to the changing policy priorities set by the College, while fulfilling efficiently the obligations laid down in the Treaty, international agreements and secondary legislation. The organisational structures must at any given moment reflect the Commission's political and operational priorities.

Structure is one key element in the Commission's organisational design, alongside other elements such as culture and how people learn. Revision of the organisation chart could be prompted by any of the following grounds:

- To adapt to changes in the priorities or tasks set by the Commission for the DG when it becomes obvious that they cannot be optimally achieved with the existing structures;

- To improve the efficiency of the structural set-up of a DG once it has been shown that maintaining the organisation chart as it stands is a hindrance to this objective.

4.1.2. The process of reorganisations

There is a strong legal framework for reorganisations which limits what can be done in terms of change.

All major elements of reorganisation are regulated, including smaller changes such as renaming a Unit. Depending on the scope and extent of reorganisation, different levels of decision-making need to be involved:

- For far-reaching change affecting the whole Directorate General and its normative functions (such as the creating, splitting, merger, dissolution of a Directorate General, its renaming, the creation or elimination of senior management functions) a Commission decision by the College of Commissioners is required;

- For change affecting strategic functions of a Directorate General (such as the creation or elimination of middle management functions) a simplified procedure requires the agreement of at least three Cabinets;

- For change affecting operational functions of a Directorate General (such as the renaming of Directorates and Units, the creation/move/elimination of management entities without changing the total number of staff) a decision by the Director General in agreement with the Commissioner of the service after a positive opinion of DG Secretariat General and DG Human Resources is required;

For limited change (such as changes in relations to sectors covered or the Assistants of a Director General) a decision by the Director General is sufficient.

In order to encourage DGs to plan ahead their reorganisation and related decisions on management mobility and departures, the Commission approach is to group all important modifications in three annual packages (Spring, Summer and Automn packages). This allows for greater predictability for management and staff. Given the high number of reorganisations across the Commission and their combined size, this approach makes it easier for the Secretariat General and the College to keep an overview and to deal with the needs for trade-off between competing DG proposals.

A detailed schedule for the timing of reorganisations is proposed with about three months foreseen for the overall process.[28]

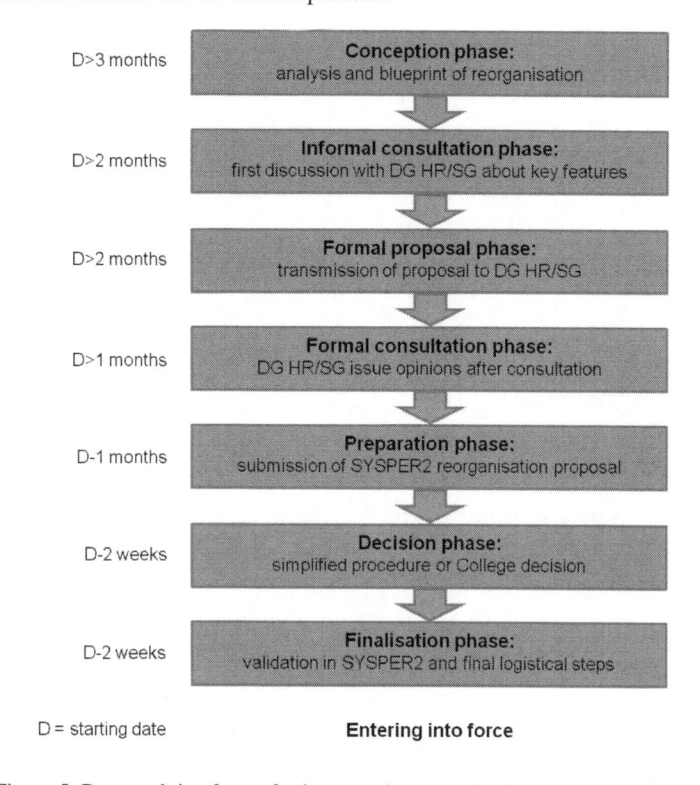

D>3 months	**Conception phase:** analysis and blueprint of reorganisation
D>2 months	**Informal consultation phase:** first discussion with DG HR/SG about key features
D>2 months	**Formal proposal phase:** transmission of proposal to DG HR/SG
D>1 months	**Formal consultation phase:** DG HR/SG issue opinions after consultation
D-1 months	**Preparation phase:** submission of SYSPER2 reorganisation proposal
D-2 weeks	**Decision phase:** simplified procedure or College decision
D-2 weeks	**Finalisation phase:** validation in SYSPER2 and final logistical steps

D = starting date   **Entering into force**

Figure 5: Proposed timeframe for large-scale reorganisations

4.1.3. The actors at horizontal level: DG Human Resources and SG

DG Human Resources and the Secretariat General are closely involved each time when the Commission adopts a reorganisation.

DG Human Resources vets the plans for suitability of human resource management and consistency with the Communication and the Implementing Guidelines, in particular as compared to the established benchmarks. It delivers

---

[28] See European Commission: Communication on Organisation Charts of Commission DGs and Services and Implementing Guidelines (SEC 2006/ 1702), Annex 3, Brussels 2007

its opinion regarding the impact of the reorganisation on the effectiveness of the DG.

DG Human Resources has started to monitor reorganisations on an annual basis, in particular progress against the established benchmarks. For this, it has developed different screening processes which allow an in-depth organisational analysis looking at structure, processes, projects, strategy, resources, culture and work climate, efficiency and quality. In order to reach the Staff Levy without disrupting business processes, vacant posts are regularly screened. If they are not filled over a longer period, the post becomes subject to being cancelled.

In addition, DG Human Resources is reinforcing its advisory capacity to be in a position to support DGs in their process of reorganisations. As part of its efforts to professionalise HR management, efforts are made to get concepts or organisation design and organisation development known to the wider HR community in the European Commission.

The Secretariat General assesses the benefits of the reorganisation for the overall operation of the DG, in the light of the priorities set by the Commission. It examines whether there is any risk of an overlap between DGs, either in the name of entities or in their remits.

4.1.4. The actors at sector level: the different DGs

Within the Commission framework for reorganisations, Directors General have certain autonomy at the level of their services.

They are responsible for selecting the type of structure they consider most suitable (functional, divisional as well as combinations of geographic, programme, process or customer focus) and for proposing the number of management positions, however within the constraints of their resource allocation. They should know best where to identify efficiency gains, based on reports from their operational and resource directors, internal audit and evaluation activities, their considerations when preparing Annual Management Plans and the Annual Activity Reports. Directors General thus shape structures in their search for ways to increase the speed, efficiency, flexibility, integration and innovation of their services.

They discuss any proposed key structural change to their organisation chart with the Secretariat General and DG Human Resources at an early stage. Discussions typically touch on the most suitable organisational form, benchmarks for staffing, retirements and mobility, reallocation of activities between different DGs, or within the same DG, and discussion of job description etc.

4.2. Strengths and weaknesses of the Commission framework for reorganisations

The Commission does not have an explicit guiding set or principles on corporate values and culture which apply to reorganisations. However, due to past experience, there is an implicit set of values which applies. A key aspect is that the framework does not foresee a particular attention to the human factor.

Reorganisations are mainly seen as legal and administrative processes focusing on organisation charts. This can be explained by the Commission's overall administrative and regulatory context. The strong administrative culture and the standard organisational structure of three levels of hierarchy provide limited flexibility to what can be done through reorganisations. On the positive side, this creates a reasonable degree of stability which is important for an institution where the organisation chart should reflect long-term political priorities.

Reorganisations do not explicitly address the human factor. On the negative side, the exclusive focus of reorganisations on structure has led to a situation where the process during reorganisation is often neglected and the human factor does not play a major role.

The policy framework established by the Communication on Organisations Charts is too limited. It is clear on the legal role and the administrative aspects of reorganisations and it establishes objectives of efficiency and effectiveness and coherence with strategic planning. It also proposes more flexibility to use temporary and informal ways of working. However, in does not provide guidance on how to reach these objectives and which process to adopt. It also does not propose corporate values and guiding principles, for instance on the role of staff during reorganisations.

Finally, the proposed timing for reorganisations of three months before the entry into force of the new structure seems too short in case of large-scale transformational change. De facto, this timeframe concerns the decision-making process between the DG proposing the change, DG Human Resources and the Secretariat General and the administrative steps of creating/changing job profiles in the information management systems. It should not be seen as the timeframe for the overall reorganisation process.

Human Resource Management at horizontal level is involved in reorganisations but mainly for legal advice and for monitoring benchmarks as defined by the Communication on Organisation Charts. However, the awareness in DG Human Resources is growing that it needs to play a wider role as a facilitator in the change process and as an advisor for organisation development. Specific tools or instruments for reorganisations are not yet available to underpin this new role. The efforts undertaken to professionalise HR development and to make organisation development known to a wider audience in the Commission are clearly positive. Also, the importance of internal communication is recognized.

DGs at sector level have relative autonomy to shape reorganisations in their services but often reinvent the wheel. While DGs are constrained in their reorganisations by the legal and administrative elements of the Communication they have a large discretion on how to do the reorganisation. This gives the necessary flexibility but often leads to a situation where "the wheel is reinvented" and lessons learned from previous reorganisations are not shared.

The nature of a permanent civil service makes reorganisations more complex. A permanent civil service has clear advantages in terms of stability, impartiality and effectiveness, but it makes reorganisations more complex.

For managers, management styles and values may not be adequate to a changing context. Moreover, in times of severe resource reductions fewer management posts are available in the future structure. For staff, levels of education, profiles and skills may not be up to the requirements of the new situation. However, upgrading skills and changing profiles require long-term investment. Since managers and the majority of staff are civil servants with life-long employment, corrective action is not easy. The Commission has to respect its employment obligations towards staff and is obliged to find adequate positions and jobs for affected staff.

This makes it even more important to put the human dimension at the core of reorganisations.

Strengths	Weaknesses
Overall • Reorganizations are seen as a legal and procedural process. This guarantees stability and long-term policy orientation.	Overall • Exclusive focus on charts and structure neglects the human factor. • Limited involvement of staff, little participatory approaches.
Communication on Organisation Charts • Legal and administrative steps are clear • Objectives of efficiency, effectiveness and link to strategies are well established • Flexibility introduced for new organisational forms	Communication on Organisation Charts • Limited view: no guidance on process and principles of reorganisations, no role for staff • timeframe for large-scale reorganisations is too short
Role of DG Human Resources • Involved in every reorganisation for legal advise and monitoring benchmarks • Growing awareness on wider role as HR facilitator • Importance of communication is recognised	Role of DG Human Resources • Advise and guidance on wider issues not developed • No specific tools and instruments for reorganisations in place
DGs at sector level • Necessary flexibility of how to do reorganisations	DGs at sector level • Reinventing the wheel • Little learning behind reorganisations
Staff • Civil service nature provides stability, impartiality and effectiveness	Staff • Nature of permanent civil service limits flexibility • How to create new skills and profiles?

Table 6: Strengths and Weaknesses of the Commission framework for reorganisations

4.3. Case studies of recent reorganisations

Reorganisations in the Commission are complex processes involving a large number of staff, undergoing several typical phases, and using different instruments, such as the so-called Chambre d´Ecoute, which listens to staff affected by the reorganisation with the objective to identify individual solutions compatible with the interest of the service.

At the same time, each reorganisation is specific to the situation of the DG concerned. The following case studies concern three large-scale reorganisations which happened in the years 2010, 2011 and 2012 respectively. They demonstrate the range of possibilities and reflect the changing context of resource constraints

The first case study describes the split of the former Directorate General for Transport and Energy (DG TREN) into two new DGs. The second case study describes the merger of two former DGs into the Directorate General for

Development Co-operation (DG DEVCO). The third case study is about the reorganisation of the Directorate General for Information Society and Media (DG INFSO) where innovative methods of human resource management and internal communication were used.

4.3.1. The DG for Transport and Energy (DG TREN): one becomes two

Need for change

The split of DG TREN into two DGs (DG MOVE for mobility and transport issues, DG ENER for energy issues) in early 2010 was partly a response to external change. Global changes (such as the Russia-Ukraine gas crisis in 2009 affecting the EU) made energy issues more prominent. Moreover, new themes linked to environment and climate change, such as renewable energies emerged. More important for the reorganisation were internal drivers for change, namely the arrival of a new Commission with a larger number of Commissioners in 2010 which created new priorities and reshuffled the Commission portfolio. As a result, it was decided to upgrade the energy function and turn it into a separate DG.

Staffing and structure

The split of a relatively large DG with 11 Directorates created two middle-sized DGs: DG MOVE with a total of 400 staff in Brussels and DG ENER with a total of 570 staff (out of which about 300 are based in Luxemburg). Even after the split, both DGs share administrative support services, with about 260 staff in Brussels.

Objectives

- allow for a stronger specialisation in each of the fields and a more policy-oriented approach in each DG
- respond to new policy priorities in the field of energy, notably links to climate change and environment
- maintain a Shared Resource Directorate in order to save resources.

Management of change

The reorganisation had been prepared over a long period of almost two years by the Director General of former DG TREN who then stayed on as Director General of DG MOVE.

A participatory approach was used to discuss the orientation and content of the change with middle management and staff.

In 2010, a new Director General arrived in to prepare the creation of DG ENER and to shape a new corporate culture for this DG. Both Directors General established a culture of regular cooperation to carry out the reorganisation. On request of the Commission, an ex-ante analysis was prepared which covered, among others, guiding principles of the reorganisation, a proposal for the Shared Resource Directorate and ways how to deal with staff.

For the human resource aspects of the reorganisation, several measures were taken:

- establishment of a Chambre d'Ecoute to listen to staff;
- individual requests of staff were taken into account but subordinate to the interest of the service;
- establishment of a high-level Taskforce composed of four Director Generals, who prepared the split, including the Shared Resource Directorate, identified the posts to be moved, and pre-identified staff; 3 to 4 meetings with a final report;
- information and communication were considered as "rights" of staff.

Resistance to change

The reorganisation was adopted in early 2010 before the current context of resource reduction and was resource neutral. No particular staff cuts were foreseen. Overall, the change process went relatively smoothly, with no particular resistance.

Specificities

The Shared Resource Directorate was established against the background of zero growth. The objective was to manage human and financial resources, support communication, and provide information and communication technology for both DGs. While most of these functions are standardised, the human resources function is more specific to each DG and does not lend itself easily to pooling. Providing services to two DGs required a good understanding among the Directors General and a consensual way of working, which was the case.

Beyond this reorganisation of DG TREN, the concept of pooling resources was also extended to other reorganisations. A report prepared in 2011, identified several risks:

- no sense of belonging, lack of corporate identity as shared services work for several DGs;
- insufficient commitment, demotivation, staff turnover, and recruitment difficulties;
- need to reconcile economies of scale with increases in workload (for instance higher need for coordination, meetings with several DGs, several reporting and planning exercises, multiple communication efforts with separate websites, newsletters).

4.3.2. The DG for Development Cooperation (DG DEVCO): two become one

Need for change

The need for change was dictated by external developments. The reorganisation coincided with the largest reform of external actions to date. As a result of the Lisbon Treaty (one key objective: Europe should speak with one voice to the outside world) a new European External Action Service (EEAS) had been created in 2010 which joined forces between the Commission and the Member States.

Before the reorganisation, the Commission´s external relations and development cooperation were split between three DGs in charge of different geographical regions, and responsible for policy making and implementation. The Commission reacted to external changes, by transferring part of the policy making to the newly created EEAS end 2010. The two remaining DGs, the Directorate General for Development (DG DEV) and the Directorate General for Aid Cooperation (DG AIDCO) were merged into one institution (DG DEVCO) in 2011.

Staffing and structure

DG DEV and DG AIDCO had about 1500 staff in Brussels and about 2880 in EU Delegations in different countries across the world. With responsibility for a large numbers of staff located outside the EU, they were among the largest and most complex DGs. The structures of both DGs were in some parts similar, with one DG focusing on the policy aspects and the other DG on the implementation aspects, in other parts clearly overlapping (thematic directorates and horizontal resource directorates). The merge created clear synergies and reduced the number of directorates and units with a corresponding cut in posts.

Objectives of the reorganisation

- reconcile policy design and policy implementation; this leads to cross fertilization: "reality check of policies" and "policy check of implementation";
- eliminate coordination problems and simplify work with the EU Delegations in the field; clear lines of reporting and communication;
- free significant number of staff through the merger and use economies of scale;
- improve coherence of development policy; one address for external action in the Commission with clear responsibility.

Management of change

The vision, mainly a combination of improving effectiveness, efficiency and coherence by merging two DGs was clear and well established but did not translate into a strategy or an action plan.

The reorganisation happened relatively quickly. The overall process was condensed into a six months period starting in December 2010, with the final organisation chart adopted by the Commission end March, and the entry into force beginning of June 2011.

Due to the time pressure and the sheer size of staff, consultations with staff and middle management were limited. However, staff was first informed in January 2011 at the occasion of the DEVCO Away Day. Also, a broader consultation took place to select a new name for the organisation. Apart from that, change focused mainly on structure and the organisation chart.

As part of the reorganisation, one of the two Directors General left the DG. The remaining Director General did not lead the reorganisation himself but put a Taskforce in charge to prepare the new organisation chart, mainly composed of assistants to top management and members of the Human resource department. It was presided by a Deputy Director General with a close knowledge of both DGs and met frequently. Staff could send ideas to the Taskforce, and to a limited extent, influence the initial proposal.

The management style during the reorganisation was rather directive. The Director General and the Taskforce decided about the functions in the new chart and attributed the posts. Staff was meant to follow their posts without prior consultation. Middle management was informed about their new attributions in face to face meetings. Information about the reorganisation was regularly put on the DEVCO website.

The merge required that several management posts (including a vacant Director post and three head of unit posts) had to be down-sized. The majority of staff changed jobs and profiles, which led to moves of almost 1000 staff members.

Resistance to change

Resistance to change was initially strong among staff. This was mainly because of the necessary down-sizing, the lack of consultation for the new attributions and the scale of the move. A Chambre d´Ecoute was key to deal with resistance, supporting staff not satisfied with their attributions. In most cases (80 to 90%), individual solutions could be found and resistance overcome. However, some staff and middle management left the DG.

Specificities

Two DG with two distinct corporate cultures ("noble policy making" versus "practical project implementation") were merged. Many staff members were specialised and already for a long time in their posts. Although it was not explicitly expressed, the main challenge was to create a new joint culture. Reshuffling staff and changing attributions were taken as main measures.

4.3.3. The DG for Information Society and Media (DG INFSO):[29] innovation

Need for change

The reorganisation of DG INFSO who became DG CONNECT in 2012 was influenced by global challenges. Accelerated technological change, a more individual society, the convergence between information and communication technologies required a stronger interaction among different Directorates. More important for the reorganisation were internal drivers for change: the move from the 7th to the 8th Framework Programme during the next planning cycle meant that new research topics would emerge. This called into question the relevance of at least the five research directorates. Moreover, a new Director General had arrived in management at the end of 2010 with his own vision about the functioning of the DG and a strong will for change.

Staffing and structure

DG INFSO is a large DG with around 1150 staff members in Brussels and 120 in Luxembourg. It was structured into ten Directorates mainly by functions, such as five research directorates, as well as directorates on policy/strategy, regulation, resources, and general affairs.

The former structure was specialized, clearly structured with defined roles and responsibilities. However, there were too many layers of hierarchy, and isolated approaches with too little interaction between the directorates.

Objectives

- facilitate knowledge creation and exchange among different Directorates and staff;
- break down the silos by improving the integration of Research and Development, innovation policy and regulation;

---

[29] See Dorlo C.: The position of the Human resources unit in managing change: reorganization of the Directorate General for the Information Society and Media, Research paper for Post Graduate Certificate, Brussels 2012

- shape decisions collectively through a Board (top management, directors, principal adviser; each member is in charge of strategic goals)
- create interaction; more flexibility with a mixture of a functional and matrix organizational structure, less layers of hierarchy and empowerment of the Units.

Management of change

The reorganization process happened relatively quickly over a period of six months. While a vision was in place by top management and the Cabinet, there was no time to develop an explicit strategy and action plan with broad involvement of staff and bottom-up approaches. The focus was as much on improving processes as on changing the structure.

A strong lead was taken by the Director General who set the pace and was the main messenger of the process in close cooperation with the Cabinet of Commissioner Kroes. The reorganisation was a combination of a top-down (change contents was defined between the Director General and the Cabinet) with a bottom-up approach (middle management and staff were consulted). The process started with a directive management style followed by a participatory style for receiving extensive feedback.

Principle for changing jobs: post follows function, i.e. the Director General and the Board decided about the functions in the new organisation chart and attributed the posts. Staff could decide to follow the post in the new structure or look for another post. In doing so, staff was supported by the HR unit. A Chambre d'Ecoute was set up to deal with staff needing further support.

Resistance to change

Some resistance to change existed among staff, due to: uncertainties linked to a new and unusual way of working in the Commission; the speed of change; and the planned reduction of staff over a period of 5 years. This has not been implemented at this stage but will be addressed through externalisation from 2013 onwards. As to reduction of management posts, typically sensitive and controversial, DG INFSO had a vacant director post which disappeared in the new chart.

Specificities

This reorganisation was marked by innovative HR management and communication. Both functions were well established and active already before (e.g. Staff Engagement Strategy carried out in 2011) and were fully mobilised during the reorganisation. Focus was on transparency, documenting the status of the reorganisation, and highlighting key messages. Many steps were taken, such as:

- launch of internal website to inform staff, digital staff assemblies with possibilities to ask questions, blogs, videos, face to face meetings, direct access to the Director General (open door policy twice a week), both one-way and two-way communication;

- Management seminar with Directors and Head of Units and a series of personal meetings at different levels to review unit priorities in the new structure and to define postings;

- Comprehensive human resource management to accompany managers and staff during the change process; explained where posts will be situated in the new structure, organizing calls of interest for new posts; provided learning and training for skills necessary for change, offered individual and group coaching for directors and Head of Units.

4.4. Lessons learned from past reorganisations

The case studies show different situations and reflect the specificity of the change process in each DG. At the same time, there are lessons learned which can be applied to reorganisations in general.

Looking at past experience it seems that reorganisations in the Commission have successfully tackled the "hard" factors of reorganisations to adapt structures and organisation charts but often neglected the "soft" factors which refer to values, behaviour and processes.

Overall, the case studies show that the reorganisations were successful in increasing efficiency and effectiveness. However, they confirm what became already apparent when analysing the Commission framework: the human factor and the reaction of the individual to change are not systematically considered in reorganisations.

Limited involvement of staff and middle management

Although the extent differs from DG to DG, real staff involvement during reorganisations, in the sense that staff contributes to decision making, is not common. It is rare that staff is used as a resource for providing information/input and reflection. Also middle management at the level of Heads of Unit is often left out. In many cases, reorganisation plans are already decided by a smaller circle at top management and senior management, and changes proposed by middle management and staff cannot be integrated easily. Typically staff is informed three months before the final decision is adopted, with the intention to keep the phase of uncertainty as short as possible.

The case of DG TREN shows that deeper involvement of staff and middle management is possible already in the preparation phase but requires sufficient time. The case of DG INFSO is a good illustration that staff involvement can also be done at a later stage of the reorganisation through extensive feedback mechanisms.

Resistance to change exists in reorganisations and will grow with further resource constraints

Management has to deal with resistance on the part of staff, especially when the reorganisation implies large-scale change, affects many people who have to change attributions and is combined with a reduction of posts. The case studies demonstrated different ways to support dissatisfied staff to come to terms with the reorganisation: open and transparent communication and a comprehensive response strategy by the human resource department (DG INFSO), and the use of the Chambre d' Ecoute who genuinely tries to find solutions to individual cases (DG DEVCO).

It also helps to have as a guiding principle "job follows function" but to leave some choice to staff members if they will follow the new attribution or rather look for other jobs in the DG (DG INFSO).

High commitment by top management

The three case studies demonstrate that commitment of top management is usually strong. Often this is complemented by support at the policy level from the respective Commissioner and the Cabinets. This strong commitment can be explained by the fact that it is the Directors General themselves who decide and shape the reorganisation. In doing so, different formats are used, taking the lead themselves (DG INFSO) or establishing a Taskforce in charge of the reorganisation process (DG TREN, DG DEVCO).

Communication is mainly used to inform and to create transparency but rarely in form of two-way communication

Communication is often used in one direction, de facto playing more the role of information and transparency about the change process than a real two way communication between management and staff. While this is already an important step which reduces the concerns of staff about an uncertain future, it does not use its full potential to get valuable feedback and information back from staff. The experience of DG INFSO shows innovative ways to use a wide variety of communication means, including face-to-face meetings with top management, thus also opening two way communications.

The timeframe for reorganisations is too short

Directorates General often inspire themselves from the timeframe proposed in the Communication on Organisation Charts. The overall change process is condensed into a relatively short time span of about six months from start to end. For large-scale reorganisations affecting the whole of a Directorate General, with sometimes more than thousand staff, this is too short and happens at the expense of planning and preparation. The time constraint also limits the possibilities for real staff involvement (DG DEVCO, DG INFSO).

The focus of change is on implementation rather than preparation, on structure rather than on processes

Attention often focuses on the implementation phase of reorganisations, and less on preparations. Most time and efforts are invested to decide on changes to the organisation chart and to implement the legal and administrative aspects of change (adapt the organisation chart, change posts and profiles, discuss new attributions of posts, move offices). Fewer efforts were invested to reflect on the improvement of processes and on better ways of working together. Less attention is given to the planning phase. However, change is a long-term process which in reality starts much earlier than the timeframe proposed by the Communication on Organisation Charts.

Few reorganisations have an explicit strategy and an action plan in place

The drivers for change are usually well detected and a general vision exists. However, often there is no clearly defined strategy of what the real economic and other advantages of a reorganisation will be, what aspects need to change and how it should be implemented, with accompanying measures for human resource management and communication. Elements of strategy are formulated, often implicitly by members of top management, but are not necessarily put in writing and widely communicated. Due to time constraints, this fundamental part is often piecemeal, without comprehensive reflection and analysis. The case of DG TREN shows the usefulness of having a strategy in writing as a way to increase clarity and transparency.

5. Strategic considerations for the future

Recommendations should not only affect one level but need to be seen in a systemic and comprehensive way. The way how reorganisations have been handled in the past can only change if approaches at normative and strategic levels change in the Commission as a whole, and if in parallel the existing policy framework for reorganisations in the Commission is adjusted. Recommendations therefore have to be formulated at the level of the Commission as well as at the level of the Directorates General.

Without this, reorganisations done in a "new" way with more attention to staff issues would be done at the individual risk of the respective Directors General. And no doubt, it is a risk and a challenge for leadership to successfully steer a change process for thousands of staff, to deal with political complexities, to go through the chaotic process of two-way communication with staff, accepting feedback and criticism. Current management culture in the Commission, as probably in other large public administrations, does not reward such risk taking.

However, in the light of the radical change in the next few years, the Commission has to go beyond "business as usual". Crises are always opportunities at the same time. Precisely because of this unprecedented situation it is the right moment to consider a comprehensive package of measures.

5.1. Recommendations at the level of the Commission

Reinforcing the forward planning function

More attention should be given to forward-oriented thinking in the Commission. Environmental scanning would help to identify drivers for change and monitor them on a permanent basis thus pre-empting future events before they happen. However, the main focus should be on translating this external change into internally relevant actions, stimulating discussion within the Commission of what this change means for its own services and its staff.[30] This could take the form of a strategic unit within the Secretariat General or a Taskforce across different services that can launch studies, analyse future developments and regularly inform the Commission management.

Adapting corporate culture to integrate a stronger focus on its own staff

Corporate culture should explicitly recognize that the individual employee and his motivation are the key for the success of the Commission. This involves setting the strategic direction that staff involvement is wanted and necessary. Reflections on the role of the individual, staff motivation, staff involvement in the upcoming changes, participatory approaches and relations management-staff are necessary.

Encouraging participatory approaches and management styles of moderation/facilitation

This involves encouraging Directors General to adopt participatory management styles, providing guidance and tools, and using when necessary external coaches and facilitators. Mobilizing staff during reorganisations to contribute to strategic reflections can be part of this shift.

---

[30] This function is mainly internally-oriented and different from the function of the Bureau of European Policy Advisors (BEPA).

There is a risk that involving staff intensively in reorganisations may raise expectations, which cannot be fulfilled by management and open the way to push through individual interests. However, it should be possible to clearly communicate to staff that this is an open-ended process to collect views and information without obligation by management to follow these findings. Staff is aware of the numerous political and legal constraints and should be able to accept such a pragmatic way of dealing with change.

Broaden the existing Commission framework for reorganisations beyond the legal and administrative processes

This implies updating the Communication on Organisation Charts from 2007 to address the "soft" factors which refer to values, culture, behaviour, and processes (organisation development). It would also be of interest to revise the Communication on Internal Communication and Staff Engagement to put staff engagement in a more comprehensive context beyond communication. Both measures could also serve as a way to get a wide debate going on how the Commission can address the motivation of staff in the challenging times ahead.

Preparing guidelines for reorganisations

A guidance tool for those DGs who will have to implement large-scale reorganisations in the coming years, should be prepared. It should capitalise on past experiences and lessons learned and illustrate best practise. The short Action Plan attached in chapter 5.3 could serve as a basis.

Reinforce the strategic role of Human Resources as facilitator of change, and prepare tools at central level

A renewed attention to human resource units which play a pivotal role during change is necessary. Human resource functions will need to change considerably to evolve towards organisational development.[31]

DG Human Resources plays a key role at central level to prepare the wider Human Resource community in the Commission for this. In particular, the Human Resource units in the different DGs need to upgrade their skills towards

---

[31] See Dorlo C.: The Position of the Human Resources Unit in management change: reorganization of the Directorate General for the Information Society and Media (DG INFSO) Working paper, Brussels 2012

facilitating change processes. An important role would be to support staff and managers alike during the change process by providing training and learning opportunities and by offering coaching. A good knowledge of staff, their profiles, skills and aspirations is necessary to help them in identifying job opportunities in the new structure. For this, central support tools and information systems need to be in place (workload assessment, staff screening, electronic CVs in the system, network of external trainers and coaches etc).

5.2. Recommendations at the level of the Directorates General

Looking for ways to involve staff and middle management in the reorganisation

Different ways can be envisaged: informal working groups, external experts working in the same sector talking about trends affecting the work, workshops during Staff Days, giving the role to Head of Units to collect ideas at the level of their staff and channel them to senior and top management, Taskforces analyzing external current way of working and proposing ways how the DG should evolve in the future.

Such processes are not fast, nor very clear in the beginning. Ideas may be raised and discarded, contradictory views may emerge and lead to confusion and discussion. These processes are reiterative and will take a certain time before a clear picture emerges. External facilitators can help to channel the reflection process.

Addressing resistance to change

Attention needs to be paid to the way how staff will be affected by change. An analysis of the potential impact of the reorganisation on different groups of staff helps to identify potential support/potential resistance and can be used to design an adequate response. This should be supported by expertise from the Human Resource unit. Workforce planning can help to plan the end of contracts and upcoming retirements to limit the negative effects of reduction of posts.

Taking the time required, especially for planning the reorganisation and preparing people to change

More time and attention should be devoted to preparing the reorganisation. The reflection process should start in sufficient time before the new organisation chart will be adopted. Getting clarity about the vision and the strategy, by involving different levels of staff, can take another three to six months, depending on how participatory the process is designed. Also, reflections are not exclusively targeted at reorganisation but could happen independently from a formal change process.

Preparing a strategy and an action plan for the reorganisation

The external and internal reasons for change need to be analysed more closely, with a clear idea of objectives to be reached/improvements in service delivery/advantages of the reorganisation. While management could set the strategic principles in a top-down manner, this could be complemented by a bottom-up approach to enrich/verify/or where necessary revise strategic lines of action.

The strategy should explicitly cover human resource management aspects, such as guiding principles, the role of staff and the way how job changes will be dealt with during the reorganisation. This can be elaborated by the Human Resource unit. Also communication should be part of the strategy from the early beginning and it can be elaborated by the Internal Communication unit.

Involvement of Human Resources in reorganisations

The Human Resource unit in the DG should be involved in the earliest stage. Reorganisation should address both, changes in structure and improved processes. Organisational development and its methods have a part to play in developing employee engagement. Since reorganisation is a high-frequency and high-stakes activity, the Human Resource unit can play an active role to accompany management and staff during the change process with a comprehensive approach:

- Coach management on their change role and provide both specific tools and support;
- Help management to deal with resistance to change: be aware of who will be gaining and who will be losing from organisational change and have human resource strategies in place;

- Offer individual and group coaching for Directors and Head of Units
- Address the sensitive topic of staff reduction and reduction of management posts;
- Know the staff of your DG on a personal level to know their interests and career aspirations;
- Help manage in due time the fears and anxieties that inevitably are part of strategic change;
- Clarify from the start the involvement of staff and managers and what assistance will be available;
- Explain where posts will be situated in the new structure and organise calls of interest for new posts;
- Support staff in finding adequate jobs in the new structure and developing the necessary skills to grow into the new positions;
- Develop a training plan to enable employees to be effective in their new and changed roles and for those managing the often sensitive change processes.

Involvement of Internal Communication

Also the Internal Communication unit in the DG should be involved as early as possible. Timing of communication and key messages should be integral part of the strategy prepared for a reorganisation. Also the channels of communication need to be considered (strategic aspects - top management; implementation aspects with details on how the reorganisation will be done – human resources; specific job-related communication - middle management, using the fact that Head of Units are closest to staff and often the most known and therefore most trusted sources of specific information).

Care should be taken to craft a change message which addresses staff´s emotions and fears, underlying any change process and the uncertainty linked to it. It is useful to have a clear message why change is necessary, to demonstrate the full support of hierarchy to it, to address staff´s emotions and provide a message of support, especially to those who are most affected by the reorganisation.

(positions being reduced, management jobs cancelled, completely new fields emerging).

Key aspects:

- Close coordination between Human Resource units and Communication units is critically important;
- Communication should combine one-way information and two-way exchanges;
- Information on process and timing should happen as soon as possible. Communication on substance depends on progress in the decision-making process;
- Communication messages and contents:
    o Strategic reasons for the reorganisation
    o Vision for the future: how should the Directorate General look like? what type of services should it provide?
    o What is the role of staff during the reorganisation? What values and what culture should prevail? What is the level of involvement and participation wanted?
    o Emotional messages:
        - How to deal with uncertainty during the reorganisation?
        - Concepts of confidence and trust
    o What is going to happen? (moving between sites, people to be moved to new jobs, suppressing management/advisory jobs)
    o What is the new structure going to look like? (layers, span of control, geographic/thematic, coordination, location/site)

5.3. Outline for an Action Plan[32]

Topic	Action	By whom
Vision + Strategy	• Distinguish the different phases of change and lay down the key steps (preparing change, implementing change, evaluating change) • Identify the drivers for change, external and internal trends • Diagnose how things are done now and how we would like to do them in the future • Clarify the vision of the future state • Analyse potential impact of change on stakeholders and different groups of staff: how will be most affected? Positively/negatively? Where is potential support/potential resistance? • Build commitment to change while doing so, clarify the role of staff and how to deal with uncertainty • Plan timing and scope of the reorganisation • Consult with stakeholders • Adapt guiding principles for change • Change should not be imposed • Provide opportunities for participation • Make the change non threatening	Top management + Cabinet Senior management + Middle management Taskforce involving different staff members
Human Resources	• Know your staff, profiles, skills and aspirations, • Carry out a workload assessment • Support management in implementing the reorganisation • Help staff to cope with change, by training, advise, help in finding other posts • Posts follow function but staff has a choice whether to follow their post or look for another job • Provide training opportunities for new skills necessary in the new structure • Prepare learning and development plan for employees in the new structure • Launch a staff engagement survey to measure motivation • Prepare transition plans for business continuity during transition period • Organise tools for feedback	Unit for Human Resources

Communication	• Design a communication plan with a timeframe
	• Define the appropriate communication medium to reach various groups
	• Design appropriate messages which react to emotions for change and provide clarity on:
	  Voluntary job change/nomination to a job
	  Timing of change
	  New skills needed
	  Support provided during change
	  Opportunities and risks for the individual
	• Prepare briefing for all external stakeholders
	• Design web page and possible new logo
	• Record video messages
		Unit for Communication

Information technology	• Adapt new organizational chart in SYSPER 2 • Change job descriptions in SYSPER 2 • Match correct job description with correct jobholder	Informatics Unit
Logistics	• Prepare logistics and new offices • Organize move	Office for Infrastructure and Logistics (OIB)

Table 7: Action plan for reorganisations in the Cimmission

---

[32] This Action plan builds on previous work done by Carlo Dorlo in the context of his Research Paper "The Position of the Human Resources Unit in Managing Change" Brussels 2012.

5.4. Outlook for future research

This diploma paper used an integrated and systemic approach to analyse reorganisations in the European Commission. While the individual is an integral part of the St.Galler Management Model, its role is often overlooked in the way of thinking in the Commission. The point is made that the human factor, the missing link in many past reorganisations, needs to be integrated into all dimensions.

The following structure was used:

Chapter 1 introduced the St. Galler Management Model as a basis for the whole research.

Chapter 2 complemented this with key concepts relevant for reorganisations, mainly selected aspects of change management and human reactions to change, drawing from State-of-the-Art literature.

Chapters 3 applied the St. Galler Management Model to the European Commission. With a few changes it adapted a model which was initially made for business corporations to a completely different context, namely a unique international public administration. Here, the different actors (the Commission as a whole, the Directorates General) were analysed as well as the existing normative and strategic dimensions in the Commission.

Chapter 4 assessed more specifically the Commission framework for reorganisations and looked at selected case studies for past experience of reorganisations. A holistic view allowed to identify weaknesses and strengths of the Commission in the broader context of change and more specifically, in the context of reorganisations.

Chapter 5 formulated recommendations, again in a comprehensive way, addressed at the Commission and at the Directorates General, including an outline for an Action Plan.

Overall, a "helicopter view" was used to arrive at a rough overview of existing strengths and weaknesses (Where are we?) with first ideas about possible improvements. The diploma paper stops here.

The full application of the St. Galler Management Model requires a series of reiterative steps with all stakeholders involved to refine the analysis and to create a real learning process. A clear vision about the wanted configuration in the future needs to be established (Where do we want to be?) with different scenarios and options for action of how to reach the future vision (How to we get there?). Again, this does not happen as a linear process but in form of circular reiterations before one option is selected for implementation. Experience during implementation shows that often further adjustments are necessary to optimise performance.

This full cycle could constitute elements for future research.

Sources of literature

Allen J, Jimmieson N et al.: *Uncertainty during Organizational Change: Managing perceptions through communication*, in Journal of Change Management, Vol 7, June 2007, No 2, pp 187 - 210

Bent E, Goldberg G.S.: *Challenging Resistance to Change*, in The Journal of Applied Behavioral Science, March 1999, Vol 35, pp 25 - 40

Bleicher, K.: *Das Konzept Integriertes Management. Visionen-Missionen-Programme*. 8th Edition Frankfurt/New York 2011, pp 31, 123, 584

Choi M.: *Employees´ attitudes towards organizational change: a literature review*, in Human Resource Management, Vol 50, No 4, August 2011, pp 479 – 500

Dorlo C.: *A critical view on the internal communication process in Directorate general for the Information Society and Media*, Research paper for Post Graduate Certificate, Brussels 2012

Dorlo C.: *The Position of the Human Resources Unit in management change: reorganization of the Directorate General for the Information Society and Media (DG INFSO)* Research paper for Post Graduate Certificate, Brussels 2012

Dunphy. D and Stace D.: *The Strategic Management of Corporate Change*, in Human Relations, Vol 45, 1993, No 8, pp 917 - 18

Eriksson, C.: *The effect of change programs on employees' emotions*, in Personnel Review, Vol. 33, No1, 2004, pp 110-126

European Commission: *Annual Human Resources Report*, Brussels 2011

European Commission: *Annual Human Resources Report*, Brussels 2012

European Commission: *Communication on Internal Communication and Staff Engagement Strategy*, Brussels July 2007

European Commission: *Communication on Organisation Charts of Commission DGs and Services and Implementing Guidelines (SEC 2006/ 1702)*, Brussels Feb 2007

European Commission: *Human Resources Card – Key Figures*, Brussels 2012

Fernandez S., Rainey H.G.: *Managing Successful Organizational Change in the Public Sector*, in Public Administration Review, April 2006, pp 168 - 176

Hardacre, A.: *How the EU institutions work*, UK 2011, pp.12 – 46

Heller R.: *Managing Change, Essential Managers*, London, New York 1998, pp 42

Kotter, J. P, Cohen Dan: *The Heart of Change*, Boston USA 2002, p.1

Kotter, J.P: *Leading Change*, Boston 1996, Harvard Business School Press

Kotter, J.P, Schlesinger, LA.: *Choosing Strategies for Change*, in Harvard Business Review, April 1979, pp 106-113

McCormick, J.: The European Union "Politics and Policies", 4th Edition, USA 2008, pp. 248

Near You, Renouveau et Democratie: Towards a Participative Management of Change, Information Leaflet, Brussels June 2012

Senior, B.: Organisational Change, London 1997, p.15 – 35

Union Syndicale: What is the Working Party on the Staff Regulations Cooking Up for Us, Information Leaflet, Brussels June 2012

Annex

Questionnaire for Interviews

"Reorganisations in the European Commission: Lessons from the past and strategic considerations for the future"

I. Introduction

Why the person has been selected for the interview

Background to the research

II. Questions for the interview

1. Strategic background for the reorganisation, wider context, causes of change

What was the reason/background for the reorganisation?

Why did you do the reorganization at this particular moment?

2. Process of reorganisation

How did you organise the different stages of the reorganization?
   a. **Planning change:** Strategy, Action Plan

   b. **Implementing change**: Communication, Logistics

   c. **Consolidating change:** Assessment/monitoring

Was there a Strategy/an Action Plan with a timeframe? By whom was it prepared and how?

What were the key issues during implementation?

How did you monitor progress? How do know if the reorganisation was a success?

3. Focus of reorganisation

What was the main focus of the reorganisation?

Hard factors: new structure and charts; job profiles, selecting managers and staff

Soft factors: values, culture, processes

4. Personnel reactions to change/resistance to change

Did you face any human resistance to change? How did you deal with it?

How to ensure staff commitment in reorganisations? How did you involve people?

5. Other key issues in reorganisations

- The role of leadership in the reorganisation
- The role of Human Resources
- The role of communication. What role did communication play? What means of communication were used?

6. Recommendations

With hindsight, what would you do differently?

What would you recommend to a Director General from another DG who is about to start a reorganisation?

What could facilitate reorganisations at the level of the Commission?

What would you recommend to DG Human Resources? What type of support would you have liked?

III. Closure of the interview

Summary of the main points discussed

Who else would be knowledgeable and interested to discuss the issue?

Is it allowed to mention the name of the person interviewed?

Offer to provide a copy of the final diploma paper

Kurzprofil – Ingrid Schwaiger

Ingrid Schwaiger
ingrid.schwaiger@eeas.europa.eu

Berufspraxis

Seit 2012	**Direktion für den Nachbarschaftsraum, Kaukasus und Osteuropa** (Europäische Kommission - EuropeAid)
09/2007 – 09/2011	**EU Delegation in Algerien, Head of sector of economic transition** (Europäische Kommission, Algerien)
11/2003 – 08/2007	**Direktion für thematische Unterstützung, AIDCO** (Europäische Kommission - EuropeAid Cooperation Office)
05/1998 – 11/2003	**Direktion für den südlichgen Mittelmeerraum Mitte und Nahen Osten** (Europäische Kommission - Directorate General for External Relations)
09/1996 – 04/1998	**Direktion für Internationale Umweltfragen, Europäische Kommission** (Directorate General External Relations)
06/1994 – 05/1996	**United Nations Economic Commissions or Asia and the Pacific** (UN ESCAP, Thailand)
03/1993 – 02/1994	**United Nations Industrial Development Organization** (UNIDO, Wien)
11/1990 – 02/1993	**Investitionskredit Bank, Internationale Projektfinanzierung, Wien**

Ausbildung

2012	**Leadership and Human Resource Development** (St.Gallen, Diplom)
1988-1990	**Internationale Politik und Wirtschaft** (Johns Hopkins University, MA)
1983-1987	**Internationale Betriebswirtschaftslehre** (WU Wien, Mag. rer. soc. oec.)

Beispiele von Diplomarbeiten 2012-2013 (Auszug)

- Anwendbarkeit des St. Galler Führungsmodells auf die Wirtschaftlichkeitsuntersuchung zur Gründung des Therapiezentrums XY AG

- Die Volatilität der Rohstoffpreise und deren Auswirkung auf das Konsumverhalten von Fruchtjoghurt im österreichischen Einzelhandel – eine Untersuchung der Absatzrelevanz anhand der multiplen Regressionsanalyse.

- ‹XY› Strategische Überlegungen beim Kauf von kleinen und mittelständigen Unternehmen

- Ausbau der Projektmanagement Kompetenz am Beispiel der XY GmbH

- Kybernetik in der systemorientierten Managementtheorie: Erfolgreiche Unternehmenssteuerung durch kybernetisch vernetzte Mess- und Steuerpunkte

- Entwicklung eines Programms zum Informationsschutz und seiner Implementierung für die Gesellschaften des XY-Konzerns in der Volksrepublik China

- Strategische Optionen für einen IT Provider im Verdrängungsmarkt

- Anforderungen an den Lagebericht der XY-Gruppe

- Entwicklung eines Kommunikationskonzeptes im Rahmen eines Kundenbindungsprogramms für Assistenz- und junge

- niedergelassene Zahnärzte der Firma XY AG

- Integriertes Management in deutschen Sparkassen

- Die Umstrukturierung des Customer Service bei der XY AG – Eine Bewertung unter Führungsgesichtspunkten

- Vom Produkt- zum Lösungsanbieter am Beispiel der XY AG

- Von passiven zum aktiven Marktteilnehmer: Strategien für dynamische Märkte am Beispiel der XY AG

- Combining Quality by Design with a Minimalism Approach to Improve the Value Chain and Profitability of the Pharmaceutical Industry

- Wege zum effizienten Vertrieb für die Firma XY AG

- Leadership in der chirurgischen Universitätsmedizin - Vom digitalen Operationssaal zum innovativen Human Resources Management

- Das Marketing Instrument «Messe» unter besonderer Berücksichtigung der Erfolgskontrolle

- Key Account Management: Vom Konzept zur Realität

- Planung und Einführung eines CRM Systems am Beispiel der XY GmbH: Eine strategische Bewertung der derzeitigen Situation bis hin zur Einführung eines Interim-CRM Systems

- Optimierung der Benchmarking-Prozesse in den Brauereien der XY-Gruppe

- Marktanalyse und Strategie des Markteintritts bei Grosskranen

- Nachfolge im Familienunternehmen: Umsetzungsplanung der familieninternen Nachfolge

- Geschäftsplan am Beispiel eines Suppenrestaurants

- Risikomanagement für Projekte der Forschungs- und Entwicklungsabteilung der XY AG anhand einer Methodenanalyse

- Beleuchtung des deutschen Strommarktes, die Position der energie-intensiven Industrie und mögliche Handlungsalternativen aus Sicht der XY AG

- Organisationsstrukturen im Bereich Informatik zwischen Infrastruktur und Software
- Bedeutung und Notwendigkeit eines integrierten Managementansatzes bei der Implementierung von Corporate Risk Management-Systemen in Industrieunternehmen
- Entwicklung eines Zielgespräch- und Beurteilungsprozesses im Rahmen betriebsinterner Vorgaben und Implementierung als ergänzendes Instrument der Personalführung bei der XY GmbH
- Die Zukunft des «Index X» Re-Launch oder Marktaustritt?
- Erfolg und Wirkungen - Perspektiven aus Privatwirtschaft und Entwicklungszusammenarbeit
- Entwicklung einer Vertriebsstrategie für die XY GmbH
- Restrukturierung des Forschungs- und Entwicklungscontrollings in einem international tätigen Unternehmen der Medizintechnikbranche aufgrund veränderter Marktbedingungen und der strategischen Neuausrichtung der Dialysesparte im Geschäftsfeld extrakorpolarer Blutbehandlungen
- Strategische Marketingplanung: Durchführung einer strategischen Analyse und Erarbeitung strategischer Handlungsoptionen für eine beispielhafte orthopädische Arztpraxis in Deutschland
- Herausforderungen im Projektmanagement kleiner und mittlerer Unternehmen bei ERP-Einführungsprojekten
- Einführung von Lean Management im Bereich «Backoffice Financial Markets» der XY AG

- Standortbestimmung der Marke XY und Handlungsoptionen für die Zukunft
- Überlegungen zu den Merkmalen und den Werkzeugen der Persönlichkeitsentwicklung
- Strategische Positionierung einer neugegründeten Marketing- und Contentagentur mit dem Schwerpunkt Automobilindustrie
- Lösungsansätze für die Herausforderung in der Beratung bei ERP-Einführungsprojekten in KMU
- Schaffung von Wettbewerbsvorteilen durch die strategische Entwicklung des Dienstleistungsportfolios: Ein Ansatz dargelegt am Beispiel einer Service-Einheit in der pharmazeutischen Industrie
- Six Sigma als Tool für eine wirtschaftliche Potentialermittlung der XY AG – auf Basis der Trockenmasseschwankungen – und für die Kennzahlenimplementierung zur Prozessfähigkeitsanalyse